哈尔滨市委宣传部　哈尔滨市精神文明办公室　哈尔滨市社会科学院联合项目

未成年人思想道德建设研究
——以哈尔滨市为例

丁继成／著

中央编译出版社

图书在版编目（CIP）数据

未成年人思想道德建设研究 / 丁继成著 . —北京：中央编译出版社，2017.12

ISBN 978-7-5117-3494-5

Ⅰ. ① 未…
Ⅱ. ① 丁…
Ⅲ. ① 青少年 – 思想政治教育 – 研究 – 哈尔滨
Ⅳ. ① D432.62

中国版本图书馆 CIP 数据核字（2017）第 330635 号

未成年人思想道德建设研究——以哈尔滨市为例

出　版　人：葛海彦
出版统筹：贾宇琰
责任编辑：杜永明
责任印制：刘　慧
出版发行：中央编译出版社
地　　址：北京西城区车公庄大街乙 5 号鸿儒大厦 B 座（100044）
电　　话：（010）52612345（总编室）　（010）52612349（编辑室）
　　　　　（010）52612316（发行部）　（010）52612346（馆配部）
传　　真：（010）66515838
经　　销：全国新华书店
印　　刷：鸿博昊天科技有限公司
开　　本：710 毫米 × 1000 毫米　1/16
字　　数：240 千字
印　　张：15
版　　次：2017 年 12 月第 1 版
印　　次：2018 年 6 月第 1 次印刷
定　　价：68.00 元

网　　址：www.cctphome.com　　邮　　箱：cctp@cctphome.com
新浪微博：@ 中央编译出版社　　微　　信：中央编译出版社（ID:cctphome）
淘宝店铺：中央编译出版社直销店（http://shop108367160.taobao.com）（010）55626985

本社常年法律顾问：北京市吴栾赵阎律师事务所律师　　闫军　　梁勤
凡有印装质量问题，本社负责调换，电话：（010）55626985

前　言

　　百余年前，梁启超先生在《少年中国说》中写道："少年智则国智，少年富则国富，少年强则国强……。"这震耳发聩之声音，今天看来仍极具时代意义。这同我近十年来开展之未成年人思想道德建设研究工作同样有着密切关联，正是这样一种意识督促着我的研究工作。近年来，哈尔滨市在创建全国文明城市的进程中始终把未成年人思想道德建设工作作为希望工程、民心工程来抓，以未成年人思想道德建设测评工作为抓手，建立健全了"三结合"教育网络，不断优化未成年人成长环境，使哈尔滨市未成年人思想道德建设工作得到巩固提升，得到社会各界的好评。通过近些年的调查和研究，我感到哈尔滨市的未成年人思想道德建设工作在继承中有所创新，在探索中有所发展，较之过去相当长的时间来看，开创了未成年人思想道德建设工作的新局面。随着哈尔滨市未成年人思想道德建设工作不断涌现的新情况、新问题，不仅需要哈尔滨市各职能部门的积极工作，更需要学者们对未成年人思想道德建设研究工作的长期持续有效跟进，确保未成年人思想道德建设工作迈上新台阶。本人出于对本职工作的热爱，特别是从事未成年人思想道德建设研究工作十余载，一直希望有机会出版《未成年人思想道德建设研究——以哈尔滨市为例》一书。

　　加强和改进未成年人思想道德建设工作，是培育中国特色社会主义合格建设者和接班人，确保党和国家事业后继有人的重要举措。为更好地贯彻落实中共中央、国务院《关于进一步加强和改进未成年人思想道德建设的若干意见》精神，积极推进哈尔滨市创建全国文明城市工作和未成年人思想道德建设工作，2017年2月，哈尔滨市社会科学院与哈尔滨市委宣传部和哈尔滨市精神文明办公室达成共识，最终将《未成年人思想道德建设研究——以哈尔滨市为例》一书列为2017年度"哈尔滨市委宣传部、哈尔滨市精神文明办公室和哈尔滨社会科学院联合项目"。本书的撰写先后经历了查阅资料、调查研究、框架设计、专家论证、撰写初稿等阶段并经过多次修改，历时一载，终于和大家见面了。本书是以哈尔滨市未成年人为研究对象，运用问卷调查法及社会学相关研究方法，遵循理论与实践相联系、宏观研究与微观研究相结合的原则，对哈尔滨市未成年人思想道德建设方面存在的问题展开研究。本书紧紧抓住"立德树人"这个根本，以哈尔滨未成年人思想道德建设概况开头，重点论述了广泛参与：哈尔滨未成年人思想道德建设测评工作，并在哈尔滨未成年人思想道德建设测评工作的指引下，分章节论述了知荣明理：哈尔滨未成年人爱国情感教育；立德树人：哈尔滨中小学校德育教育；助力成长：哈尔滨未成年人心理健康教育；示范引领：哈尔滨未成年人核心价值观教育；正心笃志：哈尔滨未成年人优秀传统文化教育；优化环境：哈尔滨网络和社会文化环境建设；共享蓝天：哈尔滨留守儿童服务体系建设等内容。

　　本人把它归纳为"五教育二建设"，这些方面的内容是哈尔滨市未成年人思想道德建设测评工作的重要组成部分，把它们分章节研究，看似凌乱，实则对推动哈尔滨未成年人思想道德建设工作起到百尺竿头、更进一步的作用。

　　2003年自我从黑龙江大学哲学与公共管理系社会学专业毕业以来，就一直奋战在科研一线，作为哈尔滨市社会科学院社会学研究所一名研究工作者，撰写论文、研究报告、专著等都是我的本职工作，集十余载之专题研究，始有此一部专著，是对我长期开展此专题研究的一种集中，也是学术愿景之呈现。撰写《未成年人思想道德建设研究——以哈尔滨市为例》一书，我感到，某种程度上补充了哈尔滨市未成年人思想道德建设工作研究的不足，或许也有助于推动哈尔滨市未成年人思想道德建设工作，以及对未成年人的健康与成长起到一定促进作用。

　　本书的出版得到了哈尔滨市委宣传部、哈尔滨市精神文明办公室和哈尔滨市社会科学院的大力支持，还得到了有关专家、学者、同事的鼎力相助，在此一并表示感谢！

　　由于时间仓促和水平有限，书中难免有疏漏和不当之处，敬请广大读者不吝赐教，予以指正。

丁继成
2017年12月

目 录

绪论 ……………………………………………………………………… 1

第一章 哈尔滨未成年人思想道德建设概况 ………………………… 7
  一、未成年人思想道德建设工作 ……………………………………… 7
  二、未成年人思想道德建设工作总体情况 ………………………… 13
  三、未成年人思想道德建设工作存在的问题及原因 ……………… 20
  四、创新未成年人思想道德建设工作载体的原则 ………………… 22
  五、改进未成年人思想道德建设工作的措施 ……………………… 23
  六、未成年人思想道德建设工作的对策与建议 …………………… 26

第二章 广泛参与：哈尔滨未成年人思想道德建设测评工作 …… 30
  一、未成年人思想道德建设工作测评体系的内容与方法 ………… 30
  二、充分认识未成年人思想道德建设测评工作的重要性 ………… 33
  三、未成年人思想道德建设工作测评体系回顾 …………………… 35
  四、未成年人思想道德建设测评工作情况 ………………………… 39
  五、未成年人思想道德建设测评工作存在的问题 ………………… 62
  六、做好未成年人思想道德建设测评工作的对策与建议 ………… 65

第三章 知荣明理：哈尔滨未成年人爱国情感教育 ……………… 71
  一、爱国情感教育 …………………………………………………… 71
  二、爱国情感教育的现状 …………………………………………… 73
  三、爱国情感教育的必要性及方式 ………………………………… 75
  四、爱国情感教育存在的问题 ……………………………………… 76
  五、加强爱国情感教育的对策与建议 ……………………………… 77

第四章 立德树人：哈尔滨中小学校德育教育 …………………… 79

一、中小学校德育与校园文化的关系 …………………………… 79
　　二、校园文化建设是学校德育的重要途径 …………………… 83
　　三、加强校园文化建设，开创中小学校德育工作新局面 …… 84
　　四、加强校园文化建设对中小学校德育工作的重要性 ……… 87
　　五、校园文化建设过程中，中小学校德育工作存在的问题 …… 88
　　六、构建健康校园文化的对策与建议 ………………………… 90

第五章　助力成长：哈尔滨未成年人心理健康教育 …………… 94
　　一、未成年人与心理健康 ……………………………………… 94
　　二、心理健康教育的现实意义 ………………………………… 96
　　三、心理健康辅导站建设标准及工作任务 …………………… 98
　　四、心理健康教育的现状 ……………………………………… 99
　　五、心理健康教育存在的问题 ………………………………… 101
　　六、做好心理健康教育的对策与建议 ………………………… 102

第六章　示范引领：哈尔滨未成年人核心价值观教育 ………… 105
　　一、未成年人与社会主义核心价值观 ………………………… 105
　　二、社会主义核心价值观教育的现实意义 …………………… 110
　　三、问卷调查的基本情况 ……………………………………… 111
　　四、未成年人社会主义核心价值观教育现状 ………………… 112
　　五、社会主义核心价值观教育面临的挑战 …………………… 119
　　六、增强社会主义核心价值观教育的对策与建议 …………… 123

第七章　正心笃志：哈尔滨未成年人优秀传统文化教育 ……… 127
　　一、未成年人与优秀传统文化 ………………………………… 127
　　二、优秀传统文化教育的现实意义 …………………………… 129
　　三、问卷调查的基本情况 ……………………………………… 130
　　四、优秀传统文化教育的现状 ………………………………… 131
　　五、优秀传统文化教育面临的形势 …………………………… 133
　　六、提升优秀传统文化教育水平的对策与建议 ……………… 137

第八章　优化环境：哈尔滨网络和社会文化环境建设 ………… 140
　　一、网络文化与未成年人 ……………………………………… 140

二、社会文化与未成年人 …………………………………… 147
三、加强网络和社会文化环境建设的对策与建议 …………… 150

第九章　共享蓝天：哈尔滨留守儿童服务体系建设 …………… 154
一、未成年人与留守儿童 …………………………………… 154
二、建设留守儿童关爱服务体系的理论依据及现实意义 …… 156
三、留守儿童关爱服务体系建设面临的挑战 ……………… 159
四、留守儿童关爱服务体系建设的主要做法 ……………… 160
五、留守儿童关爱服务体系建设的对策与建议 …………… 162

附录一　中共中央、国务院《关于进一步加强和改进未成年人思想道德建设的若干意见》 ……………………………… 165

附录二 ………………………………………………………… 177
Ⅰ　2012年版《全国未成年人思想道德建设工作测评体系》 …… 177
Ⅱ　2013年版《全国未成年人思想道德建设工作测评体系》 …… 181
Ⅲ　2016年版《全国未成年人思想道德建设工作测评体系》 …… 186

附录三 ………………………………………………………… 189
Ⅰ　哈尔滨市未成年人思想道德状况调查报告 …………… 189
Ⅱ　哈尔滨市创新未成年人思想道德建设载体研究 ……… 198
Ⅲ　哈尔滨市加强未成年人爱国情感教育的对策研究 …… 203
Ⅳ　哈尔滨市加强未成年人社会主义核心价值观建设研究 … 209
Ⅴ　哈尔滨市加强未成年人传统文化教育研究 …………… 217

参考文献 ……………………………………………………… 229

绪 论

党和国家高度重视加强和改进未成年人思想道德建设工作。2004年2月，中共中央、国务院以中发〔2004〕8号印发《关于进一步加强和改进未成年人思想道德建设的若干意见》。这个文件是中国共产党对新形势下进一步加强和改进未成年人思想道德建设做出的重大部署，是新时期指导中小学德育工作、全面推进素质教育的纲领性文件。它以马克思列宁主义、毛泽东思想、邓小平理论、"三个代表"重要思想和科学发展观为指导，深刻分析了我国未成年人思想道德建设面临的形势，全面阐述了加强和改进未成年人思想道德建设的指导思想、基本原则和主要任务，明确提出了加强和改进未成年人思想道德建设的要求，对于进一步加强和改进未成年人思想道德建设具有十分重要的指导意义。因此，各地区、各部门要以《关于进一步加强和改进未成年人思想道德建设的若干意见》为指引，切实加强和改进未成年人思想道德建设工作。

实现中华民族伟大复兴的中国梦需要加强和改进未成年人的思想道德建设工作。目前，我国18岁以下的未成年人的人数接近4亿，约占全国总人口的28%。他们的思想道德状况如何，直接关系到中华民族的整体素质，关系到国家的前途和民族的命运，关系到中华民族伟大复兴的中国梦的实现。高度重视未成年人的教育培养，不断加强和改进未成年人的思想道德建设，是我党的优良传统，是一项涉及亿万家庭切身利益的民心工程，是一项事关党和国家长治久安的战略工程，是保证中国特色社会主义事业兴旺发达、后继有人的希望工程，是社会主义精神文明建设的基础工程。基于此，加强和改进未成年人的思想道德建设是实现中华民族伟大复兴的中国梦的需要。

时代的发展需要加强和改进未成年人思想道德建设工作。随着时代的发展，我国未成年人思想道德建设现状令人堪忧，面临的形势和挑战非常严峻。随着改革开放的不断深入和经济社会的不断发展，各种文化思潮的不断碰撞、交融和汇聚，尤其是社会转型带来的种种消极因素对未成年人产生了很多不良影响，导致未成年人思想道德建设工作面临着非常严峻的形势与挑战。因此，高度重视未成年人思想道德建设工作，积极探索未成年人思想道德培养的方式、方法、途径和对策，努力提高未成年人的思想道德素质，是这个时代赋予我们的光荣使命。

未成年人的自身发展需要加强和改进未成年人思想道德建设工作。当前，我国未成年人思想道德建设工作确实取得了一些成绩。但在实际工作中还存在许多困难、问题和薄弱环节，未成年人的健康成长仍是社会普遍关注的问题。面对人民的新期待，我们应以对党和人民高度负责的精神，努力培育未成年人的劳动意识、创造意识、效率意识、环境意识和进取精神、科学精神以及民主法制观念，增强他们的动手能力、自主能力和自我保护能力，引导未成年人保持蓬勃朝气、旺盛活力和昂扬向上的精神状态，激励他们勤奋学习、大胆实践、勇于创造，使他们的思想道德素质、科学文化素质和健康素质得到全面提高。

近年来，有不少专家和学者对未成年人思想道德建设工作比较感兴趣，并从不同的角度对其进行了研究，笔者对专家和学者的研究做了以下梳理。

正确认识未成年人的特点，探索和把握未成年人思想道德建设的规律，是研究者探讨的热点问题。有的专家学者认为，为了加强和改进未成人思想道德教育，可以尝试建立一门"未成年人伦理学"。未成年人有自己相对独立的生活方式，有自己的人际关系、交往方式、话语系统和心理特点，这也可以称为未成年人"社会"。"未成年人伦理学"就是要研究未成年人"社会"，只有了解这个"社会"的特点和特有的伦理关系，把握未成人的思想特点，才有可能进行有效的思想道德建设。还有的专家学者认为，应从未成年人自身的特殊性、成长环境的特殊性、需求的特殊性三个方面把握当代未成年人的特点。从未成年人自身来看，他们还存在心理素质较差，抗挫折能力弱，生活自理能力较差，以自我为中心，表现出自私的倾向，人际交往上习惯于一种实用功利、互相交换的"平面交际"等问题。从未成年人的成长环境看，今天的未成年人是在改革开放以后特殊的国内、国际环境下成长起来的，特殊的环境对他们的成长产生着潜移默化的影响。从未成年人的需求来看，他们的精神需求高于物质满足，追求挑战、刺激的新事物，崇尚个性。

对于未成年人思想道德教育的内容，研究者们有不同的见解。有的专家学者认为，弘扬和培育以爱国主义为核心的伟大民族精神应成为对未成年人进行思想道德教育的主要内容。民族精神的特征，有效弘扬和培育民族精神的规律，决定了民族精神的弘扬和培育应从娃娃抓起。从小对他们进行系统的、明确的、积极的教育、引导和熏陶，使中华民族优秀的思想、文化、道德、精神气质、心理品质等熔铸于正在成长中的一代新人的品质之中。还有的专家学者认为，未成年人思想道德教育的着力点应放在诚信教育上，加强诚信教育是思想道德教育的基础工程，加强这项工程建设，不仅对未成年人，而且是对教育工作者本身的教育。从做人的角度来讲，知道感恩、尊重生命、学会关爱、善于包容是所有教育内容中最为重要和基础的，只有掌握了以上的内容，我们开展未成年人思想道德教育才夯实了基础，把握了本质。

对未成年人思想道德建设的途径和方法的研究。有的专家学者认为，我国未成年人思想道德教育的现状并不是令人十分满意的，系统地确立未成年人思想道德教育的基本原则，为我国未成年人思想道德教育提供科学依据和价值取向，是十分重要和紧迫的。人本原则、主体性原则、公民性原则、实践性原则是未成年人思想道德教育的基本原则。这些基本原则相互联系、相互渗透、相互贯通，为确立我国未成年人思想道德教育的目的、性质、模式、内容和方法，提供了重要的理论依据，为探索中国特色的未成年人思想道德教育路径指明了方向。还有的专家学者认为，养成教育是未成年人思想道德建设的有效路径，养成教育应成为未成年人思想道德教育的着力点。习惯养成能有效规避未成年人思想道德建设中可能存在的道德风险，形成思想道德建设中的辐射效应。同时还强调，加强和改进未成年人思想道德教育，必须反对空洞无物的道德说教，注重实效性和可操作性，要建构基于具体行动的德育模式。要把未成年人思想道德教育作为一个系统工程，积极构建学校、家庭、社会"三位一体"的教育网络。

本书在中共中央、国务院下发的《关于进一步加强和改进未成年人思想道德建设的若干意见》精神的指引下，剖析了哈尔滨市未成年人思想道德建设中存在的若干问题，结合当前哈尔滨市未成年人思想道德建设工作面临的新形势和新任务，探讨未成年人思想道德建设中存在问题的根源和解决问题的途径，创新和丰富未成年人思想道德建设的理论与实践，构建未成年人思想道德建设的新的理念和方法体系。

  本书首先以绪论开头，主要涉及研究背景及现状、研究范围及内容、研究价值及意义、研究方法及重点；第一章"哈尔滨未成年人思想道德建设概况"，主要论述了哈尔滨未成年人思想道德建设的现状、创新载体原则、存在的问题及原因以及保障措施等；第二章"广泛参与哈尔滨未成年人思想道德建设测评工作"，主要论述了未成年人思想道德建设测评工作的重要性，以及近年来未成年人思想道德建设测评工作回顾；第三章"知荣明理：哈尔滨未成年人爱国情感教育"，主要论述了爱国情感教育的重要性、原则、现状、存在的问题以及解决的办法；第四章"立德树人：哈尔滨中小学校德育教育"，主要论述了中小学校德育教育的主要做法、存在的问题以及对策性建议；第五章"助力成长：哈尔滨未成年人心理健康教育"，主要论述了加强未成年人心理健康教育的重要意义以及存在的问题；第六章"示范引领：哈尔滨未成年人核心价值观教育"，主要论述了核心价值观教育的内容、意义，并通过问卷调查总结哈尔滨未成年人核心价值观教育的现状、存在的问题和对策建议；第七章"正心笃志：哈尔滨未成年人优秀传统文化教育"，主要论述了未成年人优秀传统文化教育的内容、意义，并通过问卷调查总结哈尔滨未成年人优秀传统文化教育的现状、存在的问题和对策建议；第八章"优化环境：哈尔滨网络和社会文化环境建设"，主要论述了网络文化和社会文化环境对未成年人的影响，提出消除影响的建议；第九章"共享蓝天：哈尔滨留守儿童服务体系建设"，主要论述了哈尔滨留守儿童服务体系建设的意义、现状、主要做法、存在的问题以及主要措施。

  本书不同于其他专著的写法，每一部分都独立成体系，但又不游离于"立德树人"这个根本之外，注重实用性和可操作性。同时，本书着眼于哈尔滨未成年人思想道德建设工作实际，并紧紧围绕党中央、国务院颁发的《关于进一步加强和改进未成年人思想道德建设的若干意见》和习近平主席系列讲话精神展开研究，对推动未成年人思想道德建设工作迈上新台阶，具有一定的实践价值。本书提到的创新未成年人思想道德建设载体的原则和针对性的对策建议，具有一定的学术价值。特别是把"立德树人"这个根本贯穿研究始终，突出了以人为本的发展理念，对于加强和改进未成年人思想道德建设工作具有一定的参考价值。并针对未成年人思想道德建设的一些现实问题，提出了一些创新性的见解，对于加强和改进未成年人思想道德建设工作具有一定的理论价值。

加强和改进未成年人思想道德建设是贯彻习近平主席系列讲话精神的具体体现。进一步加强和改进未成年人思想道德建设，是党中央从推进新世纪新阶段党和国家事业发展、实现党和国家长治久安出发做出的一项重大决策。习近平主席在系列讲话中不止一次提到加强和改进未成年人思想道德建设的重要性，强调加强和改进未成年人的思想道德教育，就是要落实人的全面发展，注重德才兼备，注重道德性、人文性、社会性和生命性；同时指出未成年人是我们最大的资源和财富。面对新形势、新任务，我们要切实负起责任，从战略上高度重视未成年人思想道德建设工作，确保党和国家的事业代代相传。

加强和改进未成年人思想道德建设，是贯彻落实党的十八届三中、四中、五中和六中全会精神，构建和谐社会的重要举措。构建和谐社会，必须坚持马克思主义在意识形态领域的指导地位，不断提高建设社会主义先进文化的能力，提高党执政的文化基础，同时还要充分调动一切力量，巩固党执政的社会基础，加强和改进未成年人思想道德建设，是建设社会主义先进文化的重要内容，是建设和谐社会的基础。只有造就一代代有理想、有道德、有文化、有纪律的未成年人，才能使我党和国家长治久安。

加强和改进未成年人思想道德建设对未成年人的健康成长有着重要的指导作用。目前，未成年人的素质现状与我们培养新世纪接班人的目标存在着一定的差距。特别是在社会各种消极因素的影响下，有些未成年人精神空虚、行为失范，有的甚至走上违法犯罪的歧途。因此，探索和研究未成年人思想道德教育的有效途径和方法，把他们培养成为真正的、高素质的建设社会主义的接班人，不仅具有重要的理论意义和现实意义，而且具有深远的历史意义。

本书主要采用四种研究方法：一是问卷调查法，针对本书所涉及的一些专题设计调查问卷，了解未成年人思想道德建设现状和存在的主要问题，掌握第一手材料。二是实地调研法，深入基层学校获得一些基础材料，并对这些材料进行加工整理，为完成本书的研究提供了支撑。三是文献研究法，利用中国期刊网搜集、积累与本书相关的期刊论文，以及利用图书馆搜集有关本书研究内容的资料，以便使本研究具有前沿性和先导性。四是系统分析法，运用所掌握的文献资料，借助理论思维，对未成年人思想道德建设进行理性分析和归纳整理，发现未成年人思想道德建设中存在的问题，探寻解决这些问题的途径与方法。

  本书的研究重点在于着重分析了哈尔滨未成年人思想道德建设方面存在的一些突出问题，探讨这些问题存在的原因，并从实际操作层面给出可行性的对策建议。同时，针对未成年人思想道德建设测评工作的重要性，本书重点总结和归纳了哈尔滨近年来未成年人思想道德建设测评工作情况，并从未成年人思想道德建设工作的七个方面论述了加强和改进未成年人思想道德建设工作的重要性，真正做到扬长避短，扬长克短，扬长补短，推动哈尔滨未成年人思想道德建设工作再上新台阶。

第一章 哈尔滨未成年人思想道德建设概况

未成年人是中国特色社会主义事业的建设者和接班人，他们的思想道德状况如何，不仅关系到国家的前途和命运，而且关系到民族的兴旺与衰败。伴随着国际、国内形势的新变化、对外开放的进一步扩大以及市场经济的深入发展，哈尔滨市未成年人的思想道德状况确实出现了一些新情况和新问题。基于此，本章从哈尔滨市未成年人思想道德建设工作入手，分析了哈尔滨市未成年人思想道德建设面临的形势，通过问卷调查的方式，剖析了哈尔滨市未成年人思想道德建设概况，总结了存在的问题和原因，提出了改进哈尔滨市未成年人思想道德建设工作的措施，为进一步加强和改进未成年人思想道德建设工作提供方法，为哈尔滨市未成年人的健康成长创造有利条件。

一、未成年人思想道德建设工作

（一）未成年人的概念界定

未成年人是一个相对的概念。《中华人民共和国未成年人保护法》第二条明确指出"未成年人是指未满十八周岁的公民"。也就是说，从出生开始到18周岁为止，这个年龄段的人都属于未成年人。但在国外的一些国家和我国古代却有不同的说法。如：德国法律规定，已满14岁不满18岁的是少年，已满18岁不满21岁的是未成年人；美国法律规定，未满16周岁的公民属于未成年人。而在我国古代，未成年人是指未满20周岁的人。本书所提到的未成年人是指18周岁以下的公民。

截至目前，哈尔滨市现有在校学生171万人，其中中小学生79.63万人，占学生总数的46.6%。如何加强和改进哈尔滨市未成年人思想道德建设工作，已经成为哈尔滨市急需解决的重要课题。为此，哈尔滨市有关部门应站在为未成年人负责的战略高度上,运筹帷幄,适时改进未成年人思想道德建设工作的方式方法,创新未成年人思想道德建设工作的手段,推陈出新,为哈尔滨市未成年人思想道德建设工作贡献力量,为他们的健康成长保驾护航。

(二)未成年人思想道德建设工作

近年来,哈尔滨市未成年人思想道德建设工作紧紧围绕"立德树人"这个根本,以中共中央、国务院下发的《关于进一步加强和改进未成年人思想道德建设的若干意见》为工作指南,坚持"三贴近"原则,把握内涵,探寻规律,大胆尝试,与时俱进,在未成年人思想道德建设工作方面取得了丰硕成果,得到了家长和广大未成年人的一致好评。

结合哈尔滨市实际,未成年人思想道德建设工作应遵循以下原则:一是坚持与培育"四有"新人的目标相一致、与社会主义市场经济相适应、与社会主义法律法规相协调、与中华民族传统美德相承接的原则。既要体现优良传统,又要反映时代特点,使未成年人思想道德建设工作始终保持生机与活力。二是坚持贴近实际、贴近生活、贴近未成年人的原则。既要遵循思想道德建设的普遍规律,又要适应未成年人身心成长的特点和接受能力,从他们的思想实际和生活实际出发,深入浅出,寓教于乐,循序渐进。多用鲜活通俗的语言,多用生动典型的事例,多用喜闻乐见的形式,多用疏导的方法、参与的方法和讨论的方法,进一步增强未成年人思想道德建设工作的针对性和实效性,提高吸引力和感染力。三是坚持知与行相统一的原则。既要重视课堂教育,又要注重实践教育、体验教育、养成教育,注重自觉实践、自主参与,引导未成年人在学习道德知识的同时,自觉遵循道德规范。四是坚持教育与管理相结合的原则。不断完善思想道德教育与社会管理、自律与他律相互补充和促进的运行机制,综合运用教育、法律、行政、舆论等手段,更加有效地引导未成年人的思想,规范他们的言行举止。

按照中共中央、国务院下发的《关于进一步加强和改进未成年人思想道德建设的若干意见》要求,哈尔滨市未成年人思想道德建设工作的内涵主要有:一是从增强爱国情感教育做起,弘扬和培育以爱国主义为核心的伟大民族精神。深入进行中华民族优良传统教育和中国革命传统教育、中国历史特别是近现代史教育,引导广大未成年人认识中华民族的历史和传统,了解近代以来中华民族的深重灾难和中国人民进行的英勇斗争,从小树立民族自尊心、自信心和自豪感。二是从确立远大志向做起,树立和培育正确的理想信念。进行中国革命、建设和改革开放的历史教育与国情教育,引导广大未成年人正确认识社会发展规律,正确认识国家的前途和命运,把个人的成长进步同中国特色社会主义伟大事业、同祖国的繁荣富强紧密联系在一起,为担负起建设祖国、振兴中华的光荣使命做好准备。三是从规范行为习惯做起,培养良好道德品质和文明行为。大力普及"爱国守法、明礼诚信、团结友善、勤俭自强、敬业奉献"的基本道德规范,积极倡导集体主义精神和社会主义人道主义精神,引导广大未成年人牢固树立心中有祖国、心中有集体、心中有他人的意识,懂得为人做事的基本道理,具备文明生活的基本素养,学会处理人与人、人与社会、人与自然等基本关系。四是从提高基本素质做起,促进未成年人的全面发展。努力培育未成年人的劳动意识、创造意识、效率意识、环境意识和进取精神、科学精神以及民主法制观念,增强他们的动手能力、自主能力和自我保护能力,引导未成年人保持蓬勃朝气、旺盛活力和昂扬向上的精神状态,激励他们勤奋学习、大胆实践、勇于创造,使他们的思想道德素质、科学文化素质和健康素质得到全面提高。

近年来,哈尔滨市未成年人思想道德建设工作是以习近平主席系列讲话精神为指导,深入贯彻党的十八届三中、四中、五中和六中全会精神,全面落实《爱国主义教育实施纲要》《公民道德建设实施纲要》,紧密结合全面建设小康社会的实际,针对未成年人身心成长的特点,积极探索新世纪新阶段未成年人思想道德建设的规律,坚持立德树人这一根本宗旨,深入开展社会主义核心价值体系学习教育,以未成年人道德养成教育为重点,把未成年人思想道德建设摆在学校工作的首要位置,引导未成年人树立中国特色社会主义的理想信念和正确的人生观、世界观和价值观,通过道德实践,养成高尚的思想觉悟和良好的道德情操,努力培养有理想、有道德、有文化、有纪律的德、智、体、美全面发展的社会主义事业的建设者和接班人。同时,紧紧围绕体制机制建设、中小学思想道德教育、未成年人道德实践活动和活动阵地建设等内容,进一步强化领导,夯实基础,不断丰富和完善学校、家庭、社区"三位一体"德育网络建设,着力解决群众最关心、最直接、最现实的未成年人思想道德建设等突出问题。

经过多年的探索和努力,哈尔滨市未成年人思想道德建设工作摸索出了一套行之有效的方法,在实际工作中取得了显著的效果。

一是搭建平台,构建"三位一体"教育网络有成效。哈尔滨市制定了"三结合"教育工作制度、活动制度和学习制度,充分发挥了学校的龙头作用、社区的平台作用、家庭的基础作用,实现了学校教育、家庭教育和社会教育有效衔接。在哈尔滨市70%以上城市社区建立家长学校或家庭教育指导中心,工作的覆盖面不断扩大,以"家长教子"活动为重点,细化项目、强化措施开展教育培训活动;组织未成年人参与学习雷锋、做"小小志愿者"活动,组织开展关爱帮扶困难家庭、流动人口家庭未成年人子女等活动。以社区为平台,构建"三位一体"的教育网络取得了明显成效。

二是加大工作力度,乡村、城市学校少年宫建设有效果。哈尔滨市下发了《哈尔滨市关于推进乡村学校少年宫建设的实施意见》的补充通知,明确了哈尔滨市完成中央文明办提出的三年全覆盖年度建设任务,进一步完善工作措施,强化督促检查,截至2014年初,全市176个乡镇全部建立了乡村学校少年宫,其中,中央彩票公益金支持的25个,自建的151个,试点建设城市学校少年宫30个。所有城市、乡村学校少年宫都能够结合自身实践,开展特色活动,以鲜明的实践性、趣味性和灵活性的特点吸引学生广泛参与。未成年人在参与中享受快乐,提高素质,丰富了广大未成年人的课余文化生活,受到广大师生和家长的欢迎。

三是完善工作机制,心理健康教育有突破。哈尔滨市为落实《中共中央国务院关于进一步加强和改进未成年人思想道德建设的若干意见》,2010年4月21日,在黑龙江省、哈尔滨市委的关心支持下,率先在黑龙江省成立了第一家未成年人心理健康指导中心,开通了"96311"免费服务热线,聘请了10名心理咨询服务专家对哈尔滨市未成年人及家长开展咨询服务工作,还聘请二十几名学心理学的志愿服务者每天接听"96311"免费服务热线,为未成年人解决心理障碍、缓解心理压力提供咨询服务。同时,积极指导哈尔滨市各区、县(市)采取自建、联建、共建、依托、挂靠等方式建设未成年人心理健康辅导站(点),为他们开展心理健康工作提供指导。各级教育主管部门将学生心理健康教育情况纳入学校管理目标,科学调整学校与学生德育评价体系,着力解决未成年人心理健康教育弱化问题,并在有条件的学校设立了标准化心理咨询室和辅导室,定期对学生进行心理辅导和心理诊疗。

四是开展"核心价值观"主题教育活动有方法。社会主义核心价值观的"24个字"是当代未成年人日常行为准则,因此,在未成年人中培育和践行社会主义核心价值观显得尤为重要。哈尔滨市从未成年人身心特点、成长规律以及现实情况出发,在未成年人中组织开展系列主题教育实践活动,推动核心价值观入心、入脑,引导未成年人培育和践行社会主义核心价值观。首先,强化宣传教育。教育部门组织编写《中华传统文化经典》等丛书,免费发放十万余套,供各级中小学校使用,推动核心价值观进教材、进课堂。其次,强化诠释引导。成立由"五老"人员、美德少年等典型人物组成的宣讲团,深入学校、社区,与未成年人座谈、宣讲。最后,强化实践养成。在全市开展"寻找冰城最美少年"活动,引导鼓励中小学生参与志愿服务,在全市600多个社区成立小志愿者服务队,让孩子们在活动中滋养心灵、提升素质。这一做法得到中央文明办的肯定,并以《未成年人思想道德建设工作简报》形式刊发。

五是开展"我的中国梦"主题教育实践活动有方案。"中国梦"是中国共产党召开第十八次全国人民代表大会以来,习近平主席所提出的重要指导思想和执政理念,描绘了中国发展的美好愿景,是当代未成年人实现自己梦想的重要理论支撑。为了贯彻中共中央"中国梦"主题教育活动精神,哈尔滨市以"立德树人"为根本任务,以"我的中国梦"学习教育为主题,制定下发了《哈尔滨市关于落实中央和黑龙江省文明办关于运用重要时间节点开展"我的中国梦"主题教育实践活动的实施方案》。按照实施方案要求,各学校开展了形式多样的"我的中国梦"主题教育实践活动,取得了实实在在的效果。在这项主题教育活动中,未成年人了解了"中国梦"的基本内涵;了解了个人梦想与"中国梦"的内在联系;了解了不同时期人们为实现中国的伟大复兴所做出的努力。通过这些活动,未成年人感受到今天的幸福生活来之不易,"中国梦"要靠一代又一代未成年人的努力才能实现。

六是推进四项集中活动有力度。党的十八大对未成年人思想道德建设工作提出了新的更高要求,哈尔滨市抓住这一有利时机,积极推进清明期间"网上祭英烈"活动;"六一"期间"做一个有道德的人"网上签名寄语活动;"七一"期间童心向党活动;"十一"期间向国旗敬礼等活动,取得了良好的效果。"网上祭英烈"活动，每年的清明节前后，哈尔滨市有关部门通过组织学生发表祭奠感言、开展网络访谈、网上献花、发帖、留言以及网上征文等形式，表达对先烈、先贤、先人的感恩和敬仰，寄托哀思，缅怀英烈。"做一个有道德的人"网上签名寄语活动，每年的"六一"节期间，按照中央文明办《关于组织开展"学习雷锋、做美德少年"网上签名寄语活动的通知》要求，哈尔滨市积极参加"学习雷锋、做美德少年"网上签名寄语活动。"童心向党"活动，每年的"七一"期间，哈尔滨市都征集多首优秀童谣，这些作品用歌声和语言等艺术手段诠释着对感恩、美丑、是非、友善、诚信、梦想的理解和领悟，丰富孩子们的精神生活，特别是哈尔滨市香坊区创编的音乐情景剧，在社会上产生了强烈的反响。"向国旗敬礼"活动，哈尔滨市按照《关于在未成年人中开展"向国旗敬礼、做有道德的人"网上签名寄语活动的通知》的要求，迅速启动，精心策划，周密部署，在哈尔滨市掀起了积极参与网上签名寄语活动的热潮。深入开展这些活动，为哈尔滨市未成年人思想道德建设测评工作打下了坚实基础。

（三）未成年人思想道德建设工作面临的形势

近年来，中共中央、国务院高度重视未成年人思想道德建设工作，哈尔滨市各级党委、政府认真贯彻执行中央部署，把加强和改进未成年人思想道德建设工作摆在突出位置，哈尔滨市的未成年人思想道德建设工作取得了很大的成绩，得到了社会各界的普遍认可，可以说，哈尔滨市未成年人思想道德建设工作面临着难得的机遇。目前，哈尔滨市未成年人思想道德状况总体是好的，但由于一些不良社会风气的影响，一部分未成年人精神极度空虚、行为不规范，甚至走上了违法犯罪的道路，如何解决这一部分未成年人思想道德状况，不仅成为哈尔滨市有关部门下一步工作的重点，而且成为社会各界广泛关注的焦点。

从现实环境看，随着哈尔滨市经济和社会的发展，市场经济的不断完善，在一些领域出现了道德滑坡、诚信缺失等不良社会现象，封建迷信、邪教和黄、赌、毒等社会丑恶现象屡禁不止，以及以权谋私等消极腐败现象不断出现，这些现象都不利于哈尔滨市未成年人健康成长。针对这些现象，哈尔滨市未成年人思想道德建设工作应立足于经济社会发展的实际，从而贴近未成年人的生活。一是立足于哈尔滨市经济社会发展实际。当前，哈尔滨市正处在文明城市复查迎检的关键时期，有关部门应抓住这一有利时机，消除影响未成年人健康成长的不利因素，为他们健康成长营造良好的社会环境，引导他们树立正确的世界观、人生观和价值观。二是贴近未成年人生活实际，通过组织和开展各项活动，让未成年人参与其中，体会快乐，引导他们增强主体意识，树立平等互利、公平诚信的道德观念。

从国际环境看，改革开放的进一步深入，为哈尔滨市广大未成年人了解世界、增长见识、学习知识提供了广阔的空间。但同时我们也应看到，西方国家的思想文化、价值观念、生活方式正以不同方式影响着当代的未成年人。特别是西方一些敌对势力通过不同途径加紧对广大未成年人进行思想文化渗透，这种影响不可低估。面对这种新情况，哈尔滨市未成年人思想道德建设工作必须把中华民族传统文化和民族精神教育纳入未成年人教育的始终；把中华民族优良传统教育、中国革命传统教育以及中国历史特别是近代史教育纳入未成年人教育全过程。让广大未成年人认识和了解近代以来中华民族的深重灾难和中国人民进行的英勇斗争，了解中华民族的历史和传统。对于帮助未成年人树立远大理想、增强他们的民族自尊心、自信心和自豪感、用实际行动报效祖国等方面都起着举足轻重的作用。

从网络环境看，互联网等新兴媒体在各领域的普遍运用，为哈尔滨市未成年人学习和获取信息开辟了新的空间。但一些色情、暴力等有害信息也冲击着网络，给未成年人的心灵造成一定的伤害。面对这种情况，哈尔滨市未成年人思想道德建设工作必须紧跟时代的发展，积极利用各种媒介和多媒体技术，促使未成年人思想道德教育内容具有生动性和感染力；积极利用现代信息技术，辅助思想道德课和校内外思想道德教育实践活动，提高思想道德教育的针对性和实效性；充分利用网络技术，建立思想道德教育网络平台，促进校园信息网络的快速发展；充分利用计算机和新媒体技术，提高广大教师的道德素养，从而提高哈尔滨市未成年人思想道德教育水平和能力。

二、未成年人思想道德建设工作总体情况

通过问卷调查的形式分析哈尔滨市未成年人思想道德建设总体情况，

目的在于了解和掌握哈尔滨市未成年人思想道德状况的真实现状，为进一步加强和改进哈尔滨市未成年人思想道德建设工作提供理论依据，为未成年人的茁壮成长创造有利条件。

（一）问卷调查的基本情况

哈尔滨市未成年人思想道德状况调查问卷共设计了30个问题，主要涉及未成年人对人生和理想的态度、对社会公德的认可程度、对国家大事的关注程度以及能够反映未成年人思想道德状况的一些问题。本次问卷调查从哈尔滨市市区的初中和高中随机抽取6所学校（初中3所，高中3所），每所学校100名学生，共600名学生作为调查样本。整个调查过程持续2周的时间，学生对调查内容非常感兴趣，积极性很高，因而调查比较顺利。此次调查共发放600份问卷，回收有效问卷569份，回收率为94.8%。

从年龄上看：主要是18岁以下的未成年人，分布在12—18岁这个年龄段，且15—17岁的未成年人占到一半左右。这个年龄段的未成年人思想活跃，辨别是非能力较强，能够很好地阅读和填写调查问卷。

从性别上看：男女比例相差不大，男性272人，占47.8%；女性297人，占52.2%。男女比例相当，可以全面地了解未成年人的思想道德状况，不至于出现偏差。

从形式上看：本次调查采取抽样调查的形式进行，每所学校随机选取100名学生作为调查对象，在主抓德育的老师和班主任的监督下完成问卷填写。

从态度上看：本次调查得到了调查学校老师以及调查对象的大力支持和积极配合，态度认真、诚恳。

从质量上看：问卷填写的质量和回收率都很高，这为下一步统计分析创造了条件。

（二）未成年人思想道德状况分析

积极的思想道德状况。近年来，在有关部门的积极努力下，哈尔滨市未成年人思想道德建设工作取得了一定的成效。总体上看，未成年人思想道德状况的主流是好的，是积极健康的，具体表现在以下几方面：

一是人生观和价值观比较明确。在回答"你对自己的前途是否有信心"时,有74.3%的人回答"充满信心";在回答"你对人生的态度是否乐观"时,有57.6%的人表示"很乐观";在回答"人生价值在于奉献还是索取"时,有80.5%的人认为"人生的价值体现在奉献之中";在回答"做人最重要的品质是什么"时,有43.6%的人认为"诚实是做人最重要的品质",其次是"光明磊落",占33.0%。这些数据表明,在传统教育观念和社会环境的大背景下,哈尔滨市未成年人的人生观和价值观没有出现大的偏颇,紧跟时代的主流。

调查样本:对人生观和价值观的看法

内容	选项	百分比(%)
你对自己的前途是否有信心	充满信心	74.3
你对人生的态度是否乐观	很乐观	57.6
人生价值在于奉献还是索取	在于奉献	80.5
做人最重要的品质是什么	诚实	43.6
	光明磊落	33.0

二是具有很强的社会公德意识。当问及"在公共汽车上,遇到老弱病残时你是否会主动让座",选择"经常会"的有381人,占67.0%,选择"有时会"的有184人,占32.3%,这两项之和占99%以上;当问及"不小心将垃圾扔到垃圾箱外,你会怎么做"时,有492人选择"捡起来重新扔进去",占86.5%;当问及"你是否愿意参加集体活动"时,有526人表示"非常愿意",占92.4%;这些数据说明当代的哈尔滨市未成年人没有忘记中华民族的传统美德,他们的集体意识和社会公德意识都很强。

调查样本:对社会公德意识的看法

内容	选项	人数	百分比(%)
在公共汽车上,遇到老弱病残时你是否会主动让座	经常会	381	67.0
	有时会	184	32.3
不小心将垃圾扔到垃圾箱外,你会怎么做	捡起来重新扔进去	492	86.5
你是否愿意参加集体活动	非常愿意	526	92.4

三是比较愿意参加社会公益活动。当问及"你对参加社会公益活动的态度如何"时,选择"经常主动参加"的有180人,所占比例为31.7%,

选择"看到或碰到才会参加"的有 230 人,所占比例为 40.4%,两项之和为 72.1%;当问及"你对社会爱心捐款活动的态度如何"时,选择"积极参加"的有 299 人,所占比例为 52.5%。这些数据表明,哈尔滨市未成年人在社会公益活动的参与态度上是积极的,这对培养哈尔滨市未成年人的社会责任感,引导他们树立正确的世界观、人生观和价值观,形成团结互助的良好氛围是大有帮助的。

调查样本:对参加社会公益活动的看法

内容	选项	人数	百分比(%)
你对参加社会公益活动的态度如何	经常主动参加	180	31.7
	看到或碰到才会参加	230	40.4
你对社会爱心捐款活动的态度如何	积极参加	299	52.5

四是学习目的明确。在回答"你学习是为了什么"时,选择"为了改善家庭条件"的有 63 人,占 11.1%;选择"为了找个好工作"的有 82 人,占 14.4%;选择"为了回报社会"的有 82 人,占 14.4%;选择"为了自己有个好的发展前途"的有 302 人,占 53.1%;选择"为了兴趣学习"的有 40 人,占 7.0%。调查样本不论选择哪一项,都表明哈尔滨市未成年人有明确的学习目的。

调查样本:对学习目的的看法

选项	人数	百分比(%)
为了改善家庭条件	63	11.1
为了找个好工作	82	14.4
为了回报社会	82	14.4
为了自己有个好的发展前途	302	53.1
为了兴趣学习	40	7.0

五是对国家大事、社会发展的态度明确。此次调查问卷对"国家大事、社会发展的态度"这一问题涉及以下几个选项,其中对"公民有义务保卫国家不受外敌侵略"选项表示"非常同意"的占 80.1%,"比较同意"的占 14.1%,两项之和占 94.2%;对"社会虽然存在问题,但主流是好的"选项表示"非常同意"的占 38.1%,"比较同意"的占 42.9%,两项之和占 81%;对"社会发展的目的在于满足人民群众日益增长的物质文化需求"选

项表示"非常同意"的占83.2%,"比较同意"的占11.4%,两项之和占94.6%。这些选项选择"无所谓"和"非常不同意"的比例较少,说明哈尔滨市未成年人对国家和社会的发展还是非常关注的,且所关注的问题有一定的层次和水平。

调查样本:对国家大事的看法

内容	非常同意(%)	比较同意(%)	百分比求和(%)
公民有义务保卫国家不受外敌侵略	80.1	14.1	94.2
社会虽然存在问题,但主流是好的	38.1	42.9	81.0
社会发展的目的满足日益增长的物质文化需求	83.2	11.4	94.6

消极的思想道德状况。虽然哈尔滨市未成年人的思想道德状况主流是好的,但也存在一些消极的思想道德状况。

一是理想信念淡化。哈尔滨市一部分未成年人,对社会、对自己的人生缺乏理想信念;对历史杰出人物缺乏仰慕之心,缺少应有的敬重。从调查问卷的统计结果看:一部分未成年人缺乏远大的理想抱负,当问及"你的人生理想是什么"时,"享受生活"成为首选,比例为32.7%;其次是"考上好大学,将来有好工作",比例为26.9%;第三才是"为国家做贡献",比例为22.7%;当问及"你最崇拜的人是谁"时,影视明星或体育明星、家长和老师成为这一代年轻人的崇拜对象,比例分别为43.7%、21.6%和17.1%,而受人尊崇的历史杰出人物所选比例并不高,仅占6.9%,这个结果是我们始料未及的。

调查样本:对理想信念的看法

内容	选项	百分比(%)
你的人生理想是什么	享受生活	32.7
	考上好大学,将来有好工作	26.9
	为国家做贡献	22.7
你最崇拜的人是谁	影视明星或体育明星	43.7
	家长	21.6
	老师	17.1
	历史杰出人物	6.9

二是价值观带有一定的功利性。伴随着市场经济的不断发展,哈尔滨

市未成年人的价值观念和行为方式也发生了深刻的变化，一些未成年人片面追求经济利益，价值观扭曲，被极端个人主义和享乐主义所蒙蔽，这些令人担忧的问题无时无刻不影响着未成年人的心灵。从调查问卷统计结果看："做一个有钱人"和"赚大钱过富裕生活"成为一部分未成年人的人生理想，二者之和所占比例为14.8%。当问及"你将来会成为什么样人的"时，有38.0%的人认为"自己将来大概会成为有名的人"，有45.0%的人认为"自己将来大概会成为有钱的人"，在选择这两项的学生中，有少部分学生还选择了"事业上成功的人"和"对国家和社会有用的人"，这反映出调查样本对个人人生的选择和判断，具有多重性，且更加现实，并带有一定的功利性。

调查样本：对将来成为什么样的人的看法

内容	选项	百分比%（%）
人生理想	做一个有钱人	14.8
	赚大钱过富裕生活	
你将来会成为什么样的人	自己将来大概会成为有名的人	38.0
	自己将来大概会成为有钱的人	45.0
	事业上成功的人	2.2
	对国家和社会有用的人	

三是诚信缺失现象严重。诚信是一个人安身立命的根本，也是孕育其他道德的基础。目前，哈尔滨市未成年人"诚信缺失"现象相当普遍：考试作弊，蒙骗家长，抄袭作业，敷衍老师都是其表现。从调查问卷统计结果看：仅有20.9%的人认为做人最重要的品质是"诚信"。而当问及你认为"日常生活中，哪些品德比较重要"时，"信用"在15个选项中仅排在第8位，所占比例为14.6%。因此，加强未成年人的诚信教育，通过家庭、学校、社会等各方面力量的整合，从小教育孩子以正直诚实的品质去面对生活的挑战，这是哈尔滨市未成年人思想道德教育内容的重点与核心。

调查样本：对诚信的看法

内容	选项	百分比（%）
做人最重要的品质	诚信	20.9
日常生活中，哪些品德比较重要	信用	14.6

四是注重自我，内心封闭。当问及"人际交往中，如果你和别人发生矛盾该如何处理"时，有23.6%的未成年人选择"不能处理矛盾"；当问及"生活中，如果遇到挫折或困难，你的态度是什么"时，有35.0%的未成年人选择了"悲观、失望"；当问及"你与老师的关系怎样"时，选择"有明显距离，基本不交流"的有175人，所占比例为30.8%，选择"关系对立"的有29人，所占比例为5.1%，二者所占比例之和为35.9%。调查问卷统计结果还显示：有25.0%的未成年人"经常有一种孤独感"；54.0%的未成年人"有很难找到好朋友的烦恼"。这些数据表明，哈尔滨市未成年人在面对困难或困惑时，以自我为中心，不向他人敞开心扉。

调查样本：对生活中遇到的困难或困惑的看法

内容	选项	百分比（%）	
人际交往中，如果你和别人发生矛盾该如何处理	不能处理矛盾	23.6	
生活中，如果遇到挫折或困难，你的态度是什么	悲观、失望	35.0	
你与老师的关系怎样	有明显距离，基本不交流	30.8	35.9
	关系对立	5.1	

五是更关注个人利益。集体主义原则主张集体利益高于个人利益，提倡在个人利益与集体利益发生矛盾时，个人利益要无条件地服从集体利益。而当问及"个人利益与集体利益发生冲突时，你认为应如何处理"时，回答却不尽相同。认为"个人利益无条件服从集体利益"的占23.6%，"集体利益为主，兼顾个人利益"的占41.2%，"个人利益为主，兼顾集体利益"的占23.4%，"集体利益无条件服从个人利益"的占10.1%。这些数据表明，哈尔滨市多数未成年人认为当集体利益与个人利益发生矛盾时，应以集体利益为主，兼顾个人利益，这与集体主义原则的要求没有太大偏差。但当问及"你是否同意'我为人人，人人为我'的观点"时，有53.4%的人表示"不同意"，一定程度上说明当代的哈尔滨市未成年人在现实中更关注的是个人利益。

调查样本：对集体利益和个人利益的看法

内容	选项	百分比（%）
个人利益与集体利益发生冲突时，你认为应如何处理	个人利益无条件服从集体利益	23.6
	集体利益为主，兼顾个人利益	41.2
	个人利益为主，兼顾集体利益	23.4
	集体利益无条件服从个人利益	10.1
你是否同意'我为人人，人人为我'的观点	不同意	53.4

三、未成年人思想道德建设工作存在的问题及原因

（一）存在的问题

近年来，哈尔滨市已经构筑起了学校、家庭、社区"三位一体"的未成年人思想道德建设常态化发展格局，并创新教育载体，开展了一些主题实践活动，取得了较好的教育效果。但也存在一些不容忽视的问题，从内容上看，虽然哈尔滨市开展了一些主题实践活动，但一些好的实践活动没有坚持下来，只是流于形式，况且缺乏时效性，应结合哈尔滨市的情况实际，创新一些新的载体，丰富未成年人的业余生活；从形式上看，没有从未成年人的思维活动规律和心理特点入手，引入心理辅导、主题教育和自我教育等形式，没有形成具有自身特点的未成年人思想道德建设特色，缺乏规律性；从方式方法上看，没有充分利用网络讲座、网上论坛、电子信箱、手机短信和热线服务等形式，开展生动活泼的思想道德教育，没有抓住网络信息时代德育工作主动权，时代性不强；况且，一些社会不良文化环境也对创新未成年人思想道德建设工作具有一定的影响。

同时，未成年人思想道德建设工作的重视程度、创新工作以及社区支持力度也有待加强。虽然哈尔滨市委、市政府高度重视未成年人思想道德建设工作，经常召开会议专门部署此项工作。但一些单位和部门的领导对未成年人思想道德建设工作存在的问题和亟待加强的薄弱环节认识不足、研究不深、重视不够，还没有形成关心未成年人思想道德建设的浓厚氛围。目前，哈尔滨市仅有香坊区开展的童心向党、优秀童谣传唱活动作为全国典型经验，得到中央文明办的肯定，其他区在创新工作上虽然都在探索，但没有实质性突破。哈尔滨市未成年人思想道德建设工作要想有更高

的站位，必须在开拓创新上下功夫，只有把好的做法经验推向全国，成为全国各地市学习的典范，才能推进哈尔滨市未成年人思想道德建设工作向纵深发展。

哈尔滨市社区对支持未成年人思想道德建设工作的力度不够，主要表现在：一是社区工作者因自身素质的原因导致对未成年人思想道德教育工作的不理解、不适应。二是部分社区居民对未成年人思想道德建设的认知度有待提高。三是辖区单位重视程度不够，支持、参与社区未成年人思想道德建设工作不够深入，较多的停留在表面，对社区未成年人提供活动场所和建设活动场所的资金投入不足，无力开展针对未成年人思想道德建设方面的各项活动。

（二）存在问题的原因

对于以上存在的问题，我们不能回避，要用创新的方法查找存在问题的原因，从而拓展未成年人思想道德建设工作的思路和局面，推动未成年人思想道德建设工作的发展。目前哈尔滨市未成年人思想道德建设工作存在问题的原因主要有：

不良社会环境的影响。随着哈尔滨市改革开放的不断深入，一些社会不良环境时时刻刻地影响着未成年人，具体表现在：一是不良社会现象的影响，贪污受贿，拜金主义等社会丑恶现象，对未成年人思想具有极大的腐蚀。二是影视文化的负面影响，各种宣传媒体制作、刊播的专题节目、公益广告贫乏，难与未成年人的健康发展需求相适应。从调查问卷统计结果看：当问及"你看过电视上教育未成年人的公益广告吗？"时，有54.0%的人表示"没看过"，这从一定程度上说明，适合未成年人的影视作品很少，不能满足其需求。三是社会淫秽读物和格调低下、不健康的影视节目，对阅历水平有限的未成年人危害最大，毒害最深，这些大肆渲染暴力、色情、漠视生命等不良内容的作品、读物，传播着腐朽落后的文化和信息，使未成年人误读社会，盲目模仿。四是适合未成年人特点的活动阵地相对缺乏，许多学生只有到成人歌舞厅、游戏室、网吧等营业性场所参加娱乐活动，因缺乏辨别力、意志力，不少学生走上歧途。

未成年人思想道德教育体系尚不完善。目前，哈尔滨市未成年人思想道德教育的理论和实践体系不健全。表现在：一是未成年人思想道德教育过程中存在相互脱节的现象，力量分散，没有形成齐抓共管的良好局面，各有关部门教育手段的欠缺,没有真正形成学校、社会、家庭立体式的教育网络。二是各种影响未成年人思想道德建设的社会娱乐场所对未成年人出入监管不严,相关部门对这类场所的打击力度不够,无形之中助长了不法分子的嚣张气焰。三是家庭教育的简单、粗暴、手段单一等原因在一定程度上也都影响着未成年人的健康成长。

学校教育导向的偏差。由于片面追求升学率,一些学校在升学率的指挥棒下,抓智育轻德育,一手硬一手软,使学生缺少一个富有实效的德育课堂,即便抓德育也在一定程度上存在敷衍现象,没有从人本化出发,没有考虑到学生的自身特点,机械地灌输马列主义、毛泽东思想,缺乏灵活的手段。从问卷调查统计结果看:哈尔滨市的各中小学校培养未成年人思想道德的手段主要有政治课或思想品德课、讲座或报告会以及班会或主题团会等,形式比较单一,内容空洞,学生参与积极性不高,教育效果不明显。这种状况很难适应素质教育的要求,不利于培养有理想、有道德、有文化、有纪律的"四有"新人。

家庭教育缺失。父母是孩子的第一任老师,如果父母忽视教育方法和自身素质的提高,重教育轻德育,重物质轻精神,重需要轻感情,就不能培养出德才兼备的孩子来。有的家长期望值过高,不顾孩子的生理、心理发展特点和个性,强行孩子按自己的愿望发展;有的家长则忙于生活奔劳,将教育责任全推给学校。单亲家庭、暴力家庭的孩子缺少父母管教、疼爱,或叛逆或沉迷网络。这些家庭教育的缺失,家庭核心作用的冲淡,严重地伤害着未成年人的身心健康,他们因得不到父母关爱或因父母的溺爱心理发展畸形,内心空虚,对现实极度不满,以伤害自己或故意犯错、犯罪的方法来引起父母的关注,这些因素的存在对未成年人的成长以及思想道德的培养都是非常不利的。

四、创新未成年人思想道德建设工作载体的原则

加强和改进未成年人思想道德建设要立足于哈尔滨市发展的客观实际,从未成年人的生理、心理特点和认知规律出发,把握未成年人的成长规律和教育规律,增强未成年人思想道德建设工作的时代性、规律性和实效性。

(一)创新载体应体现时代性

创新载体应根据当前哈尔滨市新形势、新任务的要求,通过载体建设,在

坚持发扬中华民族传统美德的同时，大力弘扬时代精神，使未成年人思想道德建设工作与哈尔滨市新发展战略和目标相适应，力求体现时代性。

（二）创新载体应把握规律性

创新载体要把握规律性，应从哈尔滨市未成年人成长的实际出发，尊重未成年人，了解未成年人，贴近未成年人，紧紧抓住影响他们思想道德观念形成和发展的关键环节，改进创新教育载体，有针对性地加以思想引导、学业辅导、生活指导和心理疏导。

（三）创新载体应增强实效性

创新载体要增强实效性，突出创新教育活动的内容和形式，寓教于情，寓教于理，寓教于生活，使未成年人通过亲身经历和真实感受，把做人做事的基本道理内化为健康的心理品格，转化为良好的行为习惯。

五、改进未成年人思想道德建设工作的措施

加强和改进未成年人思想道德建设工作，是一个庞大的社会系统工程，涉及到多个部门，牵涉到方方面面，不仅需要全社会共同参与，还需要有强有力的保障措施，才能把哈尔滨市未成年人思想道德建设工作推向一个崭新的阶段。

（一）切实加强领导

加强和改进未成年人的思想道德建设，是实现党和国家长治久安，落实科学发展观的迫切需要，关系到家庭、地区乃至国家和民族的前途。未成年人思想道德问题表现在孩子身上，根源在家庭、学校和社会，责任在各有关部门。因此，哈尔滨市要进一步把思想统一到中央和黑龙江省、哈尔滨市有关文件精神上来，按照中央的统一部署，真正把此项工作摆到全局的突出位置，切实承担起领导责任，扎实推进学校、家庭、社会三结合的德育工作网络的建设；更加充分地认识到加强和改进未成年人思想道德建设工作的长期性和艰巨性，思想上做好长期努力的准备，工作上要常抓不懈，及时跟踪，不断研究分析新情况，探索未成年人思想道德建设工作新规律，为哈尔滨市未成年人思想道德建设工作扎实推进贡献力量。

（二）营造良好的社会文化环境

净化社会文化环境，为未成年人健康成长创造良好条件，这是贯彻落

实中共中央、国务院《关于进一步加强和改进未成年人思想道德建设的若干意见》的重要环节。文化对未成年人的影响是长期和潜移默化的,文化对未成年人的思想观念、价值取向、行为方式的影响是比较深刻的,故发挥文化育人的作用就显得尤为重要。因此,哈尔滨市要大力培育良好的文化氛围,提升城乡文化品位,结合哈尔滨市创建全国文明城市开展的各项活动,坚持疏堵结合,营造健康向上的人文环境,为广大未成年人的成长提供良好的社会文化环境。要积极引导未成年人正确看待社会现象。当前,一些社会不良现象确实对未成年人造成了一定的影响,但这不是主流,要引导未成年人正确看待这些社会不良现象,不要被这些社会不良现象所蒙蔽,哈尔滨市各有关部门要通过各种教育活动,引导未成年人正确认识社会,提高他们的免疫力和心理承受力。要大力整治校园周边治安环境,建立街道、公安、工商、文化执法、社区、学校联动的安全防范机制;要努力为未成年人提供更多的富有思想性、艺术性、趣味性的文化产品。要加强未成年人活动阵地建设,加大公益性文化设施的投入和管理力度,建设一批适合未成年人活动的阵地,同时要发挥校外活动场所和爱国主义教育基地的作用,为未成年人健康成长营造良好的社会环境。要坚持不懈地开展"扫黄打非"专项斗争,加强文化市场监管,坚决查处传播色情、暴力等不健康内容的出版物;加强对网吧等文化娱乐场所的监管,推行网络游戏实名认证和防沉迷系统,努力营造安全文明的网络环境。

(三) 完善未成年人思想道德教育体系

推进未成年人思想道德建设,要以养成高尚的思想品质和良好的道德情操为基础,进一步完善学校、家庭、社会"三位一体"的思想道德教育体系。这个教育体系应以学校为龙头、以家庭为基础、以社区为依托,将学校教育资源深入到社区、延伸到家庭,使社会教育、家庭教育和学校教育相互衔接,形成社会化、开放性的思想道德教育格局。哈尔滨市在整体构建未成年人思想道德教育体系过程中,既要认真总结取得的经验,更要仔细查找存在的问题;既要认真学习和借鉴先进地区的经验,又要与时俱进,创新思路,不断创造新经验。实践证明,积极发挥学校在整体育人环境中的主导作用,有效整合学校、家庭和社会多方面教育资源,是新时期加强和改进未成年人思想道德建设的重要途径和必要手段。

（四）充分发挥学校的主渠道作用

哈尔滨市各级学校不能片面地只抓升学率，要"一手抓学习，一手抓德育"，教书和育人两不误。在未成年人思想道德教育问题上，要充分发挥学校的主渠道作用。一是积极建立健全符合未成年人身心发展特点的思想道德建设评价体系，把开展思想道德教育与开展知识性、科学性、娱乐性、趣味性活动结合起来。二是采取有效形式对未成年人进行多样化的道德思维训练，不断提高学生履行社会道德准则和道德规范的本领，使其表现出一种良好的、稳定的心理状况，实现他律向自律的转变。三是要跳出传统的、滞后的教科书，从报纸、电视、网络、少儿读物和社会事件中寻找有关的素材，帮助学生懂得如何评价各种事件的意义和价值。同时，组织学生参加各种形式的实践活动，让他们感受社会道德生活，加深道德认识，丰富道德情感，增强道德意志，培养道德实践能力，鼓励他们发挥创新能力，从而提升哈尔滨市未成年人思想道德建设工作水平。

（五）开展丰富多彩的德育活动

未成年人思想道德建设工作是一门科学，这就要求：哈尔滨市各级、各类学校在指导思想上、工作目标上、实践原则上、内容方法上通盘考虑，处理好各种关系，做好各方面的结合，形成德育合力，齐抓共管，共同促进未成年人良好思想的形成和文明行为习惯的培养。强化德育在日常学习中的作用，改进中小学思想品德、思想政治课教学方法和评价制度；改进中小学思想品德、政治课教学内容和形式，建立未成年人思想道德行为综合考评制度；进一步加强学校德育工作，推动德育实践活动的广泛开展，增强德育时代感，提高针对性和实效性；组织开展内容新颖、形式多样的活动，以活动为载体是学校开展德育工作行之有效的方法和手段。哈尔滨市各级、各类学校应深入探索在活动中开展德育工作的有效方法，力求使活动更加贴近未成年人的思想实际、生活实际，更为未成年人所喜闻乐见，达到更好的教育效果。

（六）改进学校德育工作

哈尔滨市要优化德育队伍结构，建设一支专兼结合、功能互补、信念坚定、业务精湛的德育队伍。各有关部门和学校都要采取措施，稳定德育骨干队伍,不断补充新生力量。要积极开展各种培训工作,提高德育队伍素质。学校是对未成年人进行思想道德教育的主渠道。各中小学要认真落实好"育人为本、德育为先"的思想,从未成年人的实际生活出发,根据未成年人的身心发展特点,循序渐进地实施道德教育。要把掌握道德知识和进行道德实践紧密地结合起来。要多用鲜活通俗的语言,多用生动典型的事例,多用喜闻乐见的形式,多用疏导的方法、参与的方法、讨论的方法,在传授知识的同时,设计一些生动活泼、吸引力强的实践活动,寓道德教育于生活实践之中,把道德学习与道德行为融为一体,坚持"学"与"行"相统一的原则,引导未成年人在学习道德知识的同时,自觉地把道德知识转化为道德行为,使未成年人在各种道德实践活动中,提高抵御不良社会环境影响的能力,增长向善行善的心志。广大教师要进一步树立以人为本思想,走近未成年人的心灵,了解他们的所思所想,有针对性地、平等地进行师生间的交流沟通,使自己真正成为未成年人的知心朋友,让学校德育工作成为推动未成年人思想道德建设工作的内生动力。

(七) 引导家长树立正确的教育观念

父母面对不良社会环境对未成年人的影响不是无能为力的,而是要采取积极的行动。首先,父母要与孩子成为朋友,在日常生活中,和孩子一起看电视、上网,帮助他们选择健康有益的图书,并对看电视、上网时间给予合理的限制;和孩子共同评论某些有影响的社会事件、影视节目、网络内容或青春小说,给他们创造一个从环境中寻求道德认知和判断的机会。其次,父母要积极引导未成年人选择健康有益的朋友,批判地吸收外部信息,更好地了解自己、了解世界。最终使他们在面对道德是非时,学会判断;在面对道德困惑时,学会取舍;在与他人交往的过程中,提高自己的人际关系协调能力。最后,父母要在文化素养、道德人格和教育观念上做孩子的行为榜样,父母要当好表率和楷模,提高科学教育子女的能力,尊重未成年人基本权利,切实承担起教育子女的责任,不能把家庭教育的责任推向学校和社会。

六、未成年人思想道德建设工作的对策与建议

当前,哈尔滨市经济社会的快速发展,为未成年人健康成长提供

了有利的物质条件，同时，由于多元化的价值理念，高速扩张的互联网络，空前活跃的社会生活等因素的存在，增加了未成年人思想道德建设工作的难度，也对未成年人思想道德建设工作提出了更高的要求。因此，传统的载体已经不能满足未成年人思想道德建设工作的实际需要，要想在未成年人思想道德建设方面不断取得新的成效，只有创新工作载体，不断拓展工作思路与领域，才能使哈尔滨市未成年人思想道德建设工作再上新台阶。

（一）创新思路，提升吸引力和感染力

未成年人思想道德建设工作有其自身特点和内在规律，在创新未成年人思想道德建设载体的实际工作中，应准确把握特点、遵循规律，不断增强未成年人思想道德建设的吸引力和感染力。如充分利用传统节日文化的教育、各种纪念日的宣传教育，通过团队活动和升旗仪式的引导熏陶，使未成年人从小树立远大理想和抱负，立下爱国根基；通过学校设立的艺术节、体育节、读书节、科技节、冰雪节等校内节日，发展校园文化，丰富校园生活；通过丰富多彩的第二课堂活动，如：书法、乐器、绘画、舞蹈、轮滑等兴趣小组，让学生自主选择参加，陶冶情操，锻炼技能，快乐发展；组织开展"做一个有道德的人"童谣大赛，学生通过自编自演形式，深刻领悟"做一个有道德的人"的含义；组织未成年人开展"品德熏陶日""美德实践日""公德奉献日""快乐双休日"等活动，让未成年人从身边的小事做起，培养良好的道德行为；同时，在有条件的社区开设"少年法庭""市民学校""心理咨询""助残行动""欢乐书屋"等活动，为广大未成年人提供成长的舞台。创新未成年人思想道德建设工作思路，使未成年人开阔视野，有利于他们的身心健康。

（二）创新活动内容，增强实效性

哈尔滨市要把创新未成年人思想道德载体的着眼点放在基层，把力量用在基层，把活动落实在基层，重视调动各级、各类学校、社区和群团组织的力量，充分发挥他们的积极性。要挖掘整合现有德育资源，精心设计活动项目，创造更多具有针对性、实效性和趣味性的活动载体，形成生动活泼的工作局面。要把开展活动与循循善诱，寓教于乐结合起来，把思想道德教育和知识性、科学性、娱乐性、趣味性结合起来。采取多种形式，利用各类阵地，组织动员未成年人、家长、教师参与实践活动，引导未成年人提高思想道德建设水平。要不断创新未成年人思想道德建设工作的内容和载体，不断推出、评选和表彰创新案例，带动工作的新进展和新实效。同时要充分利用各种形式，及时报道、宣传未成年人工作的先进典型，在全社会形成人人关心未成年人健康成长，人人为未成年人健康成长多做实事的舆论氛围。要建立健全监督机制，及时掌握未成年人思想道德建设工作的进展情况和存在问题，确保创新未成年人思想道德建设载体工作得到有效落实。

（三）创新活动形式，把握规律性

哈尔滨市创新未成年人思想道德建设载体要确立现代德育理念，坚持未成年人思想道德建设生活化、主体化、法制化。创新未成年人思想道德建设载体，不仅需要现代化的手段和方式，而且需要开拓未成年人思想道德建设工作新领域。要从未成年人身心成长的实际出发，根据他们的心理、生理和思想可塑性强等特点，紧紧抓住影响他们思想道德观念形成和发展的关键环节，创新活动形式。同时要在家庭、学校、社区开展经常性的道德实践活动，引导未成年人在体验亲情中净化心灵、在互助友爱中提升境界、在奉献社会中陶冶情操，培养积极的人生态度、健康的心理情感、高尚的道德品质，在家庭中做个好孩子，在学校里做个好学生，在社会上做个好公民。在工作中要遵循未成年人的身心特点和成长规律，从未成年人思想道德建设的实际出发，开展多种形式的道德实践活动，在日常生活和学习中身体力行道德规范，在潜移默化中深刻理解道德要求，增强道德观念，打牢未成年人思想道德基础。

（四）创新方式方法，体现时代性

创新未成年人思想道德建设载体是教育与实践相结合的过程，是"知"与"行"统一的过程。要按照实践育人的要求，以体验教育为基本途径，创新方式方法，精心设计和组织开展内容鲜活、形式新颖、吸引力强的道德实践活动。互联网、移动通讯等新型技术的广泛应用，使当今的社会文化发展和信息传播方式产生了巨大变化，同时也对未成年人的学习生活产生了深刻影响，因此，哈尔滨市要根据未成年人接受信息途径发生的新变化，选择适当的方式方法，开展有针对性的教育和引导活动。要认真研究未成年人思想道德建设的环境、对象、任务、渠道发生的新变化，在观念、内容、方法和体制机制等方面努力改进创新，使未成年人思想道德建设工作充分体现时代性。通过不断创新未成年人思想道德建设的方式方法，把握时代脉搏，确保哈尔滨市未成年人健康成长。

第二章 广泛参与：哈尔滨未成年人思想道德建设测评工作

哈尔滨市未成年人思想道德建设工作测评是以党的十八大和十八届三中、四中、五中、六中全会以及哈尔滨市委全会精神为指导，以建设社会主义核心价值观为根本，以全面贯彻落实全国、黑龙江省未成年人思想道德建设工作视讯会议精神为主要任务，在哈尔滨市创建全国文明城市工作的统一部署下，开展未成年人思想道德建设测评工作。近些年来，哈尔滨市未成年人思想道德建设工作呈现出广泛参与，全民动员的特点，一些主要工作都呈现出良好的发展态势。特别是2012年，哈尔滨市在127个全国文明城市和提名资格城市的未成年人思想道德建设工作测评中，取得了优异成绩，排名第八；2013年以97.80分的好成绩名列第四，创历史新高，为2014年哈尔滨市创建第四届全国文明城市的成功奠定了坚实的基础。

一、未成年人思想道德建设工作测评体系

（一）未成年人思想道德建设工作测评体系

未成年人思想道德建设测评工作是贯彻落实中共中央、国务院《关于进一步加强和改进未成年人思想道德建设若干意见》（中央8号文件），深入推进未成年人思想道德建设工作的重要举措，是创建全国文明城市的前置条件。而《未成年人思想道德建设工作测评体系》，是立足促进未成年人思想道德建设工作深入开展，充分考虑了客观、全面、公正评估未成年人思想道德建设工作进展成效的要求，构建了一套较为完整系统的未成年人思想道德建设测评指标体系模型，为评价考核未成年人思想道德建设工作提供了科学依据，势必对建立未成年人思想道德建设工作长效机制的形成产生重要而深远的影响。

通过扎实地做好未成年人思想道德建设测评工作，不仅可以推广先进经验，发现、解决存在的问题，改进、创新未成年人思想道德建设工作，在更高层次、更宽领域推动未成年人思想道德建设深入发展。而且还应该把《未成年人思想道德建设工作测评体系》作为评价考核和指导未成年人思想道德建设工作情况的"风向标"以及"指示器"，使未成年人思想道德建设工作始终沿着正确的方向健康发展，逐步走上科学化、制度化、规范化的轨道。

（二）未成年人思想道德建设工作测评体系的内容和方法

从2008年9月1日中央文明办颁发了第一个评价与考核未成年人思想道德建设工作的《全国未成年人思想道德建设工作测评体系（试行）》起，先后经历多次讨论，目前使用的《未成年人思想道德建设工作测评体系》是在2012年版本基础上，经过修改和有关地区的实践检验，更符合时代和未成年人身心发展需要的测评体系。由于哈尔滨市是在2014年创建全国文明城市时取得成功的，因此，本书所提到的未成年人思想道德建设测评体系内容是2013年版的测评体系内容。2013年版的测评体系以邓小平理论、"三个代表"重要思想、科学发展观为指导，以学习宣传贯彻十八大精神为主线，以立德树人为根本任务，以培育德智体美全面发展的社会主义建设者和接班人为目标，坚持贴近实际、贴近生活、贴近未成年人群体的原则，大力开展社会主义核心价值观学习教育、大力开展"中国梦"学习教育和理想信念教育，积极引导未成年人勤奋学习、快乐生活、健康成长。

2013年版测评体系内容。2013版的测评体系共设置了10个测评项目、42条测评标准，总分是100分。需要说明的是：2013版的《全国未成年人思想道德建设测评体系》只给出了测评项目、测评标准和测评方法，测评的具体要求和责任部门都需要测评地根据自身实际情况加以分解任务，来完善测评体系、指导测评工作。

一是领导体制和工作机制。设置5条测评标准，占10分。重点考察项目是"季度测评报告"和"德育教师培训"等内容。

二是"学习雷锋，做一个有道德的人"主题活动。6条测评标准，占18分，可见摆位很高，重点项目是开展"洒扫应对""日行一善"等活动。这一项较2012年只是结构上做了调整，内容上基本没有变化。

三是中华经典诵读。4条测评标准，占8分。重点是运用"学道德模范、诵中华经典、做有德之人"电视专题片为教案开展诵读活动的安排和落实情况。

四是心理健康教育。3条测评标准，占9分。

五是乡村少年宫。4条测评标准，占11分。

六是学校教育。8条测评标准，占14分。这一部分较2012年的体系改动很大，2012年有4条标准，2013年又增加了"我的中国梦"、学校道德讲堂建设、《国家学生健康体质标准》的比例和艺术课程的安排和落实情况。

七是家庭教育。2条测评标准，占3分。重点项目是"家长教子"活动的开展。

八是社区教育。3条测评标准，占6分。

九是公平教育。2条测评标准，占6分。这一项是2013年版测评体系新增加的内容，主要考察进城务工子女平等接受义务教育的具体措施和安排以及关心关爱特殊群体未成年人的措施和成效。

十是净化社会文化环境。5项测评标准，占15分。

2013年版测评体系方法。2013年版测评体系主要包括四种测评方法：分别是材料审核、实地考察、网络媒体调查和问卷调查。

一是材料审核。主要审核各有关部门未成年人思想道德建设工作的开展情况，有35条标准需要材料审核。审核的时限根据具体情况来确定，主要以2013年的材料为主。时限跨度大的活动，比如：做一个有道德的人、中华经典诵读、乡村学校少年宫建设等活动，需要提供2012年的活动总体情况。

二是实地考察。主要采用明察与暗访相结合、集中与分散相结合的办法，选择有代表性的学校、社区、校外活动场所进行察访，了解有关重点工作任务的落实情况，有11条标准需要实地考察。

三是网络媒体调查。调查被测评城市各级各类媒体营造关心重视未成年人健康成长的氛围，配合开展未成年人思想道德建设工作情况，有4条标准需要网络媒体调查。

四是问卷调查。主要了解未成年人对德育教育、道德实践的认知、认同情况的知晓率和满意度，了解家长和孩子对社会文化环境的满意度，有10条标准需要问卷调查。

（三）测评体系与未成年人思想道德建设工作的关系

《全国未成年人思想道德建设工作测评体系》要求地方各级有关单位、部门和群团组织要把未成年人思想道德建设工作列入重要工作日程，制定工作实施方案，认真抓好落实。同时测评体系对于明确未成年人思想道德建设工作任务、检验工作成效、深化拓展未成年人思想道德建设发挥了良好的导向作用。运用这一指标体系对各地未成年人工作的整体和实际情况进行综合评定，测评结果作为考核评价各地未成年人思想道德建设工作、评选全国未成年人思想道德建设工作先进城市的重要依据，作为评选全国文明城市（区）的前置条件。未成年人思想道德建设测评体系是贯彻落实中共中央、国务院《关于进一步加强和改进未成年人思想道德建设若干意见》（中央8号文件），深入推进未成年人思想道德建设工作的重要举措。

未成年人思想道德建设工作在这一测评体系的指导下，强化完善整改力度，明确工作职责，发现存在问题，查找薄弱环节，理清工作思路，明确努力方向，细化分解每一个测评点的具体要求，吃透其精神、把握其标准、严格其尺度。对交流、总结未成年人思想道德建设工作经验起到积极的推动作用，从而促进未成年人思想道德建设测评工作不断提升。

二、充分认识未成年人思想道德建设测评工作的重要性

未成年人思想道德建设测评工作是一项重大而紧迫的民心工程，做好这项工作，意义不同一般。做好未成年人思想道德建设测评工作，对哈尔滨市创建全国文明城市、践行社会主义核心价值观、推进未成年人素质教育、促进未成年人健康成长以及树立正确世界观、人生观和价值观等方面都具有十分重要的现实意义。

（一）创建全国文明城市的需要

全国文明城市是中央精神文明建设指导委员会确定的反映一座城市整体文明水平的综合性评价系统，是含金量最高的城市品牌，是城市重要的无形资产和战略资源。而未成年人思想道德建设测评工作是创建全国文明城市的前置条件，是创建全国文明城市的基础工程，未成年人思想道德建设测评工作，事关全局、事关文明城市创建的成败。因此，要从思想上高度重视起来，以强烈的使命感、责任感，高标准、高质量地做好测评、迎

评工作。

（二）践行社会主义核心价值观的需要

培育和践行社会主义核心价值观和未成年人思想道德建设工作是关系国家前途、民族未来的重要工作，是功在当代、利在千秋的民心工程。做好未成年人思想道德建设测评工作，首先要在培育和践行社会主义核心价值观上下功夫，要把社会主义核心价值观渗透到主题宣传教育的各环节、贯穿到学校教育的全过程、融入到道德实践活动的各方面。紧紧围绕"立德树人"这一根本任务，推动社会主义核心价值观进学校，进课堂。广泛开展"三爱"教育和"中华经典诵读""我的中国梦"等主题教育活动，引导他们从小事做起，从自身做起，以实际行动践行社会主义核心价值观。

（三）推进未成年人素质教育的需要

中共中央、国务院出台的《关于进一步加强和改进未成年人思想道德建设的若干意见》，把"立德树人"作为教育的根本任务，摆在未成年人思想道德建设工作的首要位置。因此，哈尔滨市应从提高未成年人基本素质做起，促进他们的健康成长。努力培养未成年人的劳动意识、创造意识和进取精神、科学精神以及法制观念，增强他们的动手能力和自我保护能力，引导他们保持蓬勃朝气和昂扬向上的精神状态，激励他们勤奋学习和大胆实践，使未成年人的思想道德素质、科学文化素质和健康素质得到全面提升。

（四）促进未成年人健康成长的需要

加强未成年人思想道德建设工作是时代的要求、人民的期望。当前，哈尔滨市未成年人思想道德建设测评工作确实取得了一些成绩，但在实际工作中还存在许多困难、问题和薄弱环节，未成年人的健康成长仍是社会普遍关注的问题。面对人民的新期待，哈尔滨市要秉承对党和人民高度负责的态度，充分认识加强未成年人思想道德建设测评工作的艰巨性、复杂性和长期性，增强做好未成年人思想道德建设测评工作的责任感、紧迫感和使命感，进一步加强未成年人思想道德建设工作，为他们的健康成长保驾护航。

（五）树立正确世界观、人生观和价值观的需要

做好未成年人思想道德建设测评工作，是贯彻落实党的十八大和十八届三中、四中、五中、六中全会精神以及习近平主席系列讲话精神的需要，也是培养中国特色社会主义事业建设者和接班人的需要。做好未成年人思想道德建设测评工作，不仅有利于培养未成年人高尚的思想品质和良好的道德情操，更有利于未成年人树立正确的世界观、人生观和价值观。未成年人正确人生观的树立，高尚道德人格的养成，健康审美趣味的提升，是检验未成年人思想道德建设工作的重要指标。因此，哈尔滨市有关部门要充分认识这一历史使命，真正把未成年人思想道德建设工作抓紧抓实。要坚持以人为本，德育为先，始终把"立德树人"作为我们工作的根本任务。要加强未成年人体育锻炼，提高他们的身体素质，促进他们健康全面发展。要关注未成年人身心发展，切实加强未成年人心理健康教育，培养未成年人健全的人格。要用先进文化教育未成年人，引导未成年人弘扬时代精神，传承中华文明，践行社会主义核心价值观，帮助他们牢固树立正确的世界观、人生观和价值观。

三、未成年人思想道德建设工作测评体系回顾

2008年版的《全国未成年人思想道德建设工作测评体系》是落实中共中央、国务院《关于进一步加强和改进未成年人思想道德建设的若干意见》的重要举措，并根据未成年人思想道德建设工作方面的政策法规，总结了近年来全国各地推进未成年人思想道德建设工作的成功经验，借鉴了国内外未成年人思想道德教育的研究成果而形成的。该测评体系的研制历时两年，多次征求基层单位、社会各界代表的意见，先后在不同类型的城市进行中试。通过这个测评体系主要考察各地加强和改进未成年人思想道德建设工作的进展成效，同时也考察各地未成年人的思想道德素质状况，适用对象为地级及地级以上城市，测评范围包括城区和农村。

2008年版的《全国未成年人思想道德建设工作测评体系》共设置了6个方面的测评项目，包括未成年人思想道德建设领导体制和工作机制、"学校、家庭、社会"三结合教育体系、文化产品和文化服务、净化社会文化环境、未成年人特殊群体的教育管理、工作成效评价等。以创造未成

年人健康成长的良好社会环境、促进未成年人全面发展为重点，明确了21个测评指标、75个测评内容、262个测评标准。这个测评体系的特点可以归纳为"两多一细"，即指标多、内容多、评价标准细。这在当时确实发挥了指导未成年人思想道德建设工作的作用，但它的研究背景及研制过程是鲜为人知的。

2008年版的《全国未成年人思想道德建设工作测评体系》的研制过程是根据中央领导同志的指示精神进行的，是推进未成年人思想道德建设工作的必然要求。2005年12月，李长春同志在贵州考察未成年人思想道德建设工作时指示："对未成年人工作进展及成效考核，请文明办牵头，搞一套考核指标和评比办法，以便于督促检查和比较各地取得的成效。"2006年10月，李长春同志在中央8号文件和16号文件督查情况汇报会上提出："要抓紧研究制定未成年人思想道德建设测评体系。"刘云山同志对制定测评体系也提出了明确要求。在中央8号文件下发后开展的督查调研中，各地各部门普遍反映，希望能够运用现代管理方法，建立一套科学合理的评价考核机制，使未成年人思想道德建设的各项工作更加规范有序，使日常的督查考核能够有据可依，推动未成年人思想道德建设切实落到实处，始终保持旺盛的生机和活力。中央文明委2008年工作要点中也明确提出："研制颁发《全国未成年人思想道德建设工作测评体系》，委托专门调查机构，对全国地级以上城市进行测评，检验工作成效，为交流经验、表彰先进提供依据。"根据中央领导同志的重要指示，为建立客观科学评价考核工作成效的指标体系，引导激励各级党政领导和社会有关方面坚持不懈抓好未成年人思想道德建设，经中宣部、中央文明办领导批准，中央文明委会同地方文明办和高校、社科研究机构组成课题组，着手研制《未成年人思想道德建设工作测评体系》《未成年人思想道德建设工作测评体系操作手册》和未成年人思想道德建设工作测评数据处理系统。

《全国未成年人思想道德建设工作测评体系》的研制过程大体可分为四个阶段：一是课题立项，提出初稿。2006年3月，"全国未成年人思想道德建设测评体系研究"列入国家社科基金特别委托项目，委托湖北省文明办，依托武汉大学组成研究团队，承担了该课题。2006年6月，课题研究启动。课题组认真学习中央的文件法规和中央领导同志的重要讲话精神，深入研究国内外有关研究成果，学习借鉴文明城市测评体系研制的成功经验，先后十易其稿。2007 年 6 月下旬，形成了 2008 年版《全国未成年人思想道德建设工作测评体系》初稿。二是征求意见，修改完善。2007 年 8 月，在未成年人思想道德建设督查"回头看"调研后，根据部分省（区、市）文明办的意见，课题组对《全国未成年人思想道德建设工作测评体系》做了较大调整，形成了《全国未成年人思想道德建设工作测评体系》征求意见稿。2007 年 9 月，先后征求国家教育部、国家文化部、国家广电总局、国家新闻出版总署、中国共产主义青年团中央委员会、中华全国妇女联合会等 12 个部门的意见，对该测评体系作了修改。2007 年 10 月，在苏州召开《全国未成年人思想道德建设工作测评体系》征求意见座谈会，邀请北京、吉林等 10 个省（区、市）文明办同志参加，听取他们的意见，形成了《全国未成年人思想道德建设工作测评体系》讨论稿。苏州会议后，根据测评体系研制的实际需要，委托上海市文明办和上海市社会科学院青少年研究所承担了《全国未成年人思想道德建设工作测评体系操作手册》和《全国未成年人思想道德建设工作调查问卷》的研制工作。2008 年 2 月，在上海召开《全国未成年人思想道德建设工作测评体系》中期研讨会，听取了江苏、广东等 8 个省（区、市）文明办和拟承担中试任务的厦门、广州等 6 个城市文明办同志的意见，对测评体系做了进一步调整修改，形成了《全国未成年人思想道德建设工作测评体系》中试稿。三是组织中试，研发软件。2008 年 4 月，中央文明委组织课题组赴兰州、柳州、重庆、常州进行了第一次测评中试。中试期间，课题组严格按照《全国未成年人思想道德建设工作测评体系》设置的考核指标和《全国未成年人思想道德建设工作操作手册》规定的测评流程、测评方法，逐项检查被测城市的未成年人思想道德建设工作，认真分析查找测评指标、操作方法中存在的问题，检验《全国未成年人思想道德建设工作测评体系》的科学性和《全国未成年人思想道德建设工作操作手册》的实用性。同时，邀请北京坤达京信科技发展有限公司的技术人员参与中试，明确了测评数据处理系统的设计思路、结构框架、功能设置和统计要求。刘云山同志在"《全国未成年人思想道德建设工作测评体系》研制情况报告"上批示，赞成按此体系研制统计软件。2008 年七八月间，中央文明委组织课题组赴厦门、广州进行了第二次中试。首次将《全国未成年人思想道德建设工作测评体系》和测评数据处理系统配合使用，并再次对《全国未成年人思想道德建设工作测评体系》和统计软件进行了修订完善。四是社会公示，报批下发。中试结束后，中央文明委对《全国未成年人思想道德建设工作测评体系》又进行了修改，形成了送审稿报李长春、刘云山同志，得到中央领导同志的充分肯定。《全国未成年人思想道德建设工作测评体系》在中国文明网公示后，以中央文明委文件正式颁发，《全国未成年人思想道德建设工作操作手册》也同时作为附件下发。新华社专门就此播发消息，人民日报等中央主要报纸在重要版面刊登，中央电视台、中央人民广播电台在"新闻联播"和"新闻报摘"节目中作了报道，社会反响很好。可以看出，2008年版的《全国未成年人思想道德建设工作测评体系》的研制过程是非常复杂和艰辛的。

2008年以来，《全国未成年人思想道德建设工作测评体系》和《全国未成年人思想道德建设工作操作手册》先后进行了多次修改，目的就是为了进一步加强和改进未成年人思想道德建设工作，以适应时代发展的需要。

2011年版的《全国未成年人思想道德建设工作测评体系》是在2008年版的测评体系的基础上做了局部调整，但是还是一个大的体系，测评体系包括"基本指标"和"浮动指标"两个部分。"基本指标"包括6个测评项目、22个测评指标、74个测评内容、270多项测评标准。"浮动指标"包括加分和减分2个测评指标。比2008年版的测评体系相对完善。

2012年版的《全国未成年人思想道德建设工作测评体系》是在2011年版的测评体系基础上，结合中央文明委2012年工作安排和全国未成年人思想道德建设工作视讯会议精神以及工作实际制定的测评体系。这个体系相对比较简单，共设置了9个测评项目、38条测评标准，采用4种测评方法、总分为100分。与之前的两个体系相比，这个体系比较科学，易于操作。

根据中央文明委2013年工作安排和全国未成年人思想道德建设工作电视电话会议精神，在2012年版的测评体系基础上，制定了2013年版的《全国未成年人思想道德建设工作测评体系》。在2013年测评体系基础上，制定了2014年版的《全国未成年人思想道德建设工作测评体系》。2015年版的测评体系，有5个项目25条标准；2016年版的测评体系，有5个项目27条标准，比2015年测评体系多两条标准，说明有一些变化。2017年未成年人思想道德建设测评工作沿用2016年版的测评体系,在内容和方式方法上都没有大的变化。主要体现在以下几方面:一是更加注重文明校园创建和家庭教育工作;二是更加注重传统文化教育;三是个别标准顺序做了新的调整;四是问卷调查项目增多,更加注重真实性。

通过对《全国未成年人思想道德建设工作测评体系》的回顾,我们不难看出,党和国家都非常重视未成年人思想道德建设工作,我们没有理由辜负国家对未成年人的殷切希望。

四、未成年人思想道德建设测评工作情况

(一)2012年未成年人思想道德建设测评工作情况

严格意义上讲,哈尔滨市未成年人思想道德建设测评工作是从2012年开始的,经过多年的努力,哈尔滨市未成年人思想道德建设工作呈现出积极向上,蓬勃发展的良好态势。2011年,哈尔滨市荣获黑龙江省未成年人思想道德建设工作先进城市称号,在黑龙江省未成年人思想道德建设测评工作中排名第一。2012年,哈尔滨市在创建全国文明城市的同时,积极加强和改进未成年人思想道德建设工作,特别是在接受了中央文明办对哈尔滨市未成年人思想道德建设工作的检查和测评后,哈尔滨市未成年人思想道德建设工作得到了空前的发展。

测评体系基本情况。为了更好地贯彻落实全国未成年人思想道德建设视讯会议精神和中央文明委2012年工作安排,2012年未成年人思想道德建设测评工作突出年度未成年人思想道德建设工作要点。2012年版的《全国未成年人思想道德建设工作测评体系》共设置了9个测评项目(包括:领导体制和工作机制、"学习雷锋,做一个有道德的人"主题活动、中华经典诵读、心理健康教育、乡村学校少年宫、学校教育、家庭教育、社区教育和净化社会文化环境)、38个测评标准、采用4种测评方法(分别是:材料审核、实地考察、网络媒体调查和问卷调查)、总分是100分。2012年版《全国未成年人思想道德建设工作测评体系》对考核各地未成年人思想道德建设工作,提高了科学、量化的考核依据。哈尔滨市为了迎接中央文明办的检查,市文明办、各区(县)市和市直有关部门做了大量的具体工作,按照责任分工量化指标,圆满地完成了各项任务,为哈尔滨市未成

年人思想道德建设工作测评做出了很大的贡献。

问卷调查的基本情况。在2012年版的《全国未成年人思想道德建设工作测评体系》中有六项标准需要问卷调查，主要了解未成年人对德育教育、道德实践的认知、认同情况，了解家长和孩子对社会文化环境的满意度等。但与前两年问卷调查不同的是中央文明办没有给出具体的调查问卷样本。为了解以上内容，哈尔滨市社会科学院受市委宣传部、市文明办委托，依据2011年版的《全国未成年人思想道德建设工作测评体系》的4套问卷样本（小学生卷、初中生卷、高中生（含职高）卷和家长卷），结合2012年版的《全国未成年人思想道德建设工作测评体系》有关问卷调查的内容，制定了《哈尔滨市未成年人思想道德建设测评工作调查问卷》（小学生卷、初中生卷、高中生（含职高）卷和家长卷），在中央文明办没来测评前对哈尔滨市主城区进行了自测。本次问卷调查主要涉及8区所有的小学、初中和高中（含职高）的班级，按照一个班级一份学生问卷和一份家长问卷发放，共发放10452份学生问卷和10452份家长问卷，合计20904份问卷。我们抽取小学样本780份，初中样本780份，高中样本620份，家长样本800份，共计2980份，进行数据统计，并对问卷调查结果进行了分析。

本次问卷调查主要涉及课堂德育、实践活动、校园周边环境和未成年人成长环境等方面的内容，测评显示哈尔滨市未成年人思想道德建设工作得到未成年人及家长的高度评价。具体分析如下：

一是课堂德育方面。在课堂德育方面，主要考察学生对思想品德课的满意程度和对师德的总体评价。调查问卷统计结果显示：小学生认为学校思想品德课上的"很好"的和"比较好"的合计为98.2%；初中生对学校思想品德课教学情况"满意"的和"比较满意"的比例为99.2%；高中生（含职高生）对学校思想品德课教学情况"满意"的和"比较满意"的比例为98.1%。超过《全国未成年人思想道德建设工作测评体系》要求85%的标准。小学生认为学校教师"很好"和"比较好"的合计为99.7%，初中生对教师师德的总体评价"满意"和"比较满意"的合计为99.6%；高中生（含职高生）对教师师德的总体评价"满意"的和"比较满意"的合计为98.5%。这些数据说明哈尔滨市的中小学生对思想品德课的教学情况是非常满意的，也从侧面说明哈尔滨市各级学校对课堂德育非常重视。同时也说明了哈尔滨市各级战线上的教师素质都非常高,得到学生的认可。

调查样本:对思想品德课的满意率和对教师的评价

对象 项目	小学生 (%)	初中生 (%)	高中生(含高职) (%)
思想品德课满意和比较满意的比例	98.2	99.2	98.1
教师评价很好和比较好的比例	99.7	99.6	98.5

二是实践活动方面。在实践活动方面,主要考察学生对校内开展的各种道德实践活动的参与度即对各种实践活动效果的满意度。

开展"做一个有道德的人"主题活动情况。小学生对"做一个有道德的人"主题活动知晓率为97.2%,对"做一个有道德的人"主题活动效果满意率为99.6%;初中生对"做一个有道德的人"主题活动知晓率为97.4%,对"做一个有道德的人"主题活动效果满意率为99.4%;高中生(含职高生)对"做一个有道德的人"主题活动知晓率为89.6%,对"做一个有道德的人"主题活动效果满意率为96.8%。说明哈尔滨市在开展"做一个有道德的人"主题活动方面,哈尔滨市中小学生知晓率高、参与面广,对"做一个有道德的人"主题活动效果满意率较高。近几年来,哈尔滨市扎实推进"做一个有道德的人"主题实践活动,建立了国家、省、市127个"做一个有道德的人"主题活动联系点,按照2012年版的《全国未成年人思想道德建设工作测评体系》要求,全国及省和本市的联系点数量占本市中小学校总数≥5%(其中全国和省级联系点为1%,市级联系点不低于4%)为合格,哈尔滨市超出20多所联系点,远远≥5%的测评要求。

调查样本:对"做一个有道德的人"活动的知晓率和满意率

对象 项目	小学生 (%)	初中生 (%)	高中生(含高职) (%)
"做一个有道德的人"主题活动知晓率	97.2	97.4	89.6
"做一个有道德的人"主题活动满意率	99.6	99.4	96.8

开展美德少年星级评选活动情况。小学生对美德少年星级评选活动知晓率为99.9%,对美德少年星级评选活动效果满意率为97.9%;初中生对

美德少年星级评选活动知晓率为94.4%，对美德少年星级评选活动效果满意率为99.1%；高中生（含职高生）对美德少年星级评选活动知晓率为91.3%，对美德少年星级评选活动效果满意率为92.4%。说明哈尔滨市在开展美德少年星级评选活动方面，哈尔滨市中小学生参与面大，对活动效果满意率较高。哈尔滨市广泛组织学习雷锋、美德阳光建设先进典型的评选和宣传，评选出美德阳光学生、美德阳光家长、美德阳光教师各10名，美德阳光学校10所。美德阳光学生在广大中小学生中产生了广泛影响，起到了很好的道德示范效应。

调查样本：对美德少年评选的知晓率和满意率

对象 项目	小学生 （%）	初中生 （%）	高中生（含高职） （%）
美德少年星级评选活动知晓率	99.9	94.4	91.3
美德少年星级评选活动效果满意率	97.9	99.1	92.4

开展"节日小报"活动情况。近几年来，哈尔滨市各学校一直在做"节日小报"，只不过叫法不同，有的学校叫"手抄报"，有的学校叫"板报"等。今年中央把开展"节日小报"活动作为一项重要考察内容（参照成都经验作法），意在考察学生动手动脑能力。调查问卷统计结果显示：哈尔滨市开展的"节日小报"实践活动取得明显效果，各年级学生参与面不断扩大。小学生"节日小报"活动参与率为89.0%，初中生"节日小报"活动参与率为94.4%，高中生（含职高生）"节日小报"活动参与率为83.7%。这说明哈尔滨市各学校非常注重学生的动手、动脑能力的培养，得到广大学生的普遍认可。

调查样本：对"节日小报"活动的参与率

对象 项目	小学生 （%）	初中生 （%）	高中生（含高职） （%）
"节日小报"活动参与率	89.0	94.4	83.7

三是校园周边环境方面。在校园周边环境方面，主要考察未成年人对校园周边环境的满意程度。调查问卷统计结果显示，小学生对校园周边环境"满意度"为94.6%；初中生对校园周边环境"满意度"为92.9%；高中生（含职高生）对校园周边环境"满意度"为91.1%，家长对校园

周边环境"满意"和"比较满意"的合计为95.1%。这些数据说明哈尔滨市的中小学生和家长对校园周边环境的满意度较高。但从实际情况看，哈尔滨市校园周边环境还存在一些问题，比如非法游商和无证摊点的存在；校园周边"三无产品"的存在；恐怖、迷信、低俗、色情玩具、文具和出版物的存在等。这些都影响了广大学生的身心健康，给校园周边环境治理带来很大困难，有关部门应高度重视。

调查样本：对校园周边环境的总体评价

对象 项目	小学生 （%）	初中生 （%）	高中生（含高职） （%）	家长 （%）
校园周边环境满意度	94.6	92.9	91.1	95.1

四是净化未成年人成长环境方面。在未成年人成长环境方面，主要考察家长对网吧治理的满意程度和对未成年人成长环境的总体评价。家长对网吧治理的总体评价选"满意"和"基本满意"的合计为77.1%；对未成年人成长环境的总体评价选"满意"的仅为55.9%。对网吧治理的总体评价比2011年测评结果37%高出40.1个百分点，但还没有达到国家测评组80%的要求。近些年哈尔滨市一直在净化未成年人成长环境，但效果并不明显。这应成为哈尔滨市有关部门今后工作的重点。

调查样本：对未成年人成长环境的总体评价

对象 项目	家长 （%）
网吧治理的满意度	77.1
未成年人成长环境总体评价	55.9

（二）2013年未成年人思想道德建设测评工作情况

在2012年未成年人思想道德建设测评工作的基础上，为进一步了解哈尔滨市未成年人思想道德状况，更好地开展未成年人思想道德建设工作，助力哈尔滨创建全国文明城市，按照2013年版的《全国未成年人思想道德建设工作测评体系》要求，哈尔滨市社会科学院社会学所受市委宣传部委托，对哈尔滨市未成年人的思想道德状况进行了一次问卷调查。本次问卷调查是哈尔滨市未成年人思想道德建设工作测评体系的重要组成部分，是迎接国家测评组检查哈尔滨市未成年人思想道德建设工作的主要依据。

问卷调查的基本情况。此次问卷调查是严格按照国家测评组的要求，从三套备选问卷中统一选取 A 卷作为调查问卷，共发放 900 份问卷，其中学生问卷 600 份，家长问卷 300 份，回收有效问卷 900 份，回收率为 100%。本次调查在南岗区随机抽取 4 所学校（高中和职校各 1 所，初中和小学各 1 所），在宾县随机抽取 2 所学校（初中和小学各 1 所），共 6 所学校参与此次问卷调查。本次调查学生问卷的对象是高中、职校、初中和小学的在校学生，具体分配方法是每所学校各 100 份问卷，其中中学（含职高生）共发放 400 份、小学共发放 200 份。家长问卷的调查对象是已有孩子上中学（不含托儿所或幼儿园）的成年人，具体分配方法是被抽中的 6 所学校每所学校随机选取 50 名学生，把问卷带给家长，填写完后统一收回。

问卷调查数据分析。本次问卷调查主要涉及课堂德育、实践活动、健康素质、师德建设、校园安全、家庭环境和未成年人成长环境等方面的内容。

一是课堂德育方面。在课堂德育方面，主要考察学生对思想品德课的满意程度。调查问卷统计结果显示：小学生认为学校思想品德课上的"很好"的有 171 人，占总调查问卷的比例为 85.5%，选择"比较好"的有 27 人，占总调查问卷的比例为 13.5%，二者之和为 99.0%；初中生对学校思想品德课教学情况"满意"的有 184 人，占总调查问卷的比例为 92.0%，"比较满意"的有 15 人，占总调查问卷的比例为 7.5%，二者之和为 99.5%；高中生（含职校生）对学校思想品德课教学情况"满意"的有 143 人，占总调查问卷的比例为 71.5%，"比较满意"的有 48 人，占总调查问卷的比例为 24%，二者之和为 95.5%。这些数据说明哈尔滨市的中小学生对思想品德课的教学情况是非常满意的，也从侧面说明哈尔滨市各级学校对课堂德育非常重视。

调查样本：对课堂德育的总体评价

对象 项目	小学生（%）	初中生（%）	高中生（含高职）（%）
思想品德课很好和比较好的比例	99.0	99.5	95.5

二是实践活动方面。在实践活动方面，主要考察学生对校内开展的课

外活动和社会公益活动的参与度。调查问卷统计结果显示：小学生"经常参加"学校开展的科技、文体等课外兴趣小组的有141人，占总调查问卷的比例为70.5%，"偶尔参加"的有59人，占总调查问卷的比例为29.5%，二者之和为100%；小学生"经常参加"学校、社区开展的公益性活动的有141人，占总调查问卷的比例为70.5%，"偶尔参加"的有58人，占总调查问卷的比例为29%，二者之和为99.5%。初中生"经常参加"学校开展的科技、文体等课外兴趣小组的有174人，占总调查问卷的比例为87%，"偶尔参加"的有25人，占总调查问卷的比例为12.5%，二者之和为99.5%；初中生"经常参加"学校、社区开展的公益性活动的有176人，占总调查问卷的比例为88.0%，"偶尔参加"的有21人，占总调查问卷的比例为10.5%，二者之和为98.5%。高中生（含职高生）"经常参加"学校开展的科技、文体等课外兴趣小组的有114人，占总调查问卷的比例为57.0%，"偶尔参加"的有68人，占总调查问卷的比例为34%，二者之和为91.0%，"不太参加"的有13人，占总调查问卷的比例为6.5%；高中生（含职高生）"经常参加"学校、社区开展的公益性活动的有112人，占总调查问卷的比例为56.0%，"偶尔参加"的有64人，占总调查问卷的比例为32.0%，二者之和为88.0%，"不太参加"的有22人，占总调查问卷的比例为11.0%。这些数据表明哈尔滨市的小学生、初中生和高中生（含职高生）参加社会实践的比例是逐渐递减的，一方面说明高中生（含职高生）的课业比较繁重，另一方面也说明有些高中生（含职校生）不重视社会实践活动。

调查样本：对实践活动的总体评价

项目 \ 对象	小学生（%）	初中生（%）	高中生（含高职）（%）
参加学校开展的科技、文体等课外兴趣小组	100	99.5	91.0
参加学校、社区开展的公益性活动	99.5	98.5	88.0

三是健康素质方面。在健康素质方面，主要考察学生在校锻炼身体的时间、学校是否每年组织学生体检以及学生的睡眠时间等情况。调查问卷统计结果显示：93.5%的小学生认为每天在学校锻炼身体的时间大于等于1小时；97.5%的小学生承认学校每年组织他们体检；99.5%的小学生睡

眠时间一般在 8 小时以上。96.0% 的中学生认为每天在学校锻炼身体的时间大于等于 1 小时；98.0% 的中学生承认学校每年组织他们体检；96.0% 的中学生睡眠时间一般在 8 小时以上。只有 67.5% 的高中生（含职高生）认为每天在学校锻炼身体的时间大于等于 1 小时；95.5% 的高中生（含职高生）承认学校每年组织他们体检；只有 73.5% 的高中生（含职高生）睡眠时间一般在 8 小时以上。从家长问卷调查结果看，38.0% 的家长认为孩子的睡眠时间少于 8 小时。说明一部分高中生（含职高生）由于课业负担较重，锻炼时间和睡眠时间都比较少，对健康素质具有一定的影响。

调查样本：对健康素质的总体评价

项目＼对象	小学生（%）	初中生（%）	高中生（含高职）（%）
学生在校锻炼身体的时间（大于等于小时）	93.5	96.0	67.5
学校是否每年组织学生体检	97.5	98.0	95.5
学生的睡眠时间（8 小时以上）	99.5	96.0	73.5

四是师德建设方面。在师德建设方面，主要考察学生对老师的总体评价。调查问卷统计结果显示：小学生认为学校老师"很好"的有 195 人，占总调查问卷的比例为 97.5%，"比较好"的有 5 人，占总调查问卷的比例为 2.5%，二者之和为 100%；初中生对老师总体评价"满意"的有 189 人，占总调查问卷的比例为 94.5%，"比较满意"的有 7 人，占总调查问卷的比例为 3.5%，二者之和为 98.0%；高中生（含职高生）对老师总体评价"满意"的有 102 人，占总调查问卷的比例为 51.0%，"比较满意"的有 89 人，占总调查问卷的比例为 44.5%，二者之和为 95.5%；家长问卷的调查结果显示，99.7% 的家长对老师的总体评价是"满意"的。这些数据一方面说明家长对老师工作的认可，另一方面也说明了随着学生年龄的增长，对老师的满意度呈下降趋势。

调查样本：对师德的总体评价

项目＼对象	小学生（%）	初中生（%）	高中生（含高职）（%）	家长（%）
师德评价	100	98.0	95.5	99.7

五是校园安全方面。在校园安全方面，主要考察学生的安全防范意识和校园周边秩序的满意度。调查问卷统计结果显示：有198名小学生都知道"火警报警电话"，占总调查问卷的比例为99%；当问及高层楼房发生火灾后，以下哪种做法不正确时，分别有91.5%的中学生和84.5%的高中生（含职高生）选择"乘电梯下楼"，这说明大部分学生还是具有安全防范意识的。当问及你对校园周边环境是否满意时，小学生选"满意"和"比较满意"的人数为184人，占总调查问卷的比例为92.0%，中学生选"满意"和"比较满意"的人数为197人，占总调查问卷的比例为98.5%，高中生（含职高生）选"满意"和"比较满意"的人数为172人，占总调查问卷的比例为86.0%，家长对哈尔滨市校园周边环境还是比较满意的，选"满意"和"基本满意"的人数为280人，占总调查问卷的比例为93.3%。这些数据表明哈尔滨市校园周边秩序良好，得到家长和学生们的认可。

调查样本：对校园安全的总体评价

项目 \ 对象	小学生（%）	初中生（%）	高中生（含高职）（%）	家长（%）
校园周边秩序	92.0	98.5	86.0	93.3

六是家庭环境方面。在家庭环境方面，主要考察家长对孩子的学习态度以及家长的行为示范作用。调查问卷统计结果显示：有184名小学生认为父母对自己的学习情况表示"经常关心和询问"，占总调查问卷的比例为92.0%；认为"父母在我面前能够做个好榜样"的有181人，占总调查问卷的比例为90.5%；认为"父母能够尊重我的小秘密"的有172人，占总调查问卷的比例为86.0%；认为"父母认识并了解我的朋友"的有126人，占总调查问卷的比例为63.0%。有189名中学生认为父母对自己的学习情况表示"经常关心和询问"，占总调查问卷的比例为94.5%；认为"父母在我面前以身作则"的有180人，占总调查问卷的比例为90.0%；认为"父母能够尊重我的隐私"的有186人，占总调查问卷的比例为93.0%；认为"父母了解我的交友状况并给予指导"的有186人，占总调查问卷的比例为93%。当问及父母给你讲解过青春期的有关知识时，只有73名高中生（含职校生）认为"详细讲解过并一直给予青春期指导"，占

总调查问卷的比例为 36.5%；认为"父母在我面前以身作则"的有 158 人，占总调查问卷的比例为 79.0%；认为"父母能够尊重我的隐私"的有 157 人，占总调查问卷的比例为 78.5%；认为"父母了解我的交友状况并给予指导"的有 153 人，占总调查问卷的比例为 76.5%。这些数据说明随着孩子年龄的增长，孩子对父母的依赖程度变弱。

调查样本：对家庭环境的总体评价

对象 项目	小学生 (%)	初中生 (%)	高中生（含高职） (%)
父母对自己的学习情况表示"经常关心和询问"	92.0	94.5	
父母在我面前能够做个好榜样或以身作则	90.5	90.0	79.0
父母能够尊重我的小秘密或隐私	86.0	93.0	78.5
父母认识并了解我的朋友并给予指导	63.0	93.0	76.5

七是未成年人成长环境方面。在未成年人成长环境方面，主要考察对未成年人成长环境的总体评价。调查问卷统计结果显示：小学生认为"课外生活越来越丰富符合"的有 193 人，占总调查问卷的比例为 96.5%；认为"喜欢看的图书、电视、演出比较多符合"的有 168 人，占总调查问卷的比例为 84.0%；认为"老师、家长经常跟我们讲做人、做事的道理符合"的有 192 人，占总调查问卷的比例为 96.0%。中学生认为"学校经常组织我们开展丰富多彩的科普、文体活动符合"的有 195 人，占总调查问卷的比例为 97.5%；认为"喜欢看的图书、电视、演出比较多符合"的有 178 人，占总调查问卷的比例为 89.0%；认为"老师、家长经常跟我们讲做人、做事的道理符合"的有 192 人，占总调查问卷的比例为 96.0%；认为"网络、报纸、影视等大众传媒对我的道德发展有积极影响符合"的有 144 人，占总调查问卷的比例为 72.0%。高中生（含职高生）认为"学校经常组织我们开展丰富多彩的科普、文体活动符合"的有 146 人，占总调查问卷的比例为 73.0%；认为"喜欢看的图书、电视、演出比较多符合"的有 153 人，占总调查问卷的比例为 76.5%；认为"老师、家长经常跟我们讲做人、做事的道理符合"的有 173 人，占总调查问卷的比例为 86.5%；认为"网络、报纸、影视等大众传媒对我的道德发展有积极影响符合"的有 121 人，占总调查问卷的比例为 60.5%。家长对哈尔滨市未成年人成长环境还是比较满意的，选择"满意"和"基本满意"的人数为

270人,占总调查问卷的比例为90.0%。这说明哈尔滨市近些年来净化未成年人成长环境工作取得了一定的成绩,得到了家长们的普遍认可。

调查样本:对未成年人成长环境的总体评价

项目 \ 对象	小学生(%)	初中生(%)	高中生(含高职)(%)	家长(%)
课外生活越来越丰富符合的	96.5	97.5	73.0	
喜欢看的图书、电视、演出比较多符合的	84.0	89.0	76.5	
老师、家长经常跟我们讲做人、做事的道理符合的	96.0	96.0	86.5	
网络、报纸、影视等大众传媒对我的道德发展有积极影响符合的		72.0	60.5	
家长对哈尔滨市未成年人成长环境满意度				90.0

材料审核。在材料审核中,基本指标包含的哈尔滨市未成年人思想道德建设工作在关心重视、检查考核、分工合作、责任落实、群众参与等方面做了一些努力,取得了一些成绩,工作整体水平得到进一步提高;在开展"做一个有道德的人"活动、课堂德育、实践活动、心理教育、德育队伍、校园文化、校园安全、家长学校等方面成绩显著,取得明显效果;在图书出版、网络阵地、爱国主义教育基地和公益性文化设施服务等方面为未成年人提供了丰富的文化产品和文化服务;在网络管理、网吧监管、校园周边环境治理方面做出了积极努力,取得了明显实效;在关爱行动开展的活动效果明显等。浮动指标11项,只有第十项,哈尔滨市没有设立少儿频道不能加分。但同时我们也发现一些比较集中的问题,主要表现在以下几个方面:

一是组织领导体制和工作机制不够健全。目前,哈尔滨市8区10县未成年人思想道德建设工作设立在文明办,没有成立专门工作机构,没有人员编制,没有专项的财政预算工作经费,没有将工作纳入检查考核中。由于领导体制和工作机制不够健全和完善,致使许多工作没有做到位。

二是"三结合"教育网络合力推进不足。学校教育在中小学生思想道德建设方面成效显著,各学校结合实际印发了校本课程,开展了丰富多彩的实践活动。家长学校在社区也开展了相关活动,社会教育力度逐步加大。但学校、家庭、社会"三结合"的工作格局还没有完全形成,社区与学校协调沟通,建立未成年人参与活动的档案资料,为学校评价学生提供依据等方面存在不足。从问卷调查反映出的情况看,学生仍有课业负担的压力;有的学生对时事、国情了解不够;家长对学校教育及社会教育环境不够认可等。

三是未成年人健康成长社会文化环境需进一步优化。哈尔滨市没有设立少儿频道,有关未成年人思想道德建设的媒体专题、专栏类节目不多;重要公共场所缺少相关内容的公益广告和保障设施;创作、发行、播放优秀少儿作品数量不多,缺乏创新;社会各界参与程度有待于进一步加强。从问卷调查反映出的情况看,家长对网吧的满意度极低,满意率仅有37.0%。哈尔滨市在加强网吧监管和网络管理方面虽然加大了工作力度,但监管任务仍然很重。

四是农村"留守儿童"、流浪儿童、孤残儿童、边缘儿童等未成年人特殊群体思想道德建设工作比较薄弱。城乡共建共育程度不高,农村未成年人思想道德教育体系不健全,农村"留守儿童"问题比较突出,农村未成年人特殊群体权益保护缺乏政策法规支持,关爱活动开展不够扎实。针对流浪儿童、孤残儿童、边缘儿童的工作有待加强和落实。

五是未成年人活动场馆建设陈旧滞后。现有活动场馆基础设施建设陈旧老化,计划建设的场馆项目不能及时到位,已建场馆没能发挥好应有的作用,不能很好地满足青少年开展活动的需求,客观上阻碍了未成年人健康成长氛围的形成。

六是未成年人思想道德建设工作缺乏经费保障。公共财政没有对未成年人思想道德建设工作进行单独列支,多是杂糅在有关部门单位的事业经费或办公经费之中,开展工作难以保障。

(三)近几年来未成年人思想道德建设自检测评结果

按照哈尔滨市创建全国文明城市的统一部署和安排,2014年哈尔滨市模拟测评成绩为88.32分。本次模拟测评只涉及2014年版的《全国未成年人思想道德建设工作测评体系》后四项内容,模拟测评方法与全国未成年人思想道德建设工作测评体系要求的方法相同,主要采用材料审核、实地考察和问卷调查三种方式。测评结果反映出哈尔滨市未成年人思想道德建设工作中存的在问题和不足。

八区测评得分及存在的问题

类别	排名	所属区	总分	教育实践活动	学校教育	家庭教育与社会教育	社会文化环境
主城区	1	南岗区	93.03	94.90	79.61	97.62	100.00
	2	道外区	92.01	94.13	85.14	95.45	93.33
	3	道里区	86.97	93.98	92.25	75.00	86.67
	4	香坊区	79.49	93.88	84.55	92.86	46.67
非主城区	1	平房区	90.55	94.66	92.53	75.00	100.00
	2	呼兰区	87.59	94.18	91.30	88.19	76.67
	3	阿城区	85.49	95.00	93.26	70.37	83.33
	4	松北区	83.82	93.67	58.26	91.66	91.67
全市成绩			88.32	94.3	84.58	85.33	85.96

2015年和2016年是哈尔滨市巩固创建全国文明城市成果的年份，未成年人思想道德建设测评工作依然按照国家要求有序开展，自检测评结果良好。2017年为进一步夯实哈尔滨市未成年人思想道德建设工作基础，巩固创建成果，确保哈尔滨市蝉联全国文明城市称号，按照2016年版的《全国未成年人思想道德建设工作测评体系》《全国未成年人思想道德建设工作测评体系操作手册》的内容和要求，上半年开展了哈尔滨市未成年人思想道德建设模拟测评，模拟测评涉及了实地踏查和问卷调查两部分内容，模拟测评结果好于往年。

本次模拟测评主要采取暗访的形式，对哈尔滨市所辖的9个区进行实地踏查和问卷调查。

实地踏查内容及范围。实地踏查共有10大项内容，主要包括踏查学校、社区、未成年人心理辅导站、网吧、主要公共广场、商业大街、城市干道等场所、爱国主义教育基地和公益性文化设施等。共踏查35所学校的社会主义核心价值观进校园、文明校园创建以及校园周边环境；暗访31个社区的家长学校及未成年人社区活动场所；9个未成年人心理健康辅导站；12所爱国主义教育基地和公益性文化设施；31个网吧；9个区共18个公共广场、18条商业大街和18条城市干道是否有流浪、乞讨未成年人和未成年人公益广告等内容展开踏查。

问卷调查内容及范围。问卷调查主要考察了10大方面的内容，全部为单选题，内容主要涉及是否熟知社会主义核心价值观、文明校园创建活动情况、德育课、少先队活动落实情况、师德师风建设情况、体育课程设置及课时安排情况、社区未成年人活动场所活动安排情况、爱国主义教育基地和公益性文化设施的满意度情况、网吧管理的满意度情况、中小学校周边环境满意度情况以及对关爱保护未成年人健康成长宣传工作的满意度情况等。包括四套问卷，分别是2017年哈尔滨市未成年人思想道德建设工作测评小学生调查问卷、初中生调查问卷、高中生（含职高生）调查问卷和家长调查问卷。按照各区学校数量，道里区、南岗区、香坊区和道外区各随机抽取5所学校，共20所学校，每所学校一个班级作为调查样本；阿城区、平房区、松北区、呼兰区和双城区，每个区随机抽取3所学校，共15所学校，每所学校一个班级作为调查样本。按照一个学生一份学生问卷和一份家长问卷发放，共发放1608份有效学生问卷和1613份有效家长问卷，合计3221份问卷。

　　模拟测评结果及评估。此次模拟测评本着查找问题，督促各区做好2017年未成年人思想道德建设工作的原则，按照测评体系和国检标准，对我市九区开展了问卷调查和实地踏查测评工作。满分为100分，问卷调查和实地踏查各占50分。实地踏查按每一项5分计算，根据踏查点位是否合格，加权平均赋分；问卷调查按每类问卷100分计算，最终各区问卷测评得分按50分满分加权赋分。我市第一次未成年人思想道德建设模拟测评成绩为90.47分（为各区平均分）。道里区以97.64分的成绩位列第一，依次为平房区96.35分、道外区96.00分、松北区94.77分、香坊区93.71分、阿城区93.40分、南岗区92.73分、双城区75.43分和呼兰区74.26分。从我市各区得分情况看，总体情况要好于往年。实地踏查部分，道里区、道外区、香坊区和松北区分值都在48分以上，这些区所占百分比都在96%以上。道外区分值最高，双城区分值最低，仅为26.35分；问卷调查部分，道里区、平房区、阿城区和双城区分值都在48分以上，这些区所占百分比都在96%以上。双城区分值最高，呼兰区分值最低。由于本次测评不包含材料审核部分，故实地踏查和问卷调查总分90分为合格标准，按照这个标准，道里区、道外区、平房区、松北区、香坊区、阿城区和南岗区都合格，合格率为77.78%；仅有双城区和呼兰区不合格，不合格率为22.22%。

模拟测评九区排名

地区	实地考察	问卷调查	总成绩（分）	排名
道里区	48.92	48.72	97.64	1
平房区	47.36	48.99	96.35	2
道外区	49.40	46.60	96.00	3
松北区	48.68	46.09	94.77	4
香坊区	49.17	44.54	93.71	5
阿城区	44.51	48.89	93.40	6
南岗区	46.60	46.13	92.73	7
双城区	26.35	49.08	75.43	8
呼兰区	42.16	32.10	74.26	9

模拟测评主城区、非主城区排名

	地区	实地考察	问卷调查	总成绩（分）	排名
主城区	道里区	48.92	48.72	97.64	1
	道外区	49.40	46.60	96.00	2
	香坊区	49.17	44.54	93.71	3
	南岗区	46.60	46.13	92.73	4
非主城区	平房区	47.36	48.99	96.35	1
	松北区	48.68	46.09	94.77	2
	阿城区	44.51	48.89	93.40	3
	双城区	26.35	49.08	75.43	4
	呼兰区	42.16	32.10	74.26	5
全市		44.79	45.68	90.47	

存在的主要问题及情况分析。从实地踏查结果来看，一些实地踏查项目基本符合测评标准，如"关心、关爱特殊群体未成年人措施、效果"这一项，按照每个区2个公共场所、2条商业大街和2条城市干道进行踏查，共踏查了九个区的18个公共场所、18条商业大街和18条城市干道，均未发现流浪、乞讨未成年人；"社会主义核心价值观进校园"这一项只有两所学校不同程度存在问题，其他33所学校基本符合测评标准，说明这些区对社会主义核心价值观进校园都非常重视；"未成年人心理健康辅导站"这一项基本符合测评标准。按照测评体系要求，我市九个区都应有未成年人心理健康辅导站，由于双城区自身原因，并未按照规定建立未成年人心

理健康辅导站，此项分数全部扣除，其他八个区未成年人心理健康辅导站均设有专门工作场地，室内设施齐备，活动形式丰富多样，工作记录全面详细，全部符合测评标准。但存在的问题也不少，主要表现在：

"爱国主义教育基地和公益性文化设施"大部分合格。共踏查了12所爱国主义教育基地和公益文化设施，其中呼兰区的萧红故居纪念馆、香坊区的哈尔滨革命烈士馆、香坊区文化馆、道外区文化馆、阿城区的金上京历史博物馆、平房区的侵华日军第731部队罪证陈列馆、南岗区的黑龙江省博物馆、东北烈士纪念馆和南岗文化馆等9个爱国主义教育基地和公益性文化设施都符合实地踏查标准。双城区四野纪念馆因缺少未成年人标识不达标；平房区文化馆正在建设中、道里区文化馆因联系不上工作人员，这两所公益性文化设施实地踏查人员无法进入，因此被视为不达标。

"校园周边环境"大部分合格。共踏查35所学校的校园周边环境，其中道里区、南岗区、平房区、香坊区、松北区和呼兰区均不存在问题，但道外区嵩山中学周边有成人用品店；阿城二中附近有无证摊位；双城六中、第三小学、兆麟高中周边均有无证摊位。

除部分区外"社区家长学校"基本合格。此项实地踏查内容共踏查了31个社区，这一项实地踏查内容，南岗区、道外区、阿城区、松北区、平房区、香坊区和呼兰区全部合格。双城区的祥阁社区、平安社区和昌盛社区因场地问题都没有建设社区家长学校，因此相关材料、图片资料也都没有；道里区的友谊社区因没有家长学校牌子而扣分。

除部分区外"社区未成年人文体活动场所"基本合格。此项实地踏查内容共踏查了31个社区，这一项实地踏察内容，南岗区、道里区、道外区、阿城区、松北区、平房区和香坊区全部合格。呼兰区的萧红社区因缺少工作记录、文字和图片材料被扣分；双城区因社区都在整合重建中，因此在实地踏查中被抽取的祥阁社区、平安社区和昌盛社区都没有未成年人文体活动场所。

非主城区"网吧"存在未成年人上网问题较严重。共踏查了31家网吧，其中道里区、南岗区、道外区、香坊区、平房区和松北区暗访的网吧都没有问题。但阿城区暗访的两家网吧（6M星工场网吧、万佳网吧）均有未成年人上网，呼兰区暗访的3家网吧（海航网咖、雨林网咖、多米网吧）均有未成年人上网；双城区暗访的3家网吧问题最为严重，神行网咖会馆未实名制登记,存在未成年人上网;顺达网吧无网络文化经营许可证,未设有未成年人警示牌,存在未成年人上网;华飞网咖无网络文化经营许可证,未设有未成年人警示牌,存在未成年人上网。

部分区"媒体、媒介关爱保护未成年人的宣传"不到位。按照每个区2个公共场所、2条商业大街和2条城市干道进行踏查,共踏查了九个区的18个公共场所、18条商业大街和18条城市干道,其中平房区、松北区和道外区抽取的公共广场、商业大街、城市干道均有展示加强未成年人教育保护、关心关爱未成年人的公益广告。但道里区、南岗区、香坊区、呼兰区、双城区和阿城区部分点位没有宣传未成年人的公益广告。

部分学校"文明校园创建"效果不佳。此项实地踏查内容共踏查了35所学校,这一项内容在实地踏查中存在的问题最多。按照实地踏查标准,除道里区和香坊区外,南岗区、松北区、平房区、呼兰区、阿城区、双城区和道外区不同程度地存在问题。如有的学校根本没有创建方案或方案不完善;有的学校创建内容不具体,没有按照市委宣传部、市文明办下发的创建方案包含的"六好"内容进行创建;有的学校提供的创建文明校园佐证材料不充实。

各区存在的主要问题有:

道里区存在的问题:一是友谊社区没有家长学校牌子;二是道里区建国公园没有未成年人公益广告;三是道里区文化馆因联系不上工作人员,没有进入踏查。

平房区存在的问题:一是平房区文化馆正在建设中,没有进入踏查;二是平房区三所学校文明校园创建不同程度地存在问题。

道外区存在的问题:一是三十八中文明校园创建存在问题;二是嵩山中学校园周边有成人用品商店。

松北区存在的问题:松北区的九中文明校园创建存在问题。

香坊区存在的问题:香坊区的母亲广场没有关爱未成年人成长的公益宣传广告。

阿城区存在的问题:一是阿城二中、胜利小学文明校园创建存在问题;二是网吧有未成年人上网;三是二中附近有无证摊位;四是解放大街、民权大街、延川大街、清真广场无未成年人教育宣传广告。

南岗区存在的问题:一是南岗区东大直街、果戈里大街、学府四道街没有未成年人公益广告；二是奋斗小学、17中学和19中学文明校园创建存在问题。

双城区存在的问题：一是有的学校学生不会背社会主义核心价值观；二是踏查的三所学校的文明校园创建都存在问题；三是社区家长学校和社区未成年人活动场所都存在问题；四是没有未成年人心理健康辅导站；五是网吧存在未成年人上网；六是双城区的和平大街、花园大街和文昌干道没有未成年人公益广告；七是学校周边有无证摊点。

呼兰区存在的问题：一是呼兰区建设路、文化路、南大街没有未成年人公益广告；二是呼兰八中不让进，导致社会主义核心价值观和文明校园创建内容无法踏查；三是萧红社区缺少未成年人活动场所的工作记录、文字和图片材料；四是网吧存在未成年人上网。

问卷调查结果分析。此次调查共现场发放学生问卷1610份，回收有效问卷1608份。其中小学生问卷600份，初中生问卷576份，高中生问卷432份；发放家长问卷1620份，回收有效问卷1613份。各项问题的回答如果是肯定的，即为得分；如果回答为否定的，即为失分。例如，南岗区共有90名小学生回答了"你熟知社会主义核心价值观'24个字'吗？"这道题，其中90名学生全部回答"熟知"，则得分率为100%；假设88名学生回答"熟知"，另外2名学生回答"不熟知"，则得分率为88/90＝97.8%。获得最高分的是双城区，得分49.08分；最低分的是呼兰区，得分32.10分。

2017年哈尔滨市未成年人思想道德建设工作测评问卷调查城区排名　单位:%

城区 问卷类别	双城	平房	阿城	道里	道外	南岗	松北	香坊	呼兰
小学生卷	100	100	99.85	99.46	94.07	99.75	99.85	88.80	78.45
初中生卷	99.83	93.89	99.69	99.46	90.50	92.66	98.15	90.19	0
高中生卷	99.50	100	93.60	97.44	96.24	82.98	76.18	89.26	96.74
家张卷	93.28	98.03	98.00	93.39	92.02	93.61	94.52	88.05	81.63
加权得分（满分50分）	49.08	48.99	48.89	48.72	46.60	46.13	46.09	44.54	32.10

从四类问卷整体来看，学校教师的师德师风、文明校园创建活动的知晓率及满意度、德育课和少先队活动、社会主义核心价值观熟知情况以及参观爱国主义教育基地和公益性文化设施等方面获得了较高的得分，得分

率基本在90%以上，特别是小学生和初中生的得分率达到了99%以上。在10大方面的评价中，表现最弱的是社区未成年人场所的设置及开展活动情况，知晓率和活动参与率都表现出不足（得分率80%左右）；其次是德、体课程的课时被占用现象还一定程度上存在。高中生对各项内容的评价相对而言低于小学生和初中生，尤其在社会主义核心价值观"24个字"的熟知率及文明校园创建活动的知晓率上评价较低。

小学生问卷包含13道问题，其中学校教师师德师风获得了100%的满意度评价，相比来说社区在开展未成年人活动方面显得薄弱，得分率不到9成。从各区情况来看，呼兰区和香坊区表现较弱，社区未成年人活动场所在开展活动方面最为欠缺（呼兰区的该项得分率不到4成），其次是学校的德育课、少先队活动、体育课被占用课时的现象较为突出（得分率在6、7成）。

2017年哈尔滨市未成年人思想道德建设工作测评问卷调查各区得分（小学生卷）

单位：%

城区 项目	平房	双城	松北	阿城	南岗	道里	道外	香坊	呼兰	各区平均
1. 你对所在学校教师师德和师风的总体评价是否满意	100	100	100	100	100	100	100	100	100	100
2. 若知道文明校园创建活动，您对此项活动满意吗	100	100	100	100	98.9	100	100	100	100	99.9
3. 你觉得学校的德育课、少先队活动开展的好吗	100	100	100	100	100	100	100	100	98	99.8
4. 你知道你所在学校文明校园创建活动吗	100	100	100	100	100	100	100	96.7	100	99.6
5. 你熟知社会主义核心价值观"24个"字吗	100	100	100	100	100	100	100	97.8	96	99.3
6. 你所在学校的德育课、少先队活动是否有安排	100	100	100	100	100	100	100	98.9	94	99.2
7. 你对所在学校周边的社会文化环境满意吗	100	100	100	100	100	100	100	95.7	88	98.2

(续表)

项目 \ 城区	平房	双城	松北	阿城	南岗	道里	道外	香坊	呼兰	各区平均
8. 你参观过爱国主义教育基地和公益性文化设施吗	100	100	100	100	100	100	100	93.5	74	96.4
9. 你所在学校的体育课、体育大课间是否有活动安排	100	100	98	100	98.9	97.7	97.6	91.3	80	95.9
10. 你所在学校的德育课、少先队活动是否有减少课时或被占用的现象	100	100	100	100	100	100	100	96.7	58	95.0
11. 你所在学校的体育课是否有减少课时或被占用的现象	100	100	100	100	98.9	95.3	100	70.7	61.2	91.8
12. 你所在社区有未成年人活动场所吗	100	100	100	100	100	100	69.9	68.5	36	86.0
13. 你所在社区是否组织过面向未成年人的活动	100	100	100	98	100	100	55.4	44.6	34.7	81.4
合计得分	100	100	99.85	99.85	99.75	99.46	94.07	88.80	78.45	95.58

初中生问卷包含 13 道问题，其中学校教师师德师风获得了 100% 的满意度评价，相比来说社区在开展未成年人活动方面显得薄弱，得分率不到 9 成。从各区情况来看，呼兰区由于学校拒绝踏查，得分为 0；香坊区和道外区表现较弱，社区未成年人活动场所在开展活动方面最为欠缺（香坊区的该项得分率不到 6 成），其次是学校的德育课、少先队活动、体育课被占用课时的现象较为严重（得分率不到 9 成）。南岗区和平房区被抽查学校的德育课、少先队活动、体育课被占用课时的现象较为突出，得分率不到 8 成。

2017 年哈尔滨市未成年人思想道德建设工作测评问卷调查各区得分（初中生卷）

单位：%

项目 \ 城区	双城	阿城	道里	松北	平房	南岗	道外	香坊	呼兰	各区平均
1. 你对所在学校教师师德和师风的总体评价是否满意	100	100	100	100	100	100	100	100	0	100

(续表)

城区 项目	双城	阿城	道里	松北	平房	南岗	道外	香坊	呼兰	各区平均
2. 你觉得学校的德育课、少先队活动开展的好吗	100	100	100	100	100	99	100	100	0	99.9
3. 你熟知社会主义核心价值观"24个"字吗	100	100	100	100	100	100	98.8	99	0	99.7
4. 你对所在学校周边的社会文化环境满意吗	100	100	100	100	100	100	98.8	99	0	99.7
5. 若知道文明校园创建活动,您对此项活动满意吗	100	100	100	100	100	97.9	100	99.1	0	99.6
6. 你知道你所在学校文明校园创建活动吗	100	100	100	100	100	99	96.5	98	0	99.2
7. 你所在学校的德育课、少先队活动是否有安排	100	100	99	100	97.9	95.8	98.8	99	0	98.8
8. 你参观过爱国主义教育基地和公益性文化设施吗	100	100	100	91.5	94.8	97.6	95.1	0		97.4
9. 你所在学校的体育课、体育大课间是否有活动安排	100	100	96	92	100	95.9	81.2	100	0	95.6
10. 你所在学校的体育课是否有减少课时或被占用的现象	97.8	100	100	100	85.4	82.3	82.4	84.3	0	91.5
11. 你所在学校的德育课、少先队活动是否有减少课时或被占用的现象	100	100	100	94	72.9	75.3	84.7	88.2	0	89.4
12. 你所在社区有未成年人活动场所吗	100	96	98	96	85.4	81.3	70.6	59.8	0	85.9
13. 你所在社区是否组织过面向未成年人的活动	100	100	100	94	87.5	83.7	67.1	51	0	85.4
合计得分	99.83	99.69	99.46	98.15	93.89	92.66	90.50	90.19	0	95.55

高中生问卷包含 12 道问题，其中文明校园创建活动、学校教师师德师风获得了 100% 的满意度评价，相比来说社区在开展未成年人活动方面显得薄弱，得分率不到 8 成。从各区情况来看，松北区和南岗区表现较弱，社区未成年人活动场所在开展活动方面最为欠缺（南岗区该项的得分率仅为 28.3%），其次是学校的德育课、体育课被占用课时的现象较为突出（松北区德育课得分率 31%，体育课得分率 47.6%）。

2017 年哈尔滨市未成年人思想道德建设工作测评问卷调查各区得分（高中生卷）

单位:%

城区 项目	平房	双城	道里	呼兰	道外	阿城	香坊	南岗	松北	各区平均
1. 若知道文明校园创建活动，您对此项活动满意吗	100	100	100	100	100	100	100	100	100	100
2. 你对所在学校教师师德和师风的总体评价是否满意	100	100	100	100	100	100	100	100	100	100
3. 你熟知社会主义核心价值观"24 个"字吗	100	100	98.1	100	100	100	100	93.5	95.2	98.5
4. 你对所在学校周边的社会文化环境满意吗	100	100	100	100	100	98.1	95.3	100	92.9	98.5
5. 你知道你所在学校文明校园创建活动吗	100	100	100	100	100	100	100	100	83.3	98.1
6. 你所在学校的德育课是否有安排	100	100	96.2	100	100	98.1	97.7	95.7	83.3	96.8
7. 你所在学校的体育课、体育大课间是否有活动安排	100	100	96.2	95.7	96.1	100	97.7	95.6	88.1	96.6
8. 你参观过爱国主义教育基地和公益性文化设施吗	100	100	94.2	100	100	98.1	93	89.1	76.2	94.5
9. 你所在学校的体育课是否有减少课时或被占用的现象	100	98	100	89.1	100	88.5	93	67.4	47.6	87.1
10. 你所在学校的德育课是否有减少课时或被占用的现象	100	98	98.1	91.3	98	73.1	83.7	78.3	31	83.5

(续表)

城区\项目	平房	双城	道里	呼兰	道外	阿城	香坊	南岗	松北	各区平均
11. 你所在社区有未成年人活动场所吗	100	98	92.3	93.5	80.4	75	61.9	47.8	59.5	78.7
12. 你所在社区是否组织过面向未成年人的活动	100	100	94.2	91.3	80.4	92.3	48.8	28.3	57.1	76.9
合计得分	100	99.50	97.44	96.74	96.24	93.60	89.26	82.98	76.18	92.44

家长问卷包含10道问题，其中文明校园创建活动、学校教师师德师风两项的满意度评价最高，分别达到99.7%和99.5%，相比来说社区在开展未成年人活动方面显得薄弱，得分率不到8成。从各区情况来看，呼兰区和香坊区表现较弱，社区未成年人活动场所在开展活动方面最为欠缺（得分率五六成）。呼兰区被抽查学校的体育课被占用课时的现象较为突出，得分率58%。

同时，家长卷中还问及"您带孩子参观爱国主义教育基地和公益性文化设施时，它们是否免费接纳未成年人？""您对我市网吧管理的总体评价是否满意？""您对我市开展未成年人教育保护宣传工作的总体评价是否满意？"等内容，这些内容涉及的是家长的总体评价，故不能算入各区得分。当问及"您带孩子参观爱国主义教育基地和公益性文化设施时，它们是否免费接纳未成年人？"时，选择"满意"的家长所占比例为94.3%；问及"您对我市开展未成年人教育保护宣传工作的总体评价是否满意？"时，选择"满意"的家长所占比例为90.1%。这两项家长的满意度都在90%以上。问及"您对我市网吧管理的总体评价是否满意？"时，只有75.6%的家长选择"满意"，这一项分值较低，应引起有关部门的重视。

2017年哈尔滨市未成年人思想道德建设工作测评问卷调查各区得分（家长卷）

单位:%

城区\项目	平房	阿城	松北	南岗	道里	双城	道外	香坊	呼兰	各区平均
1. 若知道文明校园创建活动，您对此项活动满意吗	100	100	99.3	99.2	100	100	100	98.7	100	99.7

（续表）

项目 \ 城区	平房	阿城	松北	南岗	道里	双城	道外	香坊	呼兰	各区平均
2. 您对孩子所在学校教师德和师风的总体评价是否满意	100	100	99.3	100	99.6	100	99.5	99.2	98	99.5
3. 您对您小孩所在学校周边的社会文化环境满意吗	100	98.7	98	99.2	99.2	98	97.3	97.8	91.1	97.7
4. 你对孩子所在学校文明校园创建活动知道吗	100	98.7	98	97.5	95.3	95.9	100	97.3	93	97.3
5. 您孩子所在学校的体育课、体育大课间是否有活动安排	99.3	100	100	97.5	90.6	96.6	97.3	94.6	89	96.1
6. 你熟知社会主义核心价值观"24个"字吗	98	100	95.9	95.9	87.7	93.8	97.7	92	86	94.1
7. 您是否带领孩子参观过爱国主义教育基地和公益性文化设施	98.6	97.3	95.3	94.6	93.2	97.9	95	90.2	81	93.7
8. 您孩子所在学校的体育课是否有减少课时或被占用的现象	93.9	92	86.5	83.8	94.8	80.8	87.7	86.1	58	84.8
9. 您所在社区是否有未成年人活动场所	94.6	96.6	90.5	87.1	87.7	85.6	77.1	67.9	65.7	83.6
10. 您所在社区是否组织过面向未成年人的活动	95.9	96.7	82.4	81.3	85.8	84.2	68.6	56.7	54.5	78.5
合计得分	98.03	98.00	94.52	93.61	93.39	93.28	92.02	88.05	81.63	92.50

五、未成年人思想道德建设测评工作存在的问题

通过对近年来哈尔滨市未成年人思想道德建设测评工作的梳理，哈尔滨市虽然在未成年人思想道德建设工作测评中，取得了很好的成绩，但与哈尔滨市未成年人思想道德建设工作实际和中央文明办的要求还有一定差距，具体表现在：

（一）重视程度有待加强

哈尔滨市委、市政府高度重视未成年人思想道德建设工作，经常召开会议专门部署此项工作。但一些单位和部门的领导对未成年人思想道德建

设工作存在的问题和亟待加强的薄弱环节认识不足、研究不深、重视不够，还没有形成关心未成年人思想道德建设的浓厚氛围。

(二) 宣传力度有待加强

哈尔滨市未成年人思想道德建设工作取得的成绩有目共睹，但为什么市民的知晓率和满意度不高呢？主要是因为宣传力度不够。从近两年的创建全国文明城市宣传来看，哈尔滨市属主要媒体播发创建全国文明城市和志愿服务的内容较多，涉及未成年人思想道德建设工作公益广告、典型经验和温馨提示语等内容较少，甚至没有。特别是对学校开展的活动、网吧和校园周边环境治理宣传力度不够。因此，有关部门应全方位、多角度地宣传报道哈尔滨市未成年人思想道德建设工作的新举措、新成效，营造浓厚氛围，为迎接中央文明办的检查做好宣传攻坚战。

(三) 落实"治未病"工作理念有待加强

"治未病"是古代医学对预防思想的高度概括，包含三层含义：一是"未病先防"，在疾病未形成之前，采取积极措施，预防其发生；二是"见微知著"，对某些疾病出现的细微征兆，早发现、早诊断、早治疗，把疾病消灭在萌芽状态；三是"已病防变"，把握疾病的发展规律，及时切断传播途径。把这种理念应用到心理健康教育中去，可以达到事半功倍的效果。然而，哈尔滨市未成年人心理健康指导中心因缺少经费，硬件设施不足，未成年人心理健康专业人员和志愿者队伍培训不到位；运用网络、电话、授课等多种形式开展教育引导工作与教育部门和中小学校没有很好地衔接，致使落实"治未病"工作理念不够深入。

(四) 主题活动有待加强

在2013年测评材料的审核过程中，各区上报的学校开展的"做一个有道德的人"主题活动的材料不充分，部分县（市）还缺少"做一个有道德的人"申请表，同时还存在学校运用"学道德模范、诵中华经典、做有德之人"电视专题片为教案提供的材料不全面，"道德讲堂"相关材料不齐全，缺少7个流程的佐证材料的问题。所以今后在"做一个有道德的人"主题活动和中华经典诵读活动中，要重视活动开展的形式过程，要将活动规范化，使未成年人真正能在活动中思想意识有所提高，有所收获。

(五)"黑网吧"治理力度有待加强

近年来,哈尔滨市多次开展过整治黑网吧的专项行动,但在一些城乡结合部、居民区内等监管力量薄弱的区域,黑网吧仍不同程度地存在。在创建全国文明城市期间,哈尔滨市有关部门按照《关于加强寒假和春节期间网吧市场监管执法工作的通知》的安排,对道里区、道外区、南岗区、香坊区四个主城区的20家网吧进行了专项检查,发现南岗区天宇网吧无营业执照,道外区的唯我网络会馆和神州网吧都无营业执照。这些黑网吧严重影响了哈尔滨市网吧的正常经营秩序,不仅影响了社会稳定和社会主义精神文明建设,更影响了未成年人的身心健康,已经成为社会公害。老百姓对黑网吧屡禁不止深恶痛绝,反应十分强烈。

(六)校园周边环境建设有待加强

校园周边是学生经常出入活动的地方,环境好坏对学生健康成长有着十分重要的影响。哈尔滨市一些学校周边不同程度地存在非法经营活动的游商和无证照摊点;存在三无食品和恐怖、迷信、低俗、色情的玩具、文具以及出版物等的销售情况,引诱学生从事各种不良文化活动,既干扰了学生学习,又败坏了校园风气。因此,哈尔滨市各有关部门要积极行动起来,采取有效措施,坚决取缔和打击各种违法销售行为,为未成年人创造一个良好的校园周边环境。

(七)社区心理辅导室建设有待加强

哈尔滨市十分重视未成年人心理健康教育工作,扎实落实"治未病"工作理念。积极推进校外未成年人心理健康辅导站(点)建设。目前,哈尔滨市有市级未成年人心理健康辅导站1所,8个城区各有1所区级未成年人心理辅导站(点)。但按照前两年测评体系的要求,社区也应具有未成年人心理辅导室,但就目前情况看,哈尔滨市只有一少部分社区具有心理辅导室,绝大多数社区都不具备专兼职辅导员、心理辅导器具和心理辅导场所,这应引起有关部门的重视。

(八)乡村学校少年宫建设有待加强

虽然哈尔滨市按照中央文明办的要求,完成了2012年全市乡村少年宫的建设任务,但在经费、人员保障及活动开展方面还存在一些问题。从整个测评过程来看,一些乡村学校少年宫提供的材料不够充分,缺少管理制度、专兼职辅导员队伍、活动项目设置、活动开展情况、经费保障情况等相关材料。特别是一些县（市）财政扶持匹配建立、自建的乡村学校少年宫运行经费保障不足，这些方面的问题说明哈尔滨市乡村学校少年宫建设还需进一步加强。

（九）社区未成年人活动场所建设有待加强

社区是未成年人开展活动的"第二课堂"，但从季度测评看，哈尔滨市社区未成年人文体活动场所建设发展极不平衡。很多社区都存在活动场地小、设备简陋、缺乏有效管理等问题，甚至有的社区根本没有未成年人活动场所，也没有任何活动设施，所以下一步工作中，我们要提高认识，加强社区未成年人文体活动场所建设，努力为未成年人的成长创造良好的环境。

六、做好未成年人思想道德建设测评工作的对策与建议

哈尔滨市面对未成年人思想道德建设工作存在的突出问题，应保持清醒认识，把加强未成年人思想道德建设工作作为以人为本、执政为民的重要工作，摆上重要位置，常抓不懈。为此，建议如下：

（一）加强领导，提高重视程度

哈尔滨市各有关部门要进一步把思想统一到中央和省、市有关文件精神上来，按照中央的统一要求，真正把未成年人思想道德建设工作摆在重要位置，切实承担起领导责任。各级文明办要不断健全完善联席会议、信息通报、督促检查、考评奖励等制度，教育、公安、工商、团委、妇联等有关单位要密切配合，努力形成未成年人思想道德建设工作的强大合力。同时强化未成年人思想道德建设工作落实，提高重视程度，重点开展好主题教育实践活动，进一步完善学校、家庭和社会德育工作网络，大力净化社会文化环境，加强未成年人校外活动场所建设，扎实推进未成年人思想道德建设工作，为哈尔滨市未成年人思想道德建设工作取得新成绩、再上新台阶贡献力量。

（二）扩大宣传，提高市民对学校开展活动的知晓率

哈尔滨市有关部门要加大宣传力度，提高市民对学校开展各项活动的知晓率。一是有关部门除利用电视、广播、报纸、户外公益广告、出租车

LED 宣传语、悬挂条幅、发放传单、社区宣传栏等传统方式宣传外,还要充分利用网络和手机短信等现代媒体加大对市民的宣传,使广大市民及时获得活动信息。二是各有关部门通过制作宣传海报、宣传折页、公益广告、宣传标语等宣传材料,扩大活动的覆盖面,增强影响力,形成浓厚的舆论氛围。三是各学校利用给家长的一封信、学校围墙上悬挂条幅和召开家长会等形式,加大学校开展的各项活动的宣传,提高市民对学校开展各项活动的知晓率。

(三)借鉴经验,落实"治未病"工作理念

以南京市为例,南京市中小学生心理援助中心(对社会称"陶老师"工作站),是由南京市教育局主办,南京晓庄学院承办的为中小学生提供心理帮助、支持、心理咨询与治疗以及危机干预等全方位服务的专业性心理援助机构,也是全国第一个由教育行政部门主办,由政府职能部门投入专项资金向有关个人和社会群体提供社会公益性服务的机构。经过近20年努力,打造了一个心理健康辅导的新平台,开辟了一个心理健康教育的新天地,受到学生、家长和社会各界的欢迎,在全国产生了很好的社会反响。哈尔滨市未成年人心理健康指导中心要想有更大的发展,必须借鉴南京"陶老师"工作站的经验做法,在服务内容、工作制度、功能室设置、内部陈设、软件设施、工作形式、工作队伍和档案管理等方面加以借鉴。同时学习南京市的做法,还应积极争取地方财政和教育部门支持,为心理健康指导中心提供必要的建设经费和运行经费。要从文化事业建设费或未成年人思想道德建设工作经费中安排相应经费,为志愿者开展咨询辅导提供必要的补助。只有这样,哈尔滨市未成年人心理健康指导中心才能成为辐射全市、影响全省乃至全国的示范站,才能把"治未病"工作理念应用实际中,防患于未然。

(四)积极开展"净边行动",营造良好的校园周边环境

哈尔滨市要以校园周边经营场所为重点区域,以维护校园周边良好秩序为工作重点,花大气力进行综合整治。一是加强领导。各有关部门要充分认识开展校园周边文化环境整治工作的重要性,切实加强领导,精心组织,周密部署,深入开展校园周边文化环境整治工作。二是健全机制。要建立和完善有效的协调运作、工作激励、检查督导和信息反馈等机制。同

时，要完善畅顺举报渠道，强化群众监督，促进净化社会文化环境工作常态化、制度化。三是建立联系紧密、分工明确、配合默契的相关部门联系联动机制，努力形成执法合力。各有关部门要明确管理责任，增强工作的针对性，坚持属地管理、分级管理，谁主管谁负责的原则，加大执法检查力度。把净化社会文化环境以及校园周边文化市场整治的工作任务落到实处，为全国文明城市创建工作深入开展创造良好环境。四是发挥我市文化市场经营者行业协会的积极作用，充分调动哈尔滨市"五老"、民进会员等网吧义务监督员的积极性，注重发挥人大代表、政协委员等社会各界人士对文化市场的监督作用，严厉监管对未成年人有危害的违法违规经营行为。并利用12318举报电话，鼓励公众监督，广泛发动群众举报校园周边文化市场违法违规经营行为，及时受理公众举报。

（五）加大对"黑网吧"的打击力度，营造良好的社会环境

哈尔滨市应建立市、区（市）县、街道（乡镇）三级监管网络，形成共建共管的工作局面。实行各区（市）县政府负责、各部门协调管理的责任制，将专项整治和日常管理（包括社会监管）工作纳入目标管理，把具体目标落实到街道、社区、乡（镇），把具体工作责任落实到人。一要坚决取缔黑网吧。各县（区）、各相关职能部门要组织拉网式清查，对所有黑网吧进行统一断网、公开曝光、依法处罚，对为黑网吧提供上网接入服务的网络运营商不予办理工商登记和年检，对取缔黑网吧不力的要追究所属县（区）和相关职能部门领导的责任。要采取有力措施，坚决防止黑网吧向居民楼、城乡结合部和农村转移扩散。二要严禁网吧违规接纳未成年人。有关行政执法部门要坚持管罚并重，严格执行实名上网制度、网吧现场检查记录制度、网吧日常检查频率最低标准制度和网吧违法经营案件处理公示制度，对重点部位、重点场所进行重点盯防、反复检查，严厉查处接纳未成年人、超时营业、未实名登记等违法违规行为，对情节严重的违法违规网吧，坚决吊销其经营许可证。三要大力扶持绿色网吧。在农村、城乡结合部和城市社区等家庭电脑、网络拥有率较低的地方，要充分发挥"绿网教室"的作用。同时要加强和改善对网吧业主和从业人员的教育、管理和服务，进一步规范经营秩序、改善经营环境，努力把哈尔滨市网吧行业建设成为传播先进文化和文明风尚的窗口。

（六）加大投入，完善社区未成年人文体活动设施建设

国务院办公厅下发的《关于加强青少年学生活动场所建设和管理工作的通知》，要求各级政府从实施科教兴国战略高度，关注未成年人，营造有益于未成年人身心健康成长的社会环境。因此，哈尔滨市有关部门应高度重视未成年人社区文体活动室建设，可从体彩、福彩拿出部分资金；也可支持鼓励社会力量兴办未成年人文体活动室；还可以街道社区为依托，建设公办和民办相结合的未成年人文体活动室。一是要充分发挥已有场所和设施的功能。各个社区已有的未成年人文体活动室，按照测评体系要求，完善其功能、悬挂相关制度、增加活动设施、规定活动时间和开展各项活动，来满足未成年人活动的需要。二是要统一规划社区未成年人文体活动设施建设。有关部门对社区未成年人文体活动室建设应进行统一规划，在城市的旧区改建或新区开发建设中，配套建设社区未成年人文体活动室。三是要广泛宣传，充分发挥学校、家长和其他社会力量在引导未成年人参加社区文体活动中所应有的积极作用。

（七）加强社区心理健康辅导站（点）建设，完善其功能

哈尔滨市有关部门应重视社区未成年人心理健康辅导站（点）建设，加大人、财、力的投入，争取所有主城区的社区都建立心理健康辅导站（点），帮助未成年人缓解心理压力。一是建立运行管理机制。社区要加强心理健康辅导站（点）的运行管理，建立完善心理健康知识宣传普及、热线接听、面对面咨询、危机干预等心理咨询工作流程，完善咨询登记、服务、档案管理制度。加强心理咨询辅导人员培训和管理，严格规章制度，建立年度资格审查、动态考核等机制，保证社区心理健康辅导站（点）顺利有序运行。二是建立激励保障机制。社区应把未成年人心理健康辅导站（点）的建设和心理健康教育开展情况作为评选文明城市和创建未成年人思想道德建设工作先进城市的前置条件，作为各区（县）市文明办年度工作综合考评的重要内容。三是完善资金投入机制。协调政府有关部门为社区未成年人心理健康辅导站（点）建设和咨询服务提供必要的经费支持，引导和鼓励社会组织和个人捐助，形成政府财政拨款、社会力量投入的多元化经费支持格局。

（八）完善设施，进一步加强乡村学校少年宫建设

按照中央文明办和《全国未成年人思想道德建设工作测评体系》要

求,哈尔滨市乡村学校少年宫建设,要以习近平主席系列讲话精神为指导,以贴近和服务广大未成年人为宗旨,以素质教育为核心,以道德教育、养成教育、体验教育和实践教育为重点,整合资源、统筹规划、健全机制、完善功能、改善服务,逐步形成布局合理、功能完备、管理规范、充满活力的未成年人校外活动场所。一是配齐、配好满足教育活动和提高未成年人思想道德水平的活动室和器材;二是努力打造一支满足活动开展所需的专职辅导员队伍;三是设立组织管理机构和办公室,明确专人管理,健全完善活动档案,保存相关图像资料。各区县(市)要把"乡村学校少年宫"建设作为推进素质教育、活跃未成年人课余生活、培养健康生活方式的有效载体,列入重要议事日程。

(九)采取措施,继续深化社会主义核心价值观宣传教育活动

按照哈尔滨市委的统一部署和安排,把社会主义核心价值体系的学习、宣传、教育纳入中小学校教育教学中,让社会主义核心价值体系进入学生的课堂,入心入脑。把社会主义核心价值观融入未成年人思想道德建设全过程。渗透到学校教育、家庭教育、社会教育之中,贯穿未成年人成长的各个阶段,使孩子们从小受到社会主义核心价值观的教育和熏陶。同时要把中国梦学习教育与中国特色社会主义学习教育结合起来,引导未成年人坚定理想信念,自觉把个人成长进步与祖国未来发展联系在一起。创新教育的载体,运用歌咏、绘画、朗诵等方式,采用互联网、手机等手段,歌颂中国梦、描绘中国梦、放飞中国梦。

(十)改进方法,创新实践活动载体

未成年人思想道德建设是一门科学,这就要求,哈尔滨市各级学校在指导思想上、工作目标上、实践原则上、内容方法上通盘考虑,处理好各种关系,做好各方面的结合,形成德育合力,齐抓共管,共同促进未成年人良好思想和文明行为习惯的培养。强化德育在日常学习中的作用,改进中小学思想品德、思想政治课教学方法和评价制度;改进中小学思想品德、政治课教学内容、形式和方法,建立思想道德行为综合考评制度;进一步加强学校德育工作,推动德育实践活动的广泛开展,增强德育时代感,提高针对性和实效性;组织开展内容新颖、形式多样的活动,以活动为载体是学校开展德育工作行之有效的方法和手段。各级学校应深入探索

在活动中开展德育工作的有效方法,力求使活动更加贴近学生的思想实际、生活实际,更为学生所喜闻乐见,达到更好的教育效果。同时,要挖掘整合现有德育资源,精心设计活动项目,创造更多具有针对性、实效性和趣味性的活动载体,形成生动活泼的工作局面。要把开展活动与循循善诱,寓教于乐结合起来,把思想道德教育和知识性、科学性、娱乐性、趣味性结合起来。采取多种形式,利用各类阵地,组织动员未成年人、家长、教师参与实践活动,引导未成年人自我教育、自我提高。要不断创新未成年人思想道德建设工作的内容和载体,不断推出、评选和表彰创新案例,带动工作的新进展和新实效。要充分利用各种形式,及时报道、宣传先进未成年人工作的先进典型,在全社会形成人人关心未成年人健康成长,人人为未成年人健康成长多做实事的舆论氛围。发挥典型示范带动作用。组织召开全市未成年人思想道德建设工作经验交流会,开展先进县(市、区)、先进单位、先进工作者评选创优活动,总结推广先进经验,发挥典型辐射带动作用,进一步推动未成年人思想道德建设工作深入开展。要建立健全监督机制,及时掌握未成年人思想道德建设工作的进展情况和存在问题,确保未成年人思想道德建设工作得到有效落实。

第三章　知荣明理：哈尔滨未成年人爱国情感教育

在未成年人思想道德建设中，爱国情感教育是未成年人思想道德建设的基础工程，是铸造未成年人灵魂的"希望工程"。《全国未成年人思想道德建设工作测评体系》要求，"各地区要坚持不懈地开展理想信念教育、国情教育和形势政策教育，引导中小学生树立远大志向；大力弘扬以爱国主义为核心的民族精神和以改革创新为核心的时代精神，培育中小学生的爱国情感和创新意识；引导树立社会主义荣辱观，培养中小学生正确的是非观念、良好的品德和行为习惯"。同时，中共中央、国务院《关于进一步加强和改进未成年人思想道德建设的若干意见》把爱国主义教育作为未成年人思想道德建设主要任务之首，可以看出国家对未成年人爱国情感教育的重视程度。本章从爱国情感教育的内容入手，分析了哈尔滨市爱国情感教育的现状，总结了哈尔滨市爱国情感教育的重要性及方式，归纳了哈尔滨市爱国情感教育存在的突出问题，提出了解决问题的方法和途径，为哈尔滨市加强未成年人爱国情感教育提供了方法遵循。

一、爱国情感教育

（一）爱国情感教育

加强未成年人爱国情感教育，一个重要任务就是增强中小学生的爱国情感，弘扬和培育以爱国主义为核心的伟大民族精神。要想了解什么是爱国情感教育首先应该知道什么是爱国主义。列宁同志曾指出："爱国主义就是千百年来巩固起来的对自己祖国的一种最深厚的感情。"中华民族有史以来对自己的祖国就有一种深厚的、真挚的感情。这种感情是中国立国几千年来非常重要的精神支柱，是中华民族的高尚美德。但是，当前一些人认为爱国主义是一个抽象的概念，这是因为他们没有把个人的感情和伟大的祖国联系起来。爱国主义教育说到底应该是情感教育，爱国主义教育本身就是对未成年人进行热爱祖国的情感教育。培养未成年人具有高尚的爱国情操、具有强烈的民族自尊心、自豪感、责任感和使命感是振兴民族精神、提高民族素质的需要，也是应对二十一世纪道德挑战的需要。心理学研究表明，爱国主义教育只有首先解决爱国情感问题，才有可能最终解决爱国信念和爱国行为问题。因而，爱国情感教育是爱国主义教育的核心。爱国情感萌芽于童年时期，形成于青少年时期。中学阶段正是学生爱国情感形成的关键时期，它对于中学生日后树立报国之志，选择效国之行、成为建国之才，有着不可磨灭的作用。

（二）爱国情感教育的主要内容

爱国情感教育的内容有传统和现代之分，传统的爱国情感教育是指：自尊、自信、自豪，就是对未成年人培养民族的自尊心、自信心和自豪感。大多数未成年人对一切有损于国家利益、丧权辱国、丧失国格人格的事都会产生一种厌恶憎恨的情感，而对于为国争光振兴中华的事，都会产生一种振奋献身的激情。因此，在对未成年人进行爱国情感教育的同时，还应该让未成年人知道近代中国被侵略和被压迫的历史。让他们知道今天的幸福生活来之不易，从而激发他们的爱国热情。历史，能激发我们自豪，也能激励我们自强。驰骋上下五千年，在历史长河中感慨胸怀，可以培养未成年人热爱祖国的浩然之气。现代爱国情感教育主要有以下两方面：一是危机感、紧迫感、历史责任感的教育。传统的爱国情感教育，经过实践证明是很有成效的，今后需要继续发扬。但是，在新的时期，从我们国家的现状和国际环境考虑，传统的爱国情感教育也有不足之处，不能完全适应新形势的需要。因此，提出现代爱国情感教育，这不仅包括传统的爱国情感教育的内容，还应该包括一些新的内容，即强调民族的危机感、紧迫感，激发学生的历史责任感。二是义务感、使命感教育。中华民族是富有爱国义务感、爱国使命感和优秀传统的民族。我们的民族讲究气节，讲究爱国主义的义务、责任和使命。"先天下之忧而忧，后天下之乐而乐"，我们祖先留下的爱国遗训字字千斤，始终激荡着中国人的心。国家有难，则舍身以赴；民族复兴，则发愤图强。有这样的精神，中华民族就一定能屹立于世界民族之林。当前，完成社会主义现代化改革的任务已成为中国人民的爱国义务和历史使命。祖国的社会主义事业和民族振兴取决于当代中国人特别是未成年人一代的精神状态和道德风貌，取决于爱国主义义务感和责任感。使命感能否在他们的心头再一次燃起，不仅需要未成年人自身的努力，更需要国家和社会的正确引导。

（三）爱国情感教育与未成年人思想道德建设

《爱国主义教育实施纲要》中指出："爱国主义教育是全民教育，重点是广大青少年。"这是因为未成年人正处在长身体、长知识的阶段，是形成正确的世界观、人生观和价值观的关键时期，因此也是进行爱国主义教育的最佳时期。一旦爱国主义的思想感情成为他们的精神支柱，他们的道德情感、个性品质都会随之得到健康的发展，他们才有可能成为一个爱国主义者。爱国情感教育是未成年人思想道德建设的重要组成部分，是时代的永恒主题。未成年人是祖国的未来，民族的希望，在新形势下加强未成年人爱国情感教育显得尤为重要。

在中共中央、国务院《关于进一步加强和改进未成年人思想道德建设的若干意见》中也明确指出，未成年人思想道德建设的主要任务之一是：从增强爱国情感做起，弘扬和培育以爱国主义为核心的伟大民族精神。深入进行中华民族优良传统教育和中国革命传统教育、中国历史特别是近现代史教育，引导广大未成年人认识中华民族的历史和传统，了解近代以来中华民族的深重灾难和中国人民进行的英勇斗争，从小树立民族自尊心、自信心和自豪感。由此可见，热爱祖国是当代中国未成年人精神世界的主流之一。

二、爱国情感教育的现状

哈尔滨市的爱国情感教育是以结合实际和未成年人的心理特点，采取行之有效的手段，以爱国主义教育为核心，以中华传统美德和革命传统教育为重点，引导广大未成年人认识中华民族的历史和传统，从小树立民族自尊心、自信心和自豪感。从爱国情感教育的方法和途径上来看，各年级教育的手段和方式上有所不同，例如，小学低年级的孩子，由爱父母、爱家乡、爱国旗国徽、学唱国歌等一些事情做起，重点在情感教育。小学中年级以后逐渐增加国情知识教育，爱国英雄人物的形象教育，革命传统教育等。

（一）从学科渗透入手

哈尔滨市各中小学校把爱国情感教育纳入中小学教育全过程，贯穿在学校教育教学的各个环节、各个方面。中小学德育课程和语文、历史等人文社会科学课程，要充分体现爱国情感教育的丰富内涵。数学、物理、化学、生物等理科课程应结合教学内容，由教师穿插一些优秀科学家的科学成就和怎么为国家做出贡献的内容。艺术（音乐、美术）课应包含经典民乐、民歌、民族戏剧欣赏和中国画、书法艺术欣赏的内容，体育课应适量增加中国武术等内容，通过这些内容的教育，使他们了解中华民族的优良传统文化，激发学生的爱国情感。

（二）从主题教育活动入手

哈尔滨市各中小学校根据实际情况，充分利用春节、清明节、中秋节等民族传统节日，"五一""五四""六一""七一""八一""十一"等重要节日，"七七事变""九一八事变""一二•九运动"等重要事件和重要人物纪念日，采取适当的手段和形式开展爱国情感教育。如：开展主题校（班）会、团（队）会，不定期组织中小学生参观爱国主义教育基地，请革命先辈和各行业的英雄模范作报告、讲故事，组织学生观看爱国主义教育影片等。并通过晨会、课堂教学、课外活动等多种途径拓展爱国情感教育的内容，从而使爱国情感教育深入广泛地开展。

（三）从社会实践活动入手

哈尔滨市各中小学校定期组织中小学生参观爱国主义教育基地，瞻仰革命圣地和遗址，祭扫烈士墓，缅怀民族英雄、仁人志士、革命先烈，学习他们的高尚品德和感人事迹，进行革命传统教育；参观城市、农村以及能代表哈尔滨形象的优秀建筑，了解哈尔滨市改革开放的成就；组织开展征文、演讲、讲座、知识竞赛、社会调查等教育活动。充分发挥学生校外活动场所、社会实践基地的育人作用，并坚持开展"党报进校园"活动，使其成为爱国情感教育的一个重要阵地。

（四）从校园文化环境建设入手

哈尔滨市各中小学校坚持升降国旗制度，每周一以及重要节日、纪念日、大型集体活动必须举行庄严、隆重的升旗仪式，每天坚持升降国旗，每周举行国旗下讲话，全体中小学生都应会唱国歌。学校要结合实际，充分利用校园广播、电视、校园网、板报和文化长廊等宣传阵地，大力宣传爱国情感教育；校园内张贴悬挂革命领袖和中华民族杰出人物画像，积极开展创建安全文明校园活动，营造弘扬和培育爱国情感的浓厚校园氛围。

三、爱国情感教育的必要性及方式

（一）爱国情感教育的必要性

未成年人是祖国的未来，民族的希望，在未成年人中开展弘扬爱国情感教育，是加强和改进未成年人思想道德建设，全面实施素质教育，促进人的全面发展的需要，是中华民族精神代代相传、发扬光大的必然要求，是加强社会主义精神文明建设的基础性工程。为什么说新形势下加强未成年人爱国情感教育是非常必要的呢？因为任何一个健康发展的社会，对人才的衡量都是讲德与才兼备，爱国情感教育是德育教育的重要组成部分，它是从提高人的基本素质做起，促进未成年人的全面发展。当前，我国正在进行社会主义现代化建设，随着社会主义现代化建设的推进，一些"西化"的思想正在侵蚀未成年人的心灵，影响着他们的思想和行为，对未成年人的成长极为不利。青少年是人生成长的关键时期，他们正处于长身体、长知识，思想意识形态逐渐趋于成熟时期，因此广大未成年人是爱国主义教育的重点。对他们进行广泛的爱国主义教育，对造就一代新人具有极其深远的历史意义。深入进行中华民族优良传统教育、中国革命传统教育和中国历史特别是近代史教育，引导广大未成年人认识中华民族的历史和传统，了解近代以来中华民族的深重灾难和中国人民进行的英勇斗争，对于青少年增强民族自尊心、自信心和自豪感，树立远大理想，立志报效祖国，有着十分重要的现实意义。

（二）爱国情感教育的方式

爱国情感教育的方式有很多，针对未成年人的身心特点，应采取三个"相结合"的教育方式，使未成年人爱国情感教育具有有效性、实效性和针对性。

学校教育与主题教育相结合。爱国主义是具体而广泛的，激发学生的爱国主义热情，最终目的是落实到发扬爱国主义光荣传统，使未成年人投身于建设有中国特色社会主义伟大实践中。就是要在学校德育教育中，对学生进行"五爱"教育，培养新一代的"四有"人才。要从学生的日常教育中、课堂教育中找到爱国主义教育的切入点和结合部，并结合教材和教学内容开展生动活泼的主题教育,二者紧密结合,进一步深化课堂教育,保证爱国主义教育的有效性。

学校教育和自我教育相结合。学校教育是爱国主义教育的主阵地,教师是学生爱国主义教育的引导者,它可以明确爱国主义教育的内容、方式和方法,为学生的爱国主义精神的培养提供有效和便捷的途径,方便学生更准确地明确爱国主义的内涵和主旨。但学生是有着独特个性、具有鲜明生命活力的个体,有着自己的喜好和兴趣,有着自己独特的发展倾向。他们有着自己的真实情感和判断是非的能力、有着自己的知识经验和成长背景,只有将学校课堂教育同学生自身自我教育相结合,才能使爱国主义教育真正具有实效性。

学校教育同社区教育相结合。对于学生的爱国主义教育,首先必须发挥课堂教学的主渠道作用,了解中国的历史、知晓中国五千年的文化文明,从中得到启发受到教育,使学生学习先辈们的恋国、爱国的精神。通过每周一次的升旗仪式,渲染、烘托爱国主义教育氛围,在校内开展丰富多彩的、积极向上的主题班会和各种图片展、读书演讲比赛等爱国主义形式的活动,从而形成高雅、具有爱国主义特色的校园文化氛围,同时还要积极利用和充分发掘一切有利于学生成长的社区因素,参加各种大型的公益活动,参观爱国主义教育基地,在各种纪念日到社区搞些活动,宣传伟大的爱国主义精神,让学生了解社会,增强爱国爱家的使命感,使校内教育同社区教育相结合、相协调,共同完成学生的爱国主义教育,使之成为一个系统、一个系列,使爱国主义教育更具有针对性。

四、爱国情感教育存在的问题

爱国情感教育必须从小培养,要经过很长一段时间才能形成。但是,当前哈尔滨市中小学对未成年人开展爱国情感教育时间上缺少连续性、内容上比较单一,注重形式上的说教,没有真正把爱国情感教育贯穿于教育、教学当中去。具体存在以下几方面的问题:第一,教育部门不够重视,各中小学校之间缺少统筹协调,爱国主义教育尚未形成系统、持久、规范的运作机制,未成年人爱国情感教育工作的机制有待进一步理顺,对其教育经费投入不足,用于中小学生爱国情感教育支出的项目太少,软硬件建设就成了无源之水,无本之木,也严重影响了未成年人爱国情感教育工作的深入开展。第二，教育对象受到限制，内容相对狭窄，制约了爱国情感教育深入、广泛地进行，主旋律教育卓有成效，但与未成年人生活息息相关的教育薄弱。从未成年人的教育需求上看，最需要的教育内容是个人修养、自我保护常识和文明公约。不同年龄段的需求又各有侧重，小学生是交通法规教育，初中生是自我教育，高中生是法律常识。可以看出，这些内容都与未成年人的生活息息相关，是他们生存发展中急需指导的，而这些内容在学校教育中却是欠缺的。第三，教育手段、方法单一，缺乏吸引力和感染力，并缺少必要的基地和读物，一些有意义的节庆、仪式没有得到充分利用。第四，"学校、家庭、社会"三位一体的大教育观念有待深化。一是"思想道德教育是学校和家庭的事"的模糊意识仍占主导地位。二是重智轻德，认为"高分数就是高素质"的思想认识仍然大有市场。三是"重校内教育，轻社会教育"的片面认识依然存在。第五，家庭环境对爱国情感教育的影响。一些家长教育观念不够端正，一味地追求望子成龙；一些家长教育方法落后，"大棒加蜜糖"；一些家长自身素质不高，导致家庭教育环境不良。家长素质的参差不齐，直接影响了对孩子的爱国情感教育。所有这些，都需要在今后的工作中予以改进和解决。

五、加强爱国情感教育的对策与建议

未成年人爱国情感教育的目标虽然在新课程标准中被放到了很重要的地位，但是由于对教育目标缺乏广泛宣传，作为教育主体的整个社会以及学生家长对此并不清楚，加之受应试教育模式的影响，爱国情感教育目标在运作过程中，出现了在"重视"声中被忽视的现象。

（一）加强领导，理顺工作机制

哈尔滨市要把爱国情感教育作为一项重要的工作来抓，要理顺爱国情感教育的工作机制；要增加资金投入，加强爱国情感教育的软硬件建设；要充分利用哈尔滨市爱国情感教育的资源开展此项工作；各中小学校是开展爱国情感教育的基地，要把爱国情感教育纳入整个教育体系当中去，要充分利用好这一资源，定期联合组织开展爱国情感教育活动，不断交流经验把爱国情感教育搞好，使其成为一项系统、持久、规范的运作机制。

（二）扩大宣传，达到良好效果

充分利用哈尔滨市各种大众传媒进行爱国情感教育。在电视台、广播电台等新闻媒体上应该增加爱国情感教育的专题节目，促使家长和孩子一起收看、收听，在家长受教育的同时，还可以充当孩子的义务讲解员，使爱国情感教育达到更好的效果。家长是孩子的第一任老师，家长的一言一行对孩子都有很大的影响，因此，家长要随时注意自己的言行，不能给孩子造成不良影响。家长出于某些原因，可能对国家、对社会有不当的看法甚至有些怨气，发表言论应注意场合、态度，免得在孩子心中留下不良的种子。另外有条件的家庭，应支持孩子或全家一起外出游览祖国的大好河山、名胜古迹，让美好的山水风物、历史文化积淀在孩子的心中，从而加深孩子对祖国大好河山的印象。

（三）构筑网络，发挥阵地作用

哈尔滨市要构建学校、社区、家庭"三位一体"的未成年人爱国情感教育网络，加强和改进未成年人爱国情感教育，建立健全学校、社区、家庭"三位一体"的未成年人爱国情感教育网络，对推进青少年爱国情感教育具有十分重要的作用。学校是对未成年人进行爱国情感教育的主渠道、主课堂，要把爱国情感教育贯穿于学校教育教学活动的全过程，并由学校向家庭辐射、向社会延伸。社区是对未成年人进行爱国情感教育的重要阵地，一头连着学校，一头连着家庭，要整合各种资源，精心搭建有利于未成年人健康成长的活动平台，使学校教育、社会教育、家庭教育相互衔接。家长是孩子成长过程中的第一老师，要转变教育观念，掌握科学方法，着力培养孩子爱国情感的"第一环境"。

（四）勿忘历史，筑牢理想信念根基

哈尔滨市要通过发展红色旅游，寓教于乐，寓教于游，把爱国情感教育和革命传统教育结合起来，帮助广大未成年人重温党的革命斗争史。用事实证明中国共产党是中国工人阶级的先锋队，同时也是中国人民和中华民族的先锋队，是历史和人民选择了中国共产党、选择了社会主义道路，自觉地把老一辈革命家所开创的伟大事业继承下来，传播下去，发扬光大。要通过发展红色旅游，传播社会主义先进文化，对广大未成年人进行革命传统教育和中国特色社会主义理想信念教育。使未成年人认识到今天的幸福生活来之不易，珍惜拥有，开创未来。

第四章 立德树人：哈尔滨中小学校德育教育

《全国未成年人思想道德建设工作测评体系》要求，"中小学校日常德育主要内容和要求有：中小学校要坚持升降国旗制度，每周及重要节日、纪念日、大型集体活动举行庄严隆重的升旗仪式；将中小学生守则和日常行为规范具体化，开展有特色的道德实践活动；校会、班会、团队组织活动制度化；定期开展评选三好学生、优秀学生干部、先进集体等活动，树立先进典型，优化校风学风；开展法制、网络道德、毒品预防、环境、节能、反对迷信邪教等教育"。本章主要从校园文化建设是学校德育的重要途径、加强校园文化建设，开创中小学校德育工作新局面、加强校园文化建设对中小学校德育工作的重要性、校园文化建设过程中，中小学校德育工作存在的问题以及构建健康的校园文化，提高德育时效等方面，分析校园文化建设对中小学校德育的推动作用，力促哈尔滨市中小学校德育教育再上新台阶。

一、中小学校德育与校园文化的关系

（一）中小学校德育

中小学校德育工作。中小学德育工作是学校工作的重要组成部分，是关系到中小学生全面发展的一项重要工作。哈尔滨市教育事业发展"十三五"规划明确指出："构建以思想政治课、团队课、专题教育、校本课程相互交融、各学段有效衔接的德育课程体系，完善……创新精神和实践能力。"这为今后哈尔滨市开展中小学校德育工作指明了方向。

中小学时期是孩子们思想道德观念形成的关键时期，学校尤其是中小学校理应成为思想道德建设的主阵地，中小学校的德育工作必将成为全社会思想道德建设的最重要的渠道之一。加强和改进学校的德育工作，帮助学生树立正确的道德价值观，帮助学生树立正确的思想政治观念，让他们成为现代化建设的合格人才，是每一位中小学校教师应尽的义务和必须承担的责任。当前，随着社会形势的变化、未成年人思想道德水平的提高以及未成年人健康成长的需要，要求中小学校在加强校园文化建设的同时，必须加强和改进学校的德育工作，提高德育工作的实效，促进学生全面发展。

中小学校德育工作亮点。一是切实推进创建全国文明城市工作常态化。经过三年的艰苦努力，哈尔滨市未成年人思想道德建设测评工作喜获佳绩，荣获了全国未成年人思想道德建设工作先进城市荣誉称号，是唯一获得此项殊荣的副省级城市。为保持高位优质发展，按照《全国未成年人思想道德建设工作测评体系》的要求，哈尔滨市教育局相关处室，积极主动地对主城区社会主义核心价值观宣传工作进行巡检，对陈旧、破损的宣传板进行撤换，圆满地完成了未成年人思想道德建设测评工作的各项任务。从工作部署、督导检查、成效检验三个方面，全面落实哈尔滨市委提出的创建全国文明城市常态化发展的工作要求。

二是各类常态活动有序开展。充分利用各学科教学有机渗透社会主义核心价值观教育，落实社会主义核心价值观进教材、进课堂、进头脑的具体要求，按照不同学龄段学生特点，突出进行行为习惯养成、道德规范、理想信念教育。积极创新教育载体，利用重大节庆日和传统节日，开展"我的中国梦"主题教育活动。运用征文、书法、绘画、传讲党史故事等学生喜闻乐见的主题实践活动，丰富中国梦主题教育内容，活化主题教育形式，增强教育效果；开展最美少年、美德阳光少年、三好学生的评选，树立学生学习的模范，形成比学赶帮超的浓郁氛围，唤起更多的人来主动践行社会主义核心价值观。组织开展全市性的以"孝敬、友善、节俭和诚信"为主要内容的中华经典诵读活动；按照"三爱"主题教育实施方案，做好活动的落实，积极引导中小学生从爱学习、爱劳动入手，培养自己良好的行为习惯与道德规范。从爱祖国做起，树立自己的理想信念，自觉践行社会主义核心价值观。

三是开展"少年传承中华传统美德"系列活动。根据教育部、省教育厅《关于开展2016年"少年传承中华传统美德"系列教育活动通知》要求，在哈尔滨市中小学校中开展少年传承中华传统美德之"小小百家讲坛""墨香书法展示"及"寻访红色足迹"活动，培育广大中小学生珍视中华优秀传统文化和民族精粹，增强文化底蕴，激发爱国情感。

四是开展"美丽中国系列"主题实践活动。为加强哈尔滨市中小学生国家版图意识的宣传教育工作，在全市中小学生中开展"美丽中国"第三届国家版图知识竞赛及少儿手绘地图大赛活动，同时将在各中小学校中开展国家版图意识宣传教育"进校园"活动。哈尔滨市教育行政部门与省、市规划局联合编制了"中华人民共和国红色教育基地分布图"及"黑龙江省红色教育基地分布图"，免费发放给全市各中小学校，悬挂在全市中小学校教室中，更加直观地对学生进行爱国主义教育和革命传统教育，从而进一步加深广大中小学生对红色精神的感悟。

五是开展纪念长征胜利80周年系列活动。2016年是中国工农红军长征胜利80周年。为此，哈尔滨市中小学校开展纪念红军长征胜利80周年系列活动。9月1日，新学期开学第一天，组织全市中小学校开展纪念红军长征胜利80周年主题班团队会、主题升旗仪式。开展爱国主义歌曲校园行活动，国庆期间举办"哈尔滨市中小学生迎国庆纪念红军长征胜利80周年爱国歌曲大家唱德育主题活动"。

六是加强德育队伍管理建设工作。深入开展德育队伍管理建设工作，走进基层分别对不同层次的德育干部进行指导与培训，明确德育校长、德育主任、团委书记、少先队辅导员、班主任、学生干部等七支德育干部工作职能，转变工作机制，提高德育工作队伍的专业素养与岗位能力。培养十名名优骨干德育校长、百名名优骨干德育主任、千名名优骨干班主任教师，促进我市德育工作向优质高位发展。

（二）校园文化建设

校园文化。校园文化是学校特色的表征，是学校的生命所在，是学校重要的教育资源，是催生教师专业成长和学生生命发展的深厚土壤，是学校人文传统和优良校风的根本之源。校园文化表现的是一所学校独特的风格和精神，是学校的灵魂，是关系和协调一所学校所有成员行为的纽带。

校园文化是指学校师生通过教育教学活动所创造和形成的精神财富、文化氛围以及承载这些精神财富、文化氛围的活动形式和物质形态。它主要是通过一种氛围的营造，对学生进行一种潜在的隐性的教育在不知不觉中内化为学生的道德认识、道德情感、道德意志和道德行为。品德心理学的研究也表明，品德养成并不仅仅取决于道德知识的多少，而主要是个体在与他人交往互动中通过道德内化来形成个人品质，依靠的是潜移默化的影响，而不是强制的道德说教。可见，校园文化各层次具有很大的德育潜能，以至于柯尔伯格认为它"是一种真正的道德教育课程，是一种比其他任何课程更有影响的课程"。

校园文化的德育功能。校园文化丰富的内涵决定了它对学生思想品德的影响是多方面多层次的，其德育功能是非常重要的。不同的校园文化表现形式对学生思想品德的影响是不同的，有的是集中组织的，有的是逐步渗透的；有的是深层次的，有的是浅层次的；有的是积极的，有的是消极的；有的是主动有效的，有的是被动无效的等等。要透彻了解校园文化建设与中小学德育的关系，首先就要了解校园文化具有的德育功能。

一是校园制度文化的德育功能。制度是人类为维系个性生活及社会关系的各种规章、法则和体制，学校作为微观的社会系统，也存在各种制度。校园制度文化包括了学校内部的各种规章制度、行为规范、公约守则和建立在这些规章制度基础上的各种组织，它们既是自觉纪律和法制教育的结果，也是学生进行自我教育和相互教育的手段。学校要培养学生良好的集体理念，必须依靠一定组织和规则来调控和维持，不管是校规、班规，还是学生会、社团的规定，也不论是正式的或非正式的，成文的或心理约定的，这些科学合理的制度一旦形成，就成为权威的、客观的力量，成为集体价值理念，使生活于其中的学生自主地接受它。正如马卡连柯所说："我们应当把有组织的教育影响针对着集体，同时，我们相信，对个人的最实际的工作方式是把个人保留在集体内。"校园制度文化还有利于促进学生的自我管理。高质量的学校管理制度是推进学校德育工作开展，促进学生素质发展的重要保证。学生既是被管理者，又是自我管理者，学生自我管理的获得与学校制度化建设紧密联系。学生自我管理的内容受学校各项制度影响，具有科学性、可操作性，可以使学生对外在的集体要求和对内在的自我认识通过调节和控制达到和谐统一，从而强化学生内在对象性的要求，实现自我管理。

二是校园物质文化的德育功能。校园物质文化是指按照学校教育目的及具体化的教育目标而建设的学校物理环境。校园物质文化作为学校教育资源的重要组成部分，是构成校园文化的基础，是学校形象的载体，是一种特殊的文化景观,包括教学科研设施、工作生活场所以及校园绿化环境等。一方面,富有文化底蕴、格调雅洁的校园物质文化有利于传播社会的主流价值观念,体现学校理想和人文精神。"它作为人类空间设计的特殊产物——育人的场所,集中反映了一个国家文化价值观念的主流,尤其反映了教育目的价值取向"。我们可以通过创设和培育一种"环境",将学校所倡导的价值、理想等蕴含于其中,让学生身临其境地体验和感受这种文化氛围,启发道德认识。另一方面,校园物质文化有利于激发学生美好的道德情感。情感是思想品德形成的催化剂和内驱力,"没有'人的情感',就从来没有也不可能有人对真理的追求"。而情感不会随着学生对教材的认识而自动产生,它的重要特征是"情境性"和"体验性",校园物质文化恰恰提供了现实的情境让学生去体验、感悟。我国古代的书院就非常重视以自然景观启发学生的心灵,宋代五大书院多设在依山傍水的优美环境中,"借山水以悦人性,假湖水以净心情"。柏拉图也说过:"应该寻找一些有本领的艺术家,把自然的方面描绘出来,使我们的青年们像住在风和日暖的地带一样,四周一切都对健康有益,耳濡目染于优美的作品,像从一种清幽境界呼吸一阵清风,来呼吸它们的好影响,使他们不知不觉地从小就培养起融美于心灵的习惯。"可见,这种原本没有生命和情感,但经过精心设计的环境,能够滋养并渗透学生心灵,激发学生自觉追求美的道德情感,实现德育主体的外在对象性和内在对象性的结合和互动。

三是校园精神文化的德育功能。校园精神文化是校园文化的深层内核,它不仅具体外化为校园其他层次的文化,而且还是一种独立的精神存在。一般说来,它包括学校的历史传统、价值体系、理想信念、人文氛围、思维模式、校风学风、集体舆论等,这些都是学校最具凝聚力、向心力的东西,它们最深刻、最稳定地反映出学校的精神文化氛围。校园精神文化可以有效地满足学生的心理发展,引导学生的思想意识,消除学生个体内在形式与学校外部世界的紧张对立状态,同时极具有渗透力地给学生注入丰富的教育理念和道德信念,唤起他们高尚的道德情操,使其产生强烈的归属感、自尊感和使命感,从而促进学生的道德发展。

二、校园文化建设是学校德育的重要途径

中共中央办公厅、国务院办公厅联合颁布的《关于适应新形势进一步

加强和改进中小学德育工作的意见》文件中提到:"当前我国正处在改革的攻坚阶段和发展的关键时期,社会情况发生了复杂而深刻的变化,影响着青少年学生的价值取向;国际国内意识形态领域的矛盾和斗争更加复杂,尤其是国际敌对势力加紧对我国青少年一代进行思想文化渗透;个人主义、拜金主义、享乐主义等消极腐朽思想给青少年学生带来了消极的影响……小学德育工作主要通过生动活泼的校内外教育教学活动,对学生进行以'爱祖国、爱人民、爱劳动、爱科学、爱社会主义'为基本内容的社会公德教育、社会常识教育和文明行为习惯的养成教育……学校的教学、管理等各项工作都要充分体现教书育人、管理育人、服务育人、环境育人的特点。"

现实中,要加强学校德育的针对性和实效性,就要利用有效的教育载体来实现,这就必须构建起一种健康的蓬勃向上的校园文化。校园文化对青少年品德及个性的影响,在于它创造了一个陶冶心灵的场所、情景,以校风学风、文化传统、价值观念、人际关系等方式表现出一种高度的观念形态,对青少年品德认识起导向作用。个体品德形成和发展的过程是一个十分复杂的知、情、意、行交互影响作用的过程。如果说学生的道德认识主要依赖正规课程所传授的道德知识(如道德准则和道德规范等)而得到提高的话,那么,学生的道德情感、道德意志和道德行为的培养则离不开校园文化这种潜在课程的有力配合。教育是一种导向,校园生活本身就是教育,就是导向,学生在学校过什么样的生活,接受什么样的教育,它直接关系到学生成为什么样的人。校园文化中的思想性、教育性是渗透在校园文化的各方面、各种形态中的。这种陶冶、规范作用时间久远,影响巨大而深刻,其效果比简单的正面说教、灌输更为有效。

三、加强校园文化建设,开创中小学校德育工作新局面

近年来,哈尔滨市在中小学校园文化建设的过程中,始终要求从各学校校情、师情和学生生活实际出发,理清思路,找准定位,整体谋划,整体设计各自的校园文化建设内容;始终要求各学校在校园文化建设中要注重内涵的提升、人文精神的培养和实践活动的开展。同时,哈尔滨市非常重视中小学校德育工作,有关部门紧紧围绕立德树人的根本任务,在德育工作中,积极引导中小学生坚定共产主义理想,树立中国特色社会主义的

信念和正确的世界观、人生观和价值观，使哈尔滨市中小学生提高思想品质和道德情操。

（一）加强校园文化建设，注重内涵的提升

在加强校园文化建设时，哈尔滨市非常注重其内涵的提升。尽管各中小学校做法各异，但他们在校园文化建设的总体设计上，都是在先进理念的指导下，力求体现各自的办学思想。如49中学为每一名师生提供展示的平台；尚志一中"以理想的教育实现教育的理想"；双城兆麟中学的"麟园精神"集中体现了学校的办学思想和办学精神，是对学校人文传统、治学精神、办学风格的理性思维，是学校展示给社会的一张"文化名片"。同时，各中小学校在校园文化建设中，在确立校训、形成校风、制作校徽、创作校歌时，充分提炼校园文化精髓。如南马路小学的"自主、合作、立异、追新"；第八中学的"你为成材走进来，我为发展走出去"；文化学校的"我能行，因为我知道该做什么"；第五中学"良好的习惯，是你一生取不完的利息"的校训已成为学校整体工作的主线。学生们受到校园精神的熏陶和激励，为其可持续发展提供成长的精神动力。

（二）加强校园文化建设，注重人文精神的培养

哈尔滨市在中小学校园文化建设中，为强化对学生的思想教育功能，各学校根据自己的资源情况将中华民族的文明发展史、传统美德、英雄事迹、国内外重大科学发明和科学家对人类的贡献等，通过多种形式，在校园中展示出来，使学生能够在校园的各种场合受到先进文化的影响。通过环境建设、学科渗透、实践活动，编辑校报校刊，制作教风宣传牌，建立校史陈列室和荣誉室，举办校史展览、校庆活动等，提升校园文化建设水平，让师生耳濡目染，增强师生对校园人文精神的认同感和自豪感。如尚志小学根据自己的特点规划了校园文化建设的目标，成功打造了以"尚志"精神为核心的校园文化，雷锋、红岩、兆麟等学校的校园文化建设都以时代精神和学生精神需求为切入点加以设计，在内容上都体现了人文精神的培养。

（三）加强校园文化建设，注重实践活动的开展

校园里各种寓意深刻、丰富多彩的实践活动是联系校园文化"软硬"件的桥梁和纽带；是丰富校园文化生活，构建和谐校园的需要；同时也是

陶冶学生情操，减轻学生各种压力的一种方式。哈尔滨市各中小学校以校园文化建设为契机，组织和开展了内容丰富、主题鲜明的实践活动，如有的学校以爱国主义教育为主线开展实践活动；有的学校以"看家乡、爱家乡、颂家乡"为主题开展系列教育活动；有的学校组织学生积极走出校门，走向社会，开展夏令营、磨炼营和参观爱国主义教育基地等活动；以及各中小学校开展的经典诗文诵读、品香粽、赛龙舟、话端午、中秋赏菊诗会等实践活动。同时各中小学校将传播民族节日文化纳入校园文化建设重要组成部分，加强对中小学生进行民族传统节日的由来以及民俗、民风的宣传教育，激发学生对中华优秀传统文化的学习热情。用我国传统节日文化的精髓塑造学生高尚品德，提升学生的精神品质，树立正确的价值观念、思维方式、行为准则，培育学生的民族精神和民族自豪感。

通过加强校园文化建设，哈尔滨市主城区中小学校的德育工作异彩纷呈，取得了良好的效果，得到了家长和学生的一致好评，开创了哈尔滨市中小学校德育工作新局面。

哈尔滨市道里区：打造德育宣传微平台。道里区打造德育宣传微平台，对"互联网+教育"进行了有益探索。建立了"道里德育微故事"微信公众平台，登载中央及上级部门有关工作精神、德育经验、德育信息、德育微故事等，供全区德育工作者及师生家长共享、交流。在德育办倡导下，哈尔滨市第七中学、哈尔滨市第三十六中学、哈尔滨市经纬小学、哈尔滨市群力兆麟小学、哈尔滨市群力实验中学、哈尔滨市群力兆麟第二小学、哈尔滨市欧洲新城小学、哈尔滨市江沿小学、哈尔滨市新华中学、哈尔滨市抚顺小学、哈尔滨市新阳路小学、哈尔滨市爱国小学等20多家单位建立了公众号，深受师生家长欢迎，并受到媒体关注。

哈尔滨市南岗区：开办德育网站。南岗区为了适应时代发展的需要，率先在全市开辟德育网站，不仅得到了家长和学生的一致好评，还促进了学生与社会、学生与老师、学生与学生之间的交往，使口头说教转化为精神沟通，增强了德育的情境性和情感性。目前，南岗区各学校开辟的德育专栏主要有"校园快讯""万小之最""教师心语""家教之窗""推荐网站"等，这些内容既可以丰富学生知识，又可以培养他们的爱国主义精神，充分发挥了德育的隐性功能。网上德育工作的开展，使学生从单纯的受教育者角色中解脱出来，使学生们普遍感受到德育其实是一种享受，从而增强了参与的热情。

哈尔滨市香坊区：童谣浸润式教育。香坊区的童谣传唱活动，得到了中央、省、市文明办的高度评价。近年来，为了适应香坊区教育实际情况，2013 年，香坊区教育局打造了一个更让学生喜闻乐见、更加新颖独特的德育载体——校园音乐情景剧。音乐情景剧用生动活泼的形式将德育内容巧妙融入其中。2014 年，全区每一所学校都开展了情景剧、心理剧、音乐剧的编排和表演。2015 年，香坊区教育局创新地将法制教育融入童谣，在全区中小学生和教师中开展了征集优秀原创法制童谣、法制情景剧展演活动。通过这些情景剧的展演，开辟了香坊区德育工作的新局面，得到了全区广大师生及家长的支持。

哈尔滨市道外区：注重实践养成。道外区将社会主义核心价值观融入青少年实践养成，积极开展以"践行核心价值观，遵德守礼六个一"为内容的德育活动，引导青少年树立正确的价值观。各学校广泛张贴"三个倡导"24 字和"图说我们的价值观"系列作品。编辑出版具有道外区特色的中小学生德育教材，推进社会主义核心价值观进教材、进课堂、进学生头脑。创新开展"认星争优""做一个有道德的人""日行一善、中华经典诵读"等主题实践教育活动。

四、加强校园文化建设对中小学校德育工作的重要性

加强校园文化建设，对涉及中小学校德育一些工作方面，如：社会主义核心价值体系建设、改进未成年人思想道德建设工作以及帮助中小学生树立正确的世界观、人生观和价值观等都发挥了非常重要的作用。

(一) 传承社会主义核心价值体系的需要

十七届六中全会强调以建设社会主义核心价值体系为根本任务，培养文化的高度自觉与自信，提高全民族的文明素质，增强国家的文化软实力，弘扬中华文化，建设社会主义文化强国。这对我们进一步加强校园文化建设，优化育人环境，培养更多有知识、有文化的社会主义事业建设者和接班人具有深远意义。校园文化作为我国社会主义文化的重要组成部分，对构建社会主义和谐文化和建设社会主义核心价值体系具有重要作用。社会主义核心价值体系是指导校园文化建设的强大思想武器，是校园

文化建设的根本，只有坚持社会主义核心价值体系，才能使校园文化建设体现先进性、思想性，发挥凝聚力和向心力；才能在校园文化建设中大力弘扬先进文化，积极支持健康有益文化，努力改造落后文化，坚决抵制腐朽文化；才能使社会主义核心价值体系得以传承，从而引领未成年人思想朝着积极健康的方向发展。

（二）改进未成年人思想道德建设的需要

随着国际国内形势的深刻变化，未成年人思想道德建设既面临新的机遇，也面临严峻挑战。他们的思想道德状况如何，直接关系到中华民族的整体素质，关系到国家前途和民族命运。因此，在中小学校园文化建设上要以社会主义荣辱观为导向，让每一个校园文化活动都发挥道德教育的作用，让校园的每一个角落、每一面墙壁都体现道德教育的意义。要通过校园文化的熏陶，引导广大青少年崇尚真善美，憎恶假恶丑，不断追求崇高的人生境界，抵制低级趣味。同时要营造一个鲜明、自然、和谐的校园文化环境，使学生一走进校园就能从老师、同学身上感受到激励、尊重和友爱，从班级和团队活动中感受到和谐与温暖，从校园人文、自然环境中感受到积极向上的力量，促进未成年人健康成长。总之，加强校园文化建设，能够营造未成年人健康成长的良好氛围，有利于加强和改进未成年人思想道德建设工作。

（三）树立正确世界观、人生观、价值观的需要

丰富多彩、健康高雅的校园文化，有利于学生正确的世界观、人生观、价值观的形成；有利于培养学生高尚的思想品质和良好的道德情操。学生正确人生观的树立，高尚道德人格的养成，健康审美趣味的提升，无疑受到积极向上的校园文化影响。而这种影响往往是任何课程所无法比拟的。健康、向上、丰富的校园文化对学生的品性形成具有渗透性和持久性，对于提高学生的人文道德素养，拓宽学生的视野具有深远意义。因此，加强校园文化建设，对于优化育人育德环境，帮助未成年人树立正确世界观、人生观、价值观都发挥积极作用。

五、校园文化建设过程中，中小学校德育工作存在的问题

党的十七届六中全会提出，要用社会主义核心价值体系引领社会思

潮，其中特别指出，要提高校园文化建设水平。虽然哈尔滨市中小学校园文化建设取得了一定成绩，得到了省市有关领导的肯定，但承载着德育功能的校园文化建设还存在一些实际问题，使得中小学校德育工作乏力，具体表现为：

（一）认识不足，"重智轻德"现象依然存在

哈尔滨市一些学校，由于对校园文化内涵的认识还不够全面、准确，对校园文化作用的理解还不够深入，对校园文化建设机制的把握还不够系统、科学，导致对校园文化建设的重要性认识不清。同时还有一些人认为开展校园文化活动是对正常教学秩序的冲击，是浪费时间，是不务正业；认为把有限的资金用在美化校园环境、建设文化活动设施、开展校园文化活动是奢侈等，这些认识误区严重导致了"重智轻德"现象的存在。目前，评价中小学校好坏的标准仍然以升学率为主，学校要想得到社会的认可，就必须努力提高升学率，如果将人、才、物主要用于德育工作，势必在一定程度上影响教学质量。因此，一些学校不愿意把主要精力投放到承载着德育功能的校园文化建设上来。这样一来，德育工作就成了学校文化课教学工作之外的附属品，只是把德育工作作为应付上级部门检查的非常规工作。形成了德育工作"说起来重要，做起来次要，忙起来不要"的被动局面。

（二）缺乏特色，德育工作方法和形式创新不够

校园文化既有共性的一面，也应有其鲜明的个性特征，这正是校园文化具有无限生命力的体现，对学校成员具有巨大号召力和感召力的根源所在。但是，哈尔滨市一些中小学校在推进校园文化建设，尤其是在精神文化建设中，尚未注重体现各学校的特点、历史渊源和发展趋势，重物质文化建设，轻精神文化建设的现象比较突出，没有凸显学校的特色，从而导致校园精神文化的德育功能缺失。目前，哈尔滨市中小学德育工作中普遍存在将学生成人化，采取高调宣讲、简单灌输的手法等问题，使德育内容无法有效地为学生所认同，难以激发其强烈的道德情感和道德需要，收效甚微。虽然哈尔滨市各级、各类学校在德育工作方法和形式上做了一定的创新，但随着社会和时代的发展，德育工作面临的环境也在发生着变化。因此，哈尔滨市中小学校应顺应这种变化趋势，挖掘中小学生身心发展规

律，多关注不同年龄阶段德育对象的需求，研究探索德育内容的有序性和层次性，创新德育工作形式和载体，挖掘校园精神文化的德育功能，使中小学校的德育工作不至于流于形式。

（三）缺乏活力，德育工作不重视实效

哈尔滨市一些中小学校园文化建设看起来布局合理，格调也幽雅，但缺少特点，形式单一。张贴的名人像、警句格言等一成不变，学生对其熟视无睹，布置成了一种摆设。教室布置整齐划一，墙面整洁干净，感觉不到生命的流动，缺少鲜活的育人平台。这种校园文化建设模式，使得哈尔滨市一些中小学校的德育工作只是让学生掌握思想道德方面的知识，只注重学生的考试成绩，而不注重思想品德内容的"内化"，更不注重让学生在实践中去体验和感受，只是简单地灌输，这就造成"言而无行"的纯理论说教，使得德育工作效果不明显，时效性不强。这些情况往往使德育工作失去了原有的目的和作用，甚至还会阻碍德育工作的推进与发展。

（四）缺乏创新，德育工作与家庭教育脱节

校园文化活动是校园精神文明建设的主要内容，不少学校的文化活动看起来丰富多彩，但缺乏创新性。况且一些学校开展的校园文化活动多以应付上级为目的，组织不够科学严谨，看起来轰轰烈烈，但说教型的偏多，没有体现校园文化多层次、多内容的特点。这种校园制度文化，严重阻碍德育功能的发挥。况且，中小学生的德育工作不仅仅是学校的事，而且是家庭的事。学校教育得再好，家庭教育不能有效地跟进的话，那也取得不了良好的效果。目前，哈尔滨市一部分家长中还存在只重视"教"，不重视"育"的现象，认为德育教育是学校的事，跟家长无关。殊不知，缺少家庭教育的德育教育是很难达到预期效果的，将会严重影响未成年人的身心健康。同时，一些家长不注意言传身教，自身的一些不良习惯直接对孩子德育产生负面影响，这种影响是根深蒂固的。

六、构建健康校园文化的对策与建议

校园文化环境对学生的影响是潜移默化的，充满诗意和美感的校园环境就如空气之于人，水之于鱼，使学生耳濡目染，促进其在深层心理结构中调节和支配自己的行为，从而提高文明程度。马克思说过："人创造环境,同样,环境也创造人。"校园文化建设中包含了异常丰富的德育因素,又体现社会和学校对学生品德培养和发展的要求。在全面推进素质教育的今天,学校的德育工作更应该要适应新形势,探索新思路,创造性地开展德育工作,不断提高德育工作的时效性和针对性。哈尔滨市有关部门应站在为未成年人高度负责的高度上,构建健康的校园文化,不断创新德育工作内容、改进德育工作方法,努力提高德育实效。

(一)构建健康的校园文化,注重德育工作实效性

哈尔滨市各中小学校要不断提高对校园文化建设重要性的认识,成立组织领导机构,明确具体工作目标、工作内容和工作措施,确保校园文化建设有章可循。要把校园文化建设列入重要议事日程,把校园文化建设纳入学校长远发展规划和年度工作计划,尽快制定本校文化建设的具体方案。树立校园文化全员共建意识。要求学校全体师生员工在教学、管理中做好本职工作,努力营造良好的校园文化建设氛围。同时,各中小学校要把校园文化建设与学校其他建设结合起来,在发动广大师生积极参与的同时,还要投入必要的资金给予物质保障,并最大限度地提高投资效益。

同时,哈尔滨市中小学校的德育校长、德育主任、德育教师和骨干要切实提高对德育工作重要性的认识,要认识到德育工作是整个教育过程的重要环节,对中小学生的发展起到非常重要的作用,是帮助他们树立正确的人生观、价值观和世界观的必要前提,更是他们成才的保证和动力。只有通过有效的德育工作教育形式,挖掘学校自身潜能,最大限度地发挥德育工作在整个教育教学过程中的作用,才能使中小学生形成良好的思想品质,并成为学生们学习文化知识和能力的催化剂,为他们成为国家有用之才提供内生动力。因此,哈尔滨市各中小学校负责德育工作的领导和教师应做好思想品德教育工作,提高德育工作的实效性。

(二)构建健康的校园文化,创新德育课堂内容

文化是一种隐性的东西,它必须依赖于各种载体来体现,校园文化也是如此。我们应该认识到校园文化强大的育人功能,有效地利用各种载体,才能大力推进校园文化建设,形成自己的办学特色。因此,哈尔滨市加强中小学校园文化建设应以课程为载体,用社会主义核心价值体系占领中小学教育阵地;以网络为载体,拓展教学空间;以环境建设为载体,营

造良好校园文化建设氛围;以制度建设为载体,形成学校制度文化;以各项活动为载体,丰富校园文化生活;同时,通过丰富的第二课堂活动,做到课堂教学与学生德育建设、生活自我管理相结合,与学生学习目标相结合,打造社会主义校园文化。实践告诉我们,只有有效利用校园文化的各种载体,才能大力推进校园文化建设,才能让校园文化的育人功能得以充分发挥,才能形成具有本校办学的鲜明特色。

同时,哈尔滨市一些中小学校首先应该注重在理论知识教学的过程中,充分利用各种载体,把德育教学与学生的可持续发展和身心健康作为教育的出发点,在教学内容中融入学校、家庭和社会实践活动,让中小学生们去体会、去感悟,从而帮助他们提高辨别是非的能力和独立分析、思考、解决问题的能力;在德育教学内容中要更多地融入中小学生能够理解、与时代发展接轨的社会信息,让他们更多地去了解和认识社会。德育教师还可以选择中小学生们比较喜欢的寓言故事、革命先烈事迹等作为教学内容,侧重于对他们进行爱国主义精神和情感的教育,从而提高他们对革命先烈和爱国主义的认知。

(三)构建健康的校园文化,着力提高德育水平

哈尔滨市中小学校应以丰富多彩、积极向上的校园文化活动为载体,结合各自特点和文化传承实际,开展特色鲜明且具有活力的校园文化活动。在开展校园文化活动中,要以理想信念教育为重点,形成"以重大节日为契机、以爱国主义教育为主题,以科技、文娱、体育和社会实践活动为基础"的校园文化活动新格局。要精心设计和组织开展内容丰富、形式多样、吸引力强、调动学生主动参与的校园文化活动。充分利用好"五四"青年节、"六一"儿童节、"七一"建党纪念日、"十一"国庆节及教师节等重大节庆日,设计、开展丰富多彩的活动。开展校园文化活动,要尊重中小学生的身心特点,充分考虑他们的年龄差异、地域差异和个体差异,既要体现知识性、科学性,又要突出趣味性、娱乐性,最大限度地调动和发挥学生的积极性、主动性、创造性。

同时,哈尔滨市各中小学校还应把丰富多彩的实践活动作为中小学校德育工作的重要载体。以不同年级、不同心理特点为出发点,以体验式、实践式教育为基本途径,以提高中小学生思想道德水平为目的,精心组织学校自身的德育教学力量,设计一些内容鲜活、吸引力较强、形式新颖、

能突出思想内涵、能更好地强化德育教育的思想品德实践活动，帮助中小学生在积极、自主参与的过程中，提高他们的思想水平和道德情操。在提高他们的德育水平的同时，使他们的德育境界得到有效提升。

（四）努力创新，发挥家庭教育的重要性

中小学校园文化建设的创新，必须适应时代的发展，高度重视和认真研究新的环境变化对校园文化建设提出的挑战和带来的机遇。要本着体现时代性，把握规律性，富于创造性的原则，进行全面规划，整体推进。一是要创新校园文化建设思路。在校园文化建设中把握主题，选择更贴近国情、校情、学生实际的文化主题，形成代表先进文化方向的、健康的和积极的校园文化。二是要创新校园文化建设内容。要突破传统教育理念和教育模式的束缚，与时俱进，不断创新，使校园文化富有时代气息。三是要创新校园文化建设的方式。要把校园文化活动的触角延伸至校外，建立社会实践基地，与企业、社区等联姻，形成校园、社会互动网络，使师生学习和生活受到感染和熏陶。在借助社会力量强化校园文化建设、传播先进文化的同时，提升学校的知名度。

同时，要发挥家长是孩子的第一任老师作用，家长的修养与德育认识水平直接关系到孩子对德育的认知。目前，哈尔滨市一些家长对自己的孩子思想品德教育一般采取强制灌输或漠不重视的态度，这必将会对孩子的德育认知产生消极的影响。因此，提升家长的自身修养，发挥家庭教育的重要性就显得尤为重要。作为为人父母的家长要认识到"言传身教"的重要性，要及时准确地把握子女的心理和生理特点以及成长规律，要采取科学有效的方法和途径对子女进行道德熏陶和品德教育。同时，还应加大宣传力度，呼吁家庭教育在德育教育中的重要性，让更多的家长认识到德育工作不仅仅是学校和社会的事儿，家庭也应承担起相应的责任，帮助更多的家庭走出德育教育的误区。在学校、家庭和社会的共同努力下，哈尔滨市中小学校的德育工作一定会取得实效。

第五章 助力成长：哈尔滨未成年人心理健康教育

中共中央、国务院下发的《关于进一步加强和改进未成年人思想道德建设的若干意见》明确要求：要加强心理健康教育，培养学生良好的心理品质。做好这项工作，中央有要求，家长有期盼，孩子有需求。同时，《全国未成年人思想道德建设工作测评体系》要求，"城区中小学校和乡镇中心学校设立心理咨询室（心理辅导室），利用多种方式对学生进行心理健康教育和指导"。这足以说明党和国家对未成年人心理健康教育的重视程度。本章从哈尔滨市加强未成年人心理健康教育现实意义出发，深刻分析了哈尔滨市未成年人心理健康教育的现状和存在的问题，进而提出解决问题的办法：一是加强领导，促进未成年人全面健康发展；二是借鉴外地市先进经验，深入落实"治未病"工作理念；三是加强区、县（市）心理健康辅导站（点）建设，完善其功能；四是发挥学校主阵地作用，提升农村心理健康教育水平。

一、未成年人与心理健康

（一）心理健康

湖南师范大学公共管理学院心理学教授肖汉仕认为：心理健康的基本含义是指心理的各个方面及活动过程处于一种良好或正常的状态。心理健康的理想状态是保持性格完美、智力正常、认知正确、情感适当、意志合理、态度积极、行为恰当、适应良好的状态。心理健康的未成年人，在乐观、满意等积极情绪体验方面占优势。尽管也会有悲哀、困惑、失败、挫折等消极情绪出现，但不会持续长久，他们能够适当表达和控制自己的情绪，使之保持相对稳定。

（二）心理健康教育

心理健康教育是"新健康教育"的一个重要组成部分，它是以培养身心健康社会公民为目的，通过运用健康管理的方法，以校园环境、功能环境的改善为主，人文环境的改善相配合，以老师和学生两个主体，提供科学、健康、专业的指导。针对未成年人心理健康教育，国家要求在学校或有条件的社区建立专门的心理健康指导室（心理咨询室），配备专业的心理咨询师长期驻校或社区，以开设心理课程和开展课外活动等方法引导学生的心理健康发展。同时，还要开设"亲情聊天室"，为亲情的连接打开通道，为未成年人的健康成长铺就一条阳光大道。

（三）未成年人与心理健康

随着经济社会的发展和网络时代的冲击，如今的未成年人已不再单纯。沉重的学业负担、青春期感情问题、如何与同学交往与家长相处……他们承受的压力越来越大，面临的问题和困惑越来越多。处于特殊成长期的他们，一方面有着自己丰富的内心世界，有着对这个世界及自身方方面面的问题和困惑；另一方面，他们的内心世界又常常被人忽视，他们缺乏对这些问题和困惑的疏通和解决能力。他们渴望被人理解、尊重，渴望有人倾听、抚慰和释惑，而家长和老师只关心他们的学习成绩。长此以往，心理问题可能就会发展成心理疾病，不良倾向学生可能会发展成问题少年。因此，切实加强未成年人心理健康教育，认真解决未成年人的心理问题，对于培养未成年人良好的心理素质和意志品质，促进未成年人健康成长和全面发展，具有重要的现实意义。

未成年人心理健康的标准主要表现有以下几方面：一是智力发育正常。正常发育的智力指个体智力发展水平与其实际年龄相称，是心理健康的重要标志之一。二是稳定的情绪。心理健康的未成年人，在乐观、满意等积极情绪体验方面占优势。尽管也会有悲哀、困惑、失败、挫折等消极情绪出现，但不会持续长久，他们能够适当表达和控制自己的情绪，使之保持相对稳定。三是能正确认识自己。对自己有充分了解，清楚自己存在的价值，对自己感到满意，并且努力使自己变得更加完善。对自己的优点能发扬光大，对自己的缺点也能充分认识，并能自觉地努力去克服。有自己的理想，对未来充满信心，在学习、工作等各方面不断取得新的成就。四是有良好的人际关系。心理健康的未成年人，有积极、良好的人际关系。尊重他人，理解他人，善于学习他人的长处补己之短，并能用友善、宽容的态度与别人相处。他们在别人面前能做到真诚坦率，从而容易得到别人的信任,并建立起融洽的人际关系。在集体中威望很高,生活充实。五是稳定、协调的个性。人格亦称个性,人格表现为一个人的整个精神面貌。心理健康的人有健全的"自我",对自己有正确的认识,并能对自己进行客观的评价,能对自己的个性倾向性和个性心理特征进行有效的控制和调节。六是热爱生活。心理健康者热爱生活,能深切感受生活的美好和生活中的乐趣,积极憧憬美好的未来。能在生活中充分发挥自己各方面的潜力,不因遇到挫折和失败而对生活失去信心。能正确对待现实困难,及时调整自己的思想方法和行为策略以适应各种不同的社会环境。

二、心理健康教育的现实意义

未成年人是祖国未来的建设者,是中国特色社会主义事业建设的接班人。大力加强未成年人心理健康教育,中央有要求,家长有期盼,孩子有需求,事关党和国家的未来,事关社会的和谐稳定,事关千家万户的切身利益。当前,未成年人的心理问题日益突出,学习压力、异性关系、亲子关系、师生关系、青春期问题、心理行为障碍等困扰着很多未成年人。与此同时,绝大多数未成年人都是独生子女,家长为孩子的成长倾注了大量心血,对孩子寄予无限希望。而大部分家长缺少识别、判断和引导孩子心理健康的知识和能力,十分渴望有关方面能够加强宣传普及心理健康知识,介绍增进心理健康的方法。因此,加强未成年人心理健康教育,非常必要、势在必行。

(一)创建全国文明城市的需要

心理健康教育是保证未成年人智力正常、意志坚强、行为协调、人格健全的基础工作。没有健康的心理,就难有良好的思想道德水平,难有精神文明建设的良好局面。加强未成年人心理健康教育,是中央、省文明委的明确要求,是落实中央8号文件的具体举措,是贯彻中央领导要求、进一步加强和改进未成年人思想道德建设的重要抓手,应引起有关部门的高度重视。几年来,哈尔滨市非常重视未成年人思想道德建设测评工作在创建全国文明城市中的作用。对哈尔滨市而言,获得全国文明城市的称号不是最终目的,对照《全国未成年人思想道德建设工作测评体系》的各项要求不断检查和完善自身工作,不断为未成年人解决实际问题,才是"创城"的初衷和收获。为进一步提升未成年人心理健康教育水平,加强未成年人思想道德素质建设,助推全国文明城市创建,哈尔滨市2010年成立了哈尔滨市未成年人心理健康建设指导中心,该中心充分发挥资源、阵地、队伍等优势,通过为全市各级各类未成年人心理健康教育机构提供专业指导,为未成年人提供心理咨询,在哈尔滨市创建全国文明城市过程中发挥了重要作用。

(二)促进未成年人健康成长的需要

心理健康是未成年人健康成长的重要标志。心理素质不仅影响身体健康,也影响个人的发展和个人对生活的态度。未成年人正处在身心发展的关键时期,认知、情感、意志等方面都还不成熟,无论是对待学习、生活、人际关系,还是对待未来的择业,都会遇到各种各样的心理困惑和实际问题,需要有人给予指导和帮助。特别是当代未成年人多为独生子女,依赖性强,心理承受能力差,心理健康问题十分突出。因此,哈尔滨市必须大力加强心理健康教育,帮助未成年人形成健全的人格、健康的心理与和谐的人际关系,引导他们学会自我认知、自我调适,促进身心发展、快乐成长。

(三)提高未成年人思想道德素质的需要

心理健康教育和思想道德教育在素质教育中起着不可替代的作用,是全面提高未成年人素质的主要途径。心理健康教育是思想道德教育的基础。心理学对人的道德品质具体划分为道德认知、道德情感、道德意志、道德行为。从心理学的角度来认识道德,许多道德问题往往是心理问题。思想道德教育可以帮助未成年人树立正确的人生观、世界观和价值观,为避免心理问题的出现奠定坚实的基础,同时也为开展心理健康教育提供方向性指导。总之,哈尔滨市加强心理健康教育将有助于未成年人心理潜能的发挥和身心的全面发展,有助于未成年人人格的健康发展,有助于未成年人适应社会能力的提高,最终目的是全面提升未成年人思想道德素质。

(四)改进中小学德育工作的需要

加强未成年人心理健康教育,必须把改进学校教育摆在重要位置。如何确保未成年人的心理健康,是哈尔滨市德育工作面临的一个突出问题。一方面,随着改革的深入和社会主义市场经济的发展,当今社会复杂多变,竞争加剧,矛盾凸显,未成年人在心理上经受着强烈的、持续性的冲击,心理疾病日益增多;另一方面,未成年人正处于身心发育时期,普遍智力发育较好,但心理脆弱,承受能力差。同时,由于课业负担普遍过重,有的家庭经济负担也较重,以及生活中的各种挫折,许多学生面临的精神压力越来越大,从而引发心理疾病。因此,重视未成年人的心理健康,积极向他们开展心理健康教育及心理咨询,关心他们人格的健全发展,应该成为哈尔滨市德育工作不可或缺的重要内容。

三、心理健康辅导站建设标准及工作任务

哈尔滨市严格按照《全国未成年人思想道德建设工作测评体系》要求,在未成年人心理健康辅导站建设过程中有五个统一的标准,即:有专门的组织领导机构;有一定的场所和设施;有一支相对稳定的心理健康辅导员队伍;有一系列工作运行保障制度;有富有特色的心理健康教育活动。

同时,哈尔滨市按照"全面部署、分步实施、试点带动、整体推进"的工作思路,整合现有的心理健康教育资源,依靠教育、共青团、妇联等各方面力量,形成工作合力,充实活动内容、完善活动设施、丰富活动项目,确定专人负责日常协调管理,扎实开展未成年人心理健康教育活动。

一是完善基础设施。心理健康辅导站必须有专用场地,辟出专门场地,配备必要设施。辅导站根据条件可设置接待室、心理咨询室、心理阅读室、心理活动室等,辅导站内部环境应舒适、温馨、宁静、保密、安全,四周墙壁上张贴心理健康辅导工作守则,以及有关心理健康的知识。室内应放置谈话桌椅、办公桌椅、电脑、心理档案柜等设施,并配备一定数量的心理健康阅读材料、普通心理测验和心理档案管理等材料(或软件)。

二是健全心理健康辅导队伍。心理健康辅导站要有一支相对稳定的心理健康辅导队伍。采取专门人员与招募志愿者相结合的办法建立工作队伍。专门人员主要指部分管理人员和辅导站聘请的常驻专家学者,他们是辅导中心的常设力量,原则上要少而精。志愿者主要指面向社会招募的具有国家颁发的心理咨询师资格的义务工作者,他们是开展咨询辅导的主要力量。基层单位要充分挖掘当地优质心理健康教育资源,面向社会广泛招募志愿者,建立起一支专业化、规范化的心理健康工作队伍。

三是开展心理健康辅导活动。心理健康辅导站要开展多种形式的心理咨询和辅导活动，通过辅导讲座、网络咨询等途径，对未成年人进行心理健康辅导，不断适应心理健康教育发展。由单纯的心理咨询拓展到危机干预、心理辅导、素质拓展等多种功能，进一步提高心理健康辅导的针对性、实效性。要广泛普及心理健康知识，发挥辅导站人才资源优势，组建心理健康教育讲师团，深入到基层、社区开展心理辅导讲座，传播心理健康常识，倡导科学文明健康的成长方式和行为方式。要丰富心理健康教育内容，在广大未成年人中大力弘扬优秀传统文化，结合开展"做一个有道德的人"等主题实践活动，用灿烂的中华文明、正确的道德观念促进未成年人形成积极健康的心态，使他们常怀健康快乐之心，做一个有道德的人。

四是制定心理健康辅导制度。建立心理健康辅导站建设与管理办法，完善年度资格审核、动态考核评优、经费保障等机制，保证辅导站健康有序运行，促进心理健康辅导工作制度化、规范化。

四、心理健康教育的现状

近年来，哈尔滨市不断完善未成年人心理健康教育工作网络。从目前情况看，哈尔滨市已经成立了哈尔滨市未成年人心理健康指导中心，除双城区外，其他8个区都建立了未成年人心理健康辅导站（点），有条件的学校都设立了心理咨询室或辅导室，定期对学生进行心理辅导和心理诊疗。这些对加强和改进哈尔滨市未成年人思想道德建设工作，促进未成年人健康成长都发挥了积极作用。

（一）未成年人心理健康指导中心发展情况

按照中央和黑龙江省、哈尔滨市委关于加强未成年人思想道德建设工作和心理健康教育的要求，哈尔滨市于2010年4月成立了"哈尔滨市未成年人心理健康建设指导中心"，开通了"96311"免费服务热线，将"96311"服务热线纳入日常服务电话。通过黑龙江心理网、哈尔滨青少年心理健康服务网，依托"96311"心理服务热线，组织心理专家和志愿者在线解答各种心理问题，对未成年人的青春期心理健康、社会适应、网络依赖、学习动力不足以及心理危机等学习、生活、人际交往方面碰到的心理困惑及问题，开展专业性的心理帮助。同时，哈尔滨市未成年人心理健康指导中心还建立了专兼结合、素质较高的未成年人心理健康教育工作队伍和志愿者队伍。聘请了10余名心理咨询服务专家长期对哈尔滨市未成年人及家长开展咨询服务工作；聘请20余名心理学的志愿服务者每天接听"96311"免费服务热线。目前，哈尔滨市已拥有千余名志愿者，工作在市区的辅导中心、站（点）上，为未成年人解决心理障碍、缓解心理压力而提供咨询服务。

（二）各区未成年人心理健康辅导站（点）建设情况

哈尔滨市未成年人心理健康指导中心在完善自身建设的同时，积极指导各区、县（市）采取自建、联建、共建、依托、挂靠等方式建设未成年人心理健康辅导站（点）。按照2012年版的《全国未成年人思想道德建设工作测评体系》所辖城区各有辅导站（点）1所的要求，哈尔滨市除双城区外，其他各区都建立了未成年人心理健康辅导站（点）。虽然测评体系中没有要求县（市）建立心理健康辅导站（点），但为了长远考虑，哈尔滨市各县（市）也应有心理健康辅导站（点），帮助未成年人解决心理健康方面的问题，这应成为今后工作的重点。

各区未成年人心理健康辅导站点情况一览表

站（点）名称	所属区	详细地址
南岗区未成年人心理健康辅导站	南岗区	南岗区松明街29号
道里区未成年人心理健康辅导站	道里区	道里区建国街279号
道外区未成年人心理健康辅导站	道外区	道外区神经专科医院
香坊区未成年人心理健康辅导站	香坊区	香坊区朝阳卫生医院
平房区未成年人心理健康辅导站	平房区	平房区新疆大街区医院
松北区未成年人心理健康辅导站	松北区	松北区保利水韵社区
阿城区未成年人心理健康辅导站	阿城区	阿城第三中学
呼兰区未成年人心理健康辅导站	呼兰区	呼兰区萧红路27号
双城区未成年人心理健康辅导站	双城区	在建

（三）各学校建立心理咨询和辅导室情况

哈尔滨市各级教育主管部门将学生心理健康教育情况纳入学校目标管理，科学调整学校与学生德育评价体系，着力解决未成年人心理健康教育弱化问题，并在有条件的学校设立了标准化心理咨询室和辅导室，定期对学生进行心理辅导和心理诊疗。先后评选出 38 所心理健康教育实验学校，成立了由 90 所学校组成的心理健康教育研究网，在哈尔滨市教育行政网上建立了中小学心理健康教育网页，为家长、学生提供心理诉求通道。同时，哈尔滨市未成年人心理健康指导中心还制定下发了《哈尔滨市中小学教师心理健康教育培训方案》，利用三年的时间对哈尔滨市的教育工作者进行心理健康教育的培训。并成立了由黑龙江省和哈尔滨市 18 名优秀心理专家组成的宣讲团，定期到各区、县（市）及乡村中小学校，对学生及其校内心理健康老师进行专业辅导和培训。

五、心理健康教育存在的问题

（一）落实"治未病"工作理念不够深入

哈尔滨市未成年人思想道德建设工作因为缺少活动开展所需经费、软硬件设施和人员队伍等，致使传统中医所言的"治未病"理念在其工作中有类似的体现：在预防方面、在发现苗头及时施策方面、在出现问题辨证施治综合施策方面，均有靠前工作、加大力度的必要。只有工作做到前面去，问题才有可能减少、预防。

（二）各区未成年人心理健康辅导站（点）功能不完善

哈尔滨市各区未成年人心理健康辅导站（点）一般都是 2012 年新建的或依附于某医院，心理健康辅导功能不完善，表现在：一是建设面积不达标，如平房区和松北区。平房区心理健康辅导站依附于平房区医院，面积只有 20 多平方米；松北区心理健康辅导站面积也仅有 50 多平方米。一些工作制度没有上墙，内部陈设、软件设施和功能室设置不健全。二是工作队伍固定，如哈尔滨市道外区和香坊区。这两个区的工作队伍都是本医院的心理科医生，这些医生暂且不说有没有国家心理咨询师从业资格，起码缺少兼职辅导队伍。三是工作形式单一，南岗区主要针对农民工子女家长开展讲座；道外区主要为青少年开展沙盘心理辅导；平房区主要开展未成年人心理咨询和疏导。而正规的心理辅导站应通过当面咨询与治疗、热线电话、短信平台、媒体专栏、网络平台、紧急现场干预、基层现场咨询服务、社会公益性科普工作等方式开展针对未成年人的心理健康教育引导工作。

（三）学校心理健康教育作用发挥不明显

在心理健康教育已经成为大趋势的背景下，哈尔滨市各学校纷纷响应号召开展心理健康教育。然而专业师资力量的匮乏、经验不足以及没有成熟的模式可学习等诸多因素也困扰着学校，虽然目前已有不少学校开始着手培养相关教师，但在短时间内，学校心理健康教育仍存在薄弱环节。具体表现在：一是形式化倾向。有些学校虽然名义上设立了心理咨询室，开设了心理健康课，配备了教师，但是由于教育者自身教育观念的影响，心理咨询室、心理健康课并没有真正发挥作用，心理咨询室形同虚设，前来咨询的学生寥寥无几，成为应付上级检查的"硬件"之一。二是表面化倾向。有些学校在开展心理健康教育之初，兴致勃勃，对学生进行各类测验、请各方专家进行讲座、建立学生心理档案、筹建心理咨询室等等，但由于工作缺乏整体思路、专职人员素质较低，一些工作只是停留在表面，心理健康教育未能得到深入和持续的开展。

（四）农村心理健康教育相对落后

据有关资料显示：哈尔滨市农村地区高中心理健康教育工作的开展要优于小学、初中，但与城区高中比还有很大差距。在农村，心理健康教育还是一个相对较新的学科，专业人才相对较少，心理健康教师大多是由教辅人员或老师兼任，他们不了解学生的思想动态，相比学生的身体健康来说，教师和家长对学生的心理健康问题的认识相当模糊。一些老师对"心理健康""心理咨询"等相关知识了解甚少，甚至对"心理健康教育"不知从何入手。一般来说，如果学生出现身体健康问题，教师和家长都能迅速带学生到医院进行治疗。但学生出现心理方面的问题时，教师、家长却不懂得结合学生所处的自然及人文环境从心理方面分析和处理。因此，在软硬件匮乏的条件下，哈尔滨市农村心理健康教育相对落后。

六、做好心理健康教育的对策与建议

（一）加强领导，促进未成年人全面健康发展

哈尔滨市各级党委、政府要站在深入贯彻落实习近平主席系列讲话精神和坚持以人为本的高度，切实担负起政治责任，把未成年人思想道德建

设、心理健康教育摆在更加突出位置,纳入重要议事日程。哈尔滨市各区、县(市)文明办要站在创建全国文明城市的高度,加强未成年人心理健康教育,强化工作责任。要严格考核督办,把心理健康教育纳入未成年人思想道德建设年度述职考评范畴,确保落到实处。各有关部门要立足基层、重心下移,出实招、求实效,下大力度解决群众反映强烈的突出问题,为未成年人多办好事、多做实事。要坚持从具体事情抓起,把原则要求变成可操作的具体措施,把目标任务变成实实在在的工作项目。要搞好统筹兼顾,把未成年人心理健康教育贯穿到未成年人思想道德建设中,融入到群众精神文明创建活动中,体现到基础教育工作中,确保取得实实在在的效果,从而促进哈尔滨市未成年人全面健康发展。

(二)借鉴外地市先进经验,深入落实"治未病"工作理念

哈尔滨市未成年人心理健康指导中心要想有更大的发展,需借鉴外地市先进的经验做法,在服务内容、工作制度、功能室设置、内部陈设、软件设施、工作形式、工作队伍和档案管理等方面加以借鉴。同时学习南京市的做法,还应积极争取地方财政和教育部门支持,为心理健康指导中心提供必要的建设经费和运行经费。要从文化事业建设费或未成年人思想道德建设工作经费中安排相应经费,为志愿者开展咨询辅导提供必要的补助。只有这样,哈尔滨市未成年人心理健康指导中心才能成为辐射全市、影响全省乃至全国的示范站,才能把"治未病"工作理念应用到实际中,防患于未然。

(三)加强区、县(市)心理健康辅导站(点)建设,完善其功能

哈尔滨市各区、县(市)在现有心理健康辅导站(点)的基础上,应进一步完善基础设施,配备专业器材,拓展服务功能,建立一支专兼职相结合的师资队伍,从而完善各区、县(市)心理健康辅导站(点)功能。一是建立运行管理机制。各区、县(市)要加强心理健康辅导站(点)的运行管理,建立完善心理健康知识宣传普及、热线接听、面对面咨询、危机干预等心理咨询工作流程,完善咨询登记、服务、档案管理制度。加强心理咨询辅导人员培训和管理,严格规章制度,建立年度资格审查、动态考核等机制,保证心理健康辅导中心顺利有序运行。二是建立激励保障机制。各区、县(市)应把未成年人心理健康辅导站(点)的建设和心理健

康教育开展情况作为评选文明城市和创建未成年人思想道德建设工作先进城市的前置条件，作为各区、县（市）文明办年度工作综合考评的重要内容。完善资金投入机制，协调政府有关部门为未成年人心理健康辅导站（点）建设和咨询服务提供必要的经费支持，引导和鼓励社会组织和个人捐助，形成政府财政拨款、社会力量投入的多元化经费支持格局。

（四）发挥学校主阵地作用，提升农村心理健康教育水平

哈尔滨市各学校要将未成年人心理健康教育工作纳入教育教学。要加强学校心理咨询室建设工作，完善其功能，做到有名有实；要结合新课改将心理健康教育向学科渗透，做到有机结合。同时各中小学教师要加强心理学知识学习，帮助未成年人学会自我心理调适和强化自我认知能力，在教学中对不同个性的学生做到因材施教，避免因教育方式不当引发未成年人心理问题的发生。抓好教师培训，是提升未成年人心理健康教育水平的重要手段，也是顺利开展心理健康教育的前提和基础。当前，哈尔滨市农村中小学拥有专职心理健康辅导老师，是不太现实的。这就要求任课教师尤其是班主任老师具有一定的心理健康教育水平，这样才能把心理健康教育贯穿于整个日常的教学和管理中去。同时需要教育主管部门能充分认识到农村中小学心理健康教育对全面实现素质教育的重要意义，一定程度上加大资金投入，制定相应的实施办法，全面提升农村中小学心理健康教育水平。

第六章 示范引领：哈尔滨未成年人核心价值观教育

《全国未成年人思想道德建设工作测评体系》要求，"加强未成年人社会主义核心价值观教育应坚持马克思主义指导思想、坚持中国特色社会主义共同理想、坚持以爱国主义为核心的民族精神和以改革创新为核心的时代精神、坚持以'八荣八耻'为主要内容的社会主义荣辱观"。同时，党的十八大报告首次用24个字高度概括了社会主义核心价值体系的基本内容，即："倡导富强、民主、文明、和谐，倡导自由、平等、公正、法治，倡导爱国、敬业、诚信、友善，积极培育社会主义核心价值观。"这是我们党的重大理论创新，必将极大地推动未成年人社会主义核心价值观建设。本章从社会主义核心价值观的基本内涵出发，分析加强社会主义核心价值观对未成年人教育的重要性，并通过问卷调查的方式，总结和归纳哈尔滨市加强未成年人社会主义核心价值观教育的现状、存在的问题，提出合理化建议，为哈尔滨市进一步加强未成年人社会主义核心价值观建设提供理论依据。

一、未成年人与社会主义核心价值观

（一）社会主义核心价值观

24个字高度概括的社会主义核心价值观是社会主义核心价值体系的内核，体现社会主义核心价值体系的根本性质和基本特征，反映社会主义核心价值体系的丰富内涵和实践要求，是社会主义核心价值体系的高度凝练和集中表达。党的十八大以来，中央高度重视培育和践行社会主义核心价值观。习近平主席多次作出重要论述、提出明确要求，为加强社会主义核心价值观教育实践指明了前进方向，提供了方法遵循。

24字从三个层面阐述了社会主义核心价值观的内涵，一是国家层面的价值目标——富强、民主、文明、和谐；二是社会层面的价值取向——自由、平等、公正、法治；三是公民个人层面的价值准则——爱国、敬业、诚信、友善。

"富强、民主、文明、和谐"，是我国社会主义现代化国家的建设目标，也是从价值目标层面对社会主义核心价值观基本理念的凝练，在社会主义核心价值观中居于最高层次，对其他层次的价值理念具有统领作用。富强是民主、文明、和谐的物质保障和坚实基础；民主是富强、文明、和谐的活力之源和制度支撑；文明是富强、民主、和谐得以实现的精神动力和智力支持；和谐是富强、民主、文明实现的环境和条件。

"富强"，即国富民强，是社会主义现代化建设的基本价值目标，是中华民族的千年夙愿，也是国家繁荣昌盛、人民幸福安康的物质基础。贫穷不是社会主义，两极分化也不是社会主义，我们追求的富强，是以综合国力的强大为基础、以全体人民的共同富裕为特征，以持续健康的发展为方向。富强实质是要努力改变我国贫穷落后的现状，改善人民群众的物质生活条件，创造发达的物质文明，提升国家的经济总量和经济实力，为国家繁荣昌盛、人民幸福安康打下坚实的物质基础。

"民主"，是人类社会的美好诉求，是社会主义的本质要求。中国的民主和西方的民主是不一样的，我们追求的民主是人民民主，其实质和核心是人民当家做主，它是社会主义的生命，也是创造人民美好幸福生活的政治保障。社会主义制度在中国的建立使得广大人民摆脱了几千年来被压迫、被奴役的地位，真正成为国家、社会和自己的主人。民主实际上是建立更为完善的社会主义政治体系，创造更高层次、更高水平的政治文明，让人民群众享有更充分的自由和当家做主的权利。中国的民主制度以及民主实践的立足点和重心是引导和保障最广大人民群众在各个层次上参与管理国家的经济文化事业和社会事务。

"文明"，是社会进步的重要标志，也是社会主义现代化国家的重要特征。国家发展需要精神动力，民族进步需要文明支撑。作为国家价值目标的文明主要是指精神文明。发展社会主义先进文化，不断满足人民群众的精神文化需求，是社会主义的本质要求。文明是面向现代化、面向世界、面向未来的，民族的科学的大众的社会主义文化的概括，是实现中华民族伟大复兴的重要支撑。文明实质是努力改变中国科技、教育与文化事业相对落后的现状,促进人的全面发展,不断提升人民群众的科学文化素质和思想道德素质,创造更高层次的精神文明,让人民群众享有更丰富、更健康、更完美的精神文化生活。

"和谐",指事物协调、均衡、有序的发展状态。"和谐社会"就是说社会系统中的各个部分、各种要素处于一种相互依存、相互协调、相互促进的状态。其主要内容为人与人的和谐、人与社会的和谐、人与自然的和谐。把和谐作为社会主义的核心价值,有助于我们协调各种利益关系,团结社会各方面力量,调动一切积极因素,发挥整个社会的创造力,创造使全体人民各尽所能、各得其所而又和谐相处的社会局面。和谐集中体现了学有所教、劳有所得、病有所医、老有所养、住有所居的生动社会局面,是一种美好的社会状态和一种美好的社会理想。

"自由、平等、公正、法治",是对美好社会的生动表述,也是从社会层面对社会主义核心价值观基本理念的凝练。它反映了中国特色社会主义的基本属性,是我们党矢志不渝、长期实践的核心价值理念。自由、平等是社会活力的原动力,公正是社会活力的"阳光雨露",法治是社会活力的可靠保障。

"自由",是社会活力和创造力生成的基本前提,是社会主义追求的终极目标。社会主义条件下,全体社会成员在政治上共同享有平等权利,让最广大的人民群众享有最广泛的自由权利。尊重自由、追求自由、保护自由,让个人实现自由全面的发展,是中国特色社会主义的要义所在,是社会主义核心价值体系的精髓所在。只有共同建立公正、平等的保护每个社会成员的法律,自由才能真正实现。只有充分尊重人民群众的首创精神,切实保障人民群众的各项合法权益,整个社会和人的创造力、活力才能真正迸发出来。

"平等",是指人们平等享有社会权益,平等履行社会义务,追求经济、政治、文化、社会、生态权利的平等享有。平等指的是公民在法律面前一律平等,其价值取向是不断实现实质平等。它要求尊重和保障人权,人人依法享有平等参与、平等发展的权利。平等是通过平等的社会机制和价值引导,既保障公民个人享有平等的权利,也保障每个人基于社会贡献所要求得到的权利、利益和尊重。平等是要求社会有这样一个平台,让人人都有机会通过自己的努力来取得成功。坚持法律面前人人平等,任何组织和个人都没有超越宪法和法律的特权。

"公正",即社会公平和正义,它以人的解放、人的自由平等权利的获得为前提,是社会应有的根本价值理念。社会公平正义是社会和谐的基本条件,制度是社会公平正义的根本保证。公正反映社会生活中人们的权利和义务、作用和地位之间的某种相适应关系。公正是社会层面的公正理念,指的是社会公正地回报个人所做出的牺牲和奉献,恰当地分配社会成员之间的权利和义务。"让人民共同享有人生出彩的机会,共同享有梦想成真的机会,共同享有同祖国和时代一起成长与进步的机会"就是公平正义价值观的生动体现。

"法治",就是依靠法律治理国家、管理社会,是公正的政治和法权形式,是社会有序运行的基本保障。法治是指全民守法,坚持法律面前人人平等,保证有法必依、执法必严、违法必究。依法治国是推进政治建设和政治体制改革的重要任务。全面推进依法治国,就是要更加注重发挥法治在国家治理和社会治理中的重要作用,维护国家法制尊严和权威,任何人任何组织都必须在法律的框架下行使权力,受到法律的制约。通过法制建设来维护和保障公民的根本利益,是实现自由平等、公平正义的制度保证。

"爱国、敬业、诚信、友善",是公民基本道德规范,是从个人行为层面对社会主义核心价值观基本理念的凝练。它覆盖社会道德生活的各个领域,是公民必须恪守的基本道德准则,也是评价公民道德行为选择的基本价值标准。爱国是前提和基础,敬业是爱国的具体体现,诚信是敬业的道德基石,而友善是形成诚信的土壤。

"爱国",即热爱祖国,爱国是基于个人对自己祖国依赖关系的深厚情感,也是调节个人与祖国关系的行为准则。它与中华民族伟大复兴紧密结合在一起,要求人们以振兴中华为己任,促进民族团结、维护祖国统一、自觉报效祖国,以热爱祖国为荣,以危害祖国为耻。爱国既是中华民族的传统美德,也是社会公德。爱国是每个公民应当遵循的最基本的价值观念和道德准则,也是中华民族的光荣传统。在儒家传统文化里强调"舍生取义",就是对爱国的最好诠释。

"敬业",是对公民职业行为准则的价值评价,也是最基本的职业道德要求,要求公民有事业心和进取意识,要忠于职守,克己奉公,服务人民,服务社会,充分体现社会主义职业精神。敬业是公民的基本职业要求,是以一种恭敬严肃的态度对待自己的工作,认真负责,一心一意,任劳任怨,精益求精。敬业就意味着热爱、看重自己所从事的工作,并将这种自豪转化成对工作的动力,对生活、集体和国家的热爱。敬业者既希望获得个人的成功,往往也对单位、国家具有激烈的归属感和自豪感。

"诚信",即诚实守信,是人类社会千百年传承下来的道德传统,也是社会主义道德建设的重点内容。它强调诚实劳动、信守承诺、诚恳待人。诚信是人类的普遍道德要求,是中华民族的传统美德。诚信的要义是真实无欺不作假、真诚待人不说谎、践行约定不食言,就是言必信、行必果,一言九鼎、一诺千金。人生活在社会中,处理与他人和社会关系必须遵从一定的规则,有章必循,有诺必践。否则,个人就失去立身之本,社会就失去运行之规。

"友善",即对人亲近和睦,就是与人为善,团结友爱,和谐相处。社会主义核心价值观倡导的友善,是对人类以往友善理念的继承和发展,是社会主义条件下处理人际关系的基本价值准则,是我们建设和谐家园、实现民族梦想的重要精神条件和价值支撑。友善,强调公民之间应互相尊重、互相关心、互相帮助,和睦友好,努力形成社会主义的新型人际关系,让人人感受到社会主义大家庭的温暖。同时,也要强调人与自然之间的友善,人可以利用自然,但要尊重自然、善待自然、爱护自然,做到人与自然和谐共处。

(二) 社会主义核心价值观与未成年人

按照习近平主席关于社会主义核心价值观"要从娃娃抓起、从学校抓起,做到进教材、进课堂、进头脑"的要求,哈尔滨市有关部门应坚持立德树人、注重宣传教育、示范引领、实践养成相统一,教育和引导广大未成年人成为社会主义核心价值观的践行者和传播者。对照社会主义核心价值观内容,哈尔滨市未成年人应该做到:

"富强"要求哈尔滨市未成年人应该为国富民强而骄傲,为中华崛起而读书,立志为实现中华民族伟大复兴的中国梦而努力学习。

"民主"要求哈尔滨市未成年人应该树立正确的民主观,关注国家大事,关注社会进步,培育民主意识,推动建设社会主义民主国家。

"文明"要求哈尔滨市未成年人应该努力成为文明的传播者和践行者,努力学习文化知识,形成良好的思想品德,为国家的物质文明和精神文明建设打基础，做贡献。

"和谐"要求哈尔滨市未成年人应该尊敬师长、团结同学，关爱他人，与同学、家人和社会和谐相处，为创造和谐的校园环境和社会环境做贡献。

"自由"要求哈尔滨市未成年人应该树立正确的自由观，在追求自由的同时，遵守国家的法律和规则（如交通规则、学校班级纪律），正确享有自由的权利。

"平等"要求哈尔滨市未成年人应该有平等意识，互相尊重。对学习困难的同学，对身有残疾的同学，对家庭贫困的同学要尊重，努力创造人人平等的学习环境与社会环境。

"公正"要求哈尔滨市未成年人应该有正义感，公平地对待他人和自己。坚信我们的辛苦努力，会获得公正的回报，会赢来人生出彩的机会。

"法治"要求哈尔滨市未成年人应该树立较强的法制观念，懂法守法，所言所行都在法律允许的框架内，未成年人权益受到法律保护，我们应自觉遵守法律。

"爱国"要求哈尔滨市未成年人应该有浓厚的爱国情怀，把自己的命运同祖国的命运联系在一起，为建设强大祖国努力奋斗。

"敬业"要求哈尔滨市未成年人应该从小培养敬业精神，在学生时期以完成学业为根本，专注学业，用"书山有路勤为径，学海无涯苦作舟"激励我们勤奋学习，立志成为祖国栋梁之材。

"诚信"要求哈尔滨市未成年人应该从小打牢诚信的根基，老老实实做人，踏踏实实做事。把诚信作为立身之本，作为一生坚守的道德信念，作为一种美德发扬光大。

"友善"要求哈尔滨市未成年人应该把友善作为一种优秀的品德，同学之间友善互助，共同成长，努力营造团结友善的校园环境和社会环境。

二、社会主义核心价值观教育的现实意义

培育和践行社会主义核心价值观，是党中央提出的一项重大战略任务，我们必须从关乎国家前途命运、关乎人民幸福安康的高度，深刻认识其重大现实意义和深远历史意义。培育和践行社会主义核心价值观，是实现"两个一百年"奋斗目标、实现中华民族伟大复兴中国梦的精神支撑，

是哈尔滨市未成年人健康成长的需要,是时代发展的需要,更是弘扬和培育未成年人民族精神的需要。

(一) 未成年人健康成长的需要

社会主义核心价值观对于未成年人的成长非常重要。未成年人正处于人生观、世界观和价值观形成的关键时期,他们的思想观念还未成熟,具有较大的可塑性;他们接受新鲜事物的能力很强,但鉴别力明显欠缺。每一个社会制度或同一社会制度下的不同发展时期,都有相应的核心价值观。一个国家一个社会,如果没有一种为大多数人所认同的核心价值观,那么这个国家这个社会就难以形成一种统一的精神力量,就会丧失凝聚力和战斗力,就不可能持续、健康、快速发展。因此,我们教育未成年人也需要一种精神力量,如果没有,就会丧失信心,未成年人也不能健康快乐地成长。

(二) 时代发展的需要

以人为本,完善人性,始终是社会和谐存在的逻辑起点和价值归宿。当前,随着经济全球化飞速发展,以人的全面素质为决定因素的竞争也更趋激烈,加强社会主义核心价值观教育,势在必行。早在党的十六大会议上,中央就明确指出:"加强青少年思想道德教育,是关系国家命运的大事。要帮助青少年树立远大理想,培养优良品德。各级各类学校都要全面贯彻党的教育方针,坚持社会主义办学方向,加强德育工作,努力培养德、智、体等全面发展的社会主义建设者和接班人。"可见,加强未成年人思想道德和社会主义核心价值观教育,具有重大战略意义。

(三) 弘扬和培育未成年人民族精神的需要

弘扬和培育民族精神是未成年人社会主义核心价值观教育的核心内容。中华民族有着五千多年的辉煌历史,无数仁人志士的民族精神鼓舞我们奋勇前进,这些民族精神我们永远不能丢,我们要注重对未成年人加强这些民族精神的培养,只要引导有方,就能培养未成年人艰苦奋斗、团结合作、无私奉献、助人为乐的精神,让他们成为民族精神的传承人、弘扬者。

三、问卷调查的基本情况

哈尔滨市未成年人社会主义核心价值观调查问卷的内容主要涉及哈尔

滨市未成年人对社会主义核心价值观的了解,对"中国梦和中国精神"的认知,对民族精神、时代精神和社会主义荣辱观的态度,对社会主义核心价值观进教材的认同以及一些现实问题等。本次调查从哈尔滨市市区初中和高中随机抽取 6 所学校（初中 3 所,高中 3 所）,每所学校 100 名学生,共 600 名学生作为调查样本,回收有效问卷 581 份,回收率为 96.8%。

从年龄上看:主要是分布在 12—18 岁这个年龄段的未成年人,这个年龄段的未成年人思想活跃,辨别是非能力较强,能够很好地阅读和填写调查问卷。

从性别上看:男女比例相差不大,男性 264 人,占 45.4%；女性 317 人,占 54.6%。男女比例相差不大,可以全面地了解未成年人社会主义核心价值观认知状况,不至于出现偏差。

从形式上看:本次调查采取抽样调查的形式,每所学校随机选取 100 名学生作为调查对象,在主抓德育和班主任老师的监督下完成问卷填写。

从态度上看:本次调查得到了调查学校老师以及调查对象的大力支持和积极配合,态度认真、诚恳。

从质量上看:问卷填写的质量和回收率都很高,这为下一步统计分析创造了条件。

四、未成年人社会主义核心价值观教育现状

（一）未成年人社会主义核心价值观教育的现状

本章主要从问卷调查的角度分析了哈尔滨市未成年人社会主义核心价值观教育的现状,虽然有一些片面,但在一定程度上能够反映哈尔滨市未成年人社会主义核心价值观教育的现状。未成年人对社会主义核心价值观的接受状况是衡量社会主义核心价值观是否真正转化为未成年人内心认同和自觉追求的重要依据。分析未成年人社会主义核心价值观教育的现状,有助于增强哈尔滨市未成年人社会主义核心价值观教育的针对性与实效性。

哈尔滨市未成年人了解社会主义核心价值观的渠道比较宽泛。当问及"你是从哪些渠道了解社会主义核心价值观的"时,选"学校政治课"的有 462 人,所占比例为 79.5%；选"党团活动"的有 130 人,所占比例为

22.4%；选"新闻媒体网络"的有 367 人，所占比例为 63.2%；选"听报告与讲座"的有 91 人，所占比例为 15.7%；选"相关书籍"的有 173 人，所占比例为 29.8%；选"其他途径"的有 105 人，所占比例为 18.1%。虽然一些未成年人既选了这一项，又选了其他项，但了解社会主义核心价值观的渠道比较宽泛的事实没有改变。

调查样本：了解社会主义核心价值观的途径

内容	选项	人数	所占比例（%）
你是从哪些渠道了解社会主义核心价值观的	学校政治课	462	79.5
	党团活动	130	22.4
	新闻媒体网络	367	63.2
	听报告与讲座	91	15.7
	相关书籍	173	29.8
	其他途径	105	18.1

哈尔滨市未成年人对社会主义核心价值观的内容比较了解。当问及"你认为社会主义核心价值观应当包含以下哪些内容"时，选"马克思主义指导思想"的有 426 人，所占比例为 73.3%；选"中国特色社会主义共同理想"的有 452 人，所占比例为 77.8%；选"社会主义荣辱观"的有 409 人，所占比例为 70.4%；选"以爱国主义为核心的民族精神和以改革创新为核心的时代精神"的有 491 人，所占比例为 84.5%。这四项加权平均为 76.5%，说明哈尔滨市未成年人对社会主义核心价值观的内容还是比较了解的。当问及"你认为社会主义核心价值观是不是目前应该坚持与追求的"时，有 437 人回答"是"，所占比例为 75.2%，说明哈尔滨市大部分未成年人对社会主义核心价值观是比较认同的。

调查样本：对社会主义核心价值观内容的看法

内容	选项	人数	所占比例（%）	加权平均（%）
你认为社会主义核心价值观应当包含以下哪些内容	马克思主义指导思想	426	73.3	76.5
	中国特色社会主义共同理想	452	77.8	
	社会主义荣辱观	409	70.4	
	以爱国主义为核心的民族精神和以改革创新为核心的时代精神	491	84.5	

(续表)

内容	选项	人数	所占比例（%）	加权平均（%）
你认为社会主义核心价值观是不是目前应该坚持与追求的	是	437	75.2	

哈尔滨市未成年人参与中国梦教育活动热情较高。新中国成立60多年、改革开放30多年来，我们的一个个梦想成为现实，圆了民族独立梦，圆了百年奥运梦，圆了航天航海梦。世界还将见证，一个更加美丽的中国梦将在我们手中梦想成真！这个美丽的中国梦需要一代又一代的年轻人努力奋斗。当问及"你认为实现中国梦必须弘扬中国精神这句话是否正确"时，有512人回答"正确"，所占比例为88.1%，这说明哈尔滨市绝大多数未成年人认为要想实现中国梦就必须弘扬中国精神，这种精神是凝心聚力的兴国之魂、强国之魂。当问及"你所在的学校是否开展过以'我的中国梦'为主题的征文比赛"时，有424人回答"开展过"，所占比例为73.1%，说明哈尔滨市中小学校积极组织"我的中国梦"教育活动，学生参与的热情很高。

调查样本：对中国梦教育活动的看法

内容	选项	人数	所占比例（%）
你认为实现中国梦必须弘扬中国精神这句话是否正确	正确	512	88.1
你所在的学校是否开展过以"我的中国梦"为主题的征文比赛	开展过	424	73.1

哈尔滨市未成年人对民族精神和时代精神的各项提法比较认可。中国精神包含了以爱国主义为核心的民族精神和以改革创新为核心的时代精神两部分内容，问卷主要考察了哈尔滨市未成年人对民族精神和时代精神的认同感，当问及"你对以下民族精神和时代精神的说法同意吗"时，只有"认为在市场经济时代，雷锋精神已经过时了"这一项认可度不高以外，其他选项哈尔滨市未成年人还是比较认可的。

调查样本：对民族精神和时代精神看法调查表

内容	完全同意(%)	比较同意(%)	有些同意(%)	不太同意(%)	完全不同意(%)
"两弹一星"功勋们的无私奉献深深地打动了我	78.7	15.0	4.0	1.4	1.0
对载人航天的科学家们感到由衷的敬佩	86.6	10.2	2.2	0.2	0.9
我赞成"天下兴亡，匹夫有责"	83.5	10.8	3.8	1.2	0.7
我为中华民族自强不息的精神而感到骄傲	87.6	7.6	2.8	0.7	1.4
我认为祖国统一是中华民族的共同心愿	88.1	6.2	2.6	1.2	1.9
认为在市场经济时代，雷锋精神已经过时了	19.4	5.2	7.6	16.7	51.1
我喜欢做富有挑战性的工作	66.1	18.4	9.5	3.1	2.9
我常常尽最大努力与他人公平竞争	71.1	18.8	5.7	2.1	2.4
我常常为先烈们大无畏的革命精神所感动	75.6	13.3	8.1	0.9	2.2

哈尔滨市未成年人对"八荣八耻"的各项提法比较认同。当问及"你如何看待'八荣八耻'社会主义荣辱观"时，回答"提得非常精彩，在当前的社会氛围下十分有必要"的有442人，所占比例为76.1%；当问及"你对以下'八荣八耻'的说法同意吗"时，只有"我认为在小康社会里谈艰苦朴素没有什么意义"这一项认同感不强以外，其他选项哈尔滨市未成年人还是比较认同的。

调查样本：对"八荣八耻"的各项提法调查表

内容	完全同意(%)	比较同意(%)	有些同意(%)	不太同意(%)	完全不同意(%)
我认为为国争光的人是最值得尊敬的人	84.7	12.9	1.5	0.4	0.5
我最痛恨背叛亲人和朋友的人	82.6	11.9	3.1	1.0	1.4
我认为最卑鄙的人是不讲诚信的人	66.1	14.8	10.2	6.0	2.9
我认为在小康社会里谈艰苦朴素没有什么意义	25.6	6.9	5.5	24.1	37.9
学校组织义务劳动，我都会积极参加	71.6	17.7	6.9	2.2	1.5
我认为最可耻的行为莫过于背叛自己的祖国	84.2	11.0	2.1	1.2	1.5
我为自己能尽力帮助他人而感到高兴	83.5	11.9	2.6	0.7	1.4
我最痛恨忘恩负义的人	82.8	11.0	4.1	0.2	1.9
我讨厌不付出努力而坐享其成的人	81.1	10.7	3.1	2.1	3.1
我认为偶尔考试作弊没有什么大不了的	11.5	4.5	4.6	17.6	61.8
当祖国受外敌入侵时，我会毫不犹豫地应征入伍	69.2	15.0	10.0	3.3	2.6

(二) 社会主义核心价值观教育的主要做法

近年来，哈尔滨市中小学校在党的十八大和十八届三中、四中、五中、六中全会精神的指引下，积极践行和培育社会主义核心价值观，不断探索培育和践行社会主义核心价值观的方法途径，切实把社会主义核心价值观融入学校课堂教学、主题教育、校园文化建设和学校日常管理之中，取得了实实在在的效果，为哈尔滨市未成年人思想道德建设工作奠定了坚实的基础。

强化意识，精心组织部署。哈尔滨市各级教育部门都下发了《关于大力培育和践行社会主义核心价值观的实施意见》，并将社会主义核心价值观纳入年度工作部署和考核评价体系，强化落实主体责任，针对不同年龄学生的心理、生理特点和认知规律，分层次设立目标，构建覆盖各级、各类学校培育和践行社会主义核心价值观的教育体系。同时，各学校也利用有关学科教学、班（团）会、重要纪念日等广泛开展主题实践活动，使社会主义核心价值观入脑、入心，不断提高社会主义核心价值观的吸引力和感染力，为哈尔滨市中小学校培育和践行社会主义核心价值观贡献力量。

加强学习，营造浓厚的宣传氛围。为了使哈尔滨市中小学校更好地学习社会主义核心价值观内容，各学校通过学校电子屏、黑板报、宣传栏、校园电视台、广播站、标语横幅等多种形式进行全方位、多角度的宣传，注重加强校园、楼廊、班级文化建设，营造"仁、爱、礼、智、信、孝、德"浓厚教育氛围。通过专题培训和网上学习，组织广大师生学习社会主义核心价值观的深刻内涵，使广大师生领会和把握社会主义核心价值观的丰富内容和基本要求，增强宣传社会主义核心价值观的自觉性和主动性。同时，加强学校网站建设，全方位营造学习、践行社会主义核心价值观的氛围，并通过树立典型，用典型的示范带动作用，形成培育和践行社会主义核心价值观的宣传工作机制。

加大学科渗透，融入课堂教学。哈尔滨市各中小学校积极推动社会主义核心价值观进校本教材、进课堂、进学生头脑工作，在学科教学中渗透社会主义核心价值观内容，有效地把社会主义核心价值观教育纳入学校课堂教学中。比如品德与社会课上渗透爱国教育、文明礼仪教育、学习如何诚信做人、如何与伙伴友善相处。语文课上通过对民族节日的了解，加深对祖国的热爱,激发学生爱国情怀。校本课程中,通过教授《弟子规》《三字经》《中庸》《大学》等国学经典,使学生们知礼、懂礼、守礼。从多领域对学生进行社会主义核心价值观的渗透教育,让社会主义核心价值观像空气一样弥漫在校园的每一个角落。

开展主题实践活动,践行社会主义核心价值观。哈尔滨市中小学校开展了一系列师生喜闻乐见、简单易行的实践活动,真正丰富了师生的文化生活,提升了师生的文明素质,使学校、家庭、社会形成强大合力,践行了社会主义核心价值观。一是开展"弘扬雷锋精神、共建文明风尚"主题学雷锋活动,培养学生高尚的道德风尚。二是将社会主义核心价值观与行为习惯培养结合起来,倡导学生"向不良行为告别",做一个有道德的人。三是开展"放飞梦想"读书实践活动。将"书香"辐射到了每一位学生、每一个班级。四是开展了"美化校园我先行"为主题的劳动实践活动。引导学生树立生态文明理念,积极参加"节粮、节水、节电"等环保活动,既培养了学生热爱校园、热爱劳动、热爱集体的情感,真切地体会到校园环境的美化需要大家共同参与。通过一系列的活动开展,广大师生经受了一次系统化的核心价值观教育洗礼,增强了培育和践行社会主义核心价值观的自觉性和坚定性。

(三)社会主义核心价值观教育的成效

几年来,随着未成年人社会主义核心价值观教育深入开展,哈尔滨市主城区根据本区实际,创新开展未成年人社会主义核心价值观教育活动,效果显著,为哈尔滨市未成年人思想道德建设测评工作贡献了力量。

南岗区创新德育载体,全省首创《德育活动指导手册》。从2013年开始,南岗区教育局推出了从小学到高中,纵跨三个学段,十二个学年的《中小学生实践活动指导手册》,把培育和践行社会主义核心价值观融入到学校教育教学之中,融入到学校文化建设之中,开创了新时期德育工作实施的新途径,得到了国家教育部等各级相关部门的充分肯定。各中小学校在实施的过程中,依据本校的实际情况和学生的现实要求,对手册中提供的德育资源进行重新构建,呈现出同一主题下,各具特色,异彩纷呈的德育实践活动画面。在《德育活动指导手册》的指导下,南岗区17中学自主创编了《社会主义核心价值观五言歌诀》,把社会主义核心价值观内容融入到歌词中,形式新颖,效果显著,得到了省市有关部门的高度认可。

道里区通过丰富载体，把社会主义核心价值观融入《道里区中小学公民意识教育读本》中。道里区以"进教材、进课堂、进头脑"的"三进"；"融入教育、融入教学、融入日常管理"的"三融"；"向家庭延伸、向社会延伸"的"两延伸"作为主要任务和途径，发挥学校、家庭、社会三结合教育网络功能，努力将学生培养成为符合社会主义核心价值观要求的良好学生。道里区创编的《道里区中小学公民意识教育读本》，针对不同年级、不同年龄段的学生有不同主题的教育课程，这些课程都是从学生身边小事切入，明理导行，让德育工作更有抓手。道里区通过丰富载体，把社会主义核心价值观融入《道里区中小学公民意识教育读本》中，获得了国家、省、市好评，并获国家优秀教案奖。如：道里区新阳路小学为了落实《道里区中小学公民意识教育读本》精神，在原有库房基础上，积极筹措资金，建立了新阳路小学图书馆，为学生们学习知识搭建了更为广阔的平台。同时，新阳路小学开通了"电子借阅机"，为学生阅读开启一扇窗。不论是图书馆的开放，还是"电子借阅机"的开通，都为学生们学习社会主义核心价值观开辟了新的路径。

香坊区师生传唱，童谣浸润社会主义核心价值观。从2002年开始，香坊区创造性地推出了校园童谣创作、传唱活动，后期将社会主义核心价值观融入其中，香坊区的童谣传唱活动，得到了中央、省、市文明办的高度评价。2013年末，为了适应香坊区教育实际情况，打造了一个更让学生喜闻乐见、更加新颖独特的德育载体——校园音乐情景剧。音乐情景剧用生动活泼的形式将社会主义核心价值观巧妙融入其中。2014年，全区每一所学校都开展了情景剧、心理剧、音乐剧的编排和表演。2015年4月，香坊区教育局创新地将法制教育融入童谣，在全区中小学生和教师中开展了征集优秀原创法制童谣、法制情景剧展演活动。香坊区利用童谣这种生动的教育形式将社会主义核心价值观入脑入心，开辟了德育工作的新局面，得到了香坊区广大师生及家长的支持。

道外区采取有效方法，抓好践行中的"三融入"。道外区教育局为了能让社会主义核心价值观走进广大师生的心灵，积极采取有效办法，把社会主义核心价值观融入教材、融入课堂、融入头脑。一是融入教材。把社会主义核心价值观与校本课程、思想品德课和政治课有机结合，在教学过程中体现核心价值观内容。二是融入课堂。一个好老师不仅要传授知识，更要传递智慧。因此，老师在备课中一定要注重情感、态度和价值观三者相统一，深刻挖掘教材中的德育资源，同时要把社会主义核心价值观的落实作为评价一节好课的标准之一。三是融入头脑。将社会主义核心价值观内化为每一名师生内在的价值追求，外化为每一名师生的实践行为。因此，道外区在德育工作中不仅注重浸润，更注重熏陶和体验。

五、社会主义核心价值观教育面临的挑战

从哈尔滨市未成年人社会主义核心价值观建设现状分析来看，大部分未成年人对社会主义核心价值观的各项提法还是比较认同的，同时，哈尔滨市在培育和践行社会主义核心价值观方面做了大量工作，也取得了丰硕成果。但存在的问题也不能忽视。

（一）宣传不到位，重视程度不够

开展社会主义核心价值观学习宣传活动对于全面落实科学发展观，推动各项工作，提升城市总体形象具有十分重大的意义。近些年来，哈尔滨市有关部门大力宣传社会主义核心价值观，但针对未成年人的宣传还不到位，致使一些未成年人还不甚了解社会主义核心价值观的基本内容。从问卷调查结果来看，一部分未成年人认为社会主义核心价值观的宣传不到位。当问及"你认为推行社会主义核心价值观的最大阻力是什么"时，有168人选择了"宣传教育不到位"，所占比例为34.6%；当问及"你认为中学生学习践行社会主义核心价值观主要应做的是"时，有204人没有选择"积极宣传引导"，所占比例为35.1%。这说明社会主义核心价值观还没有完全深入未成年人心中，这就需要有关部门加以引导。

调查样本：对践行社会主义核心价值观的看法

内容	选项	人数	比例（%）
你认为推行社会主义核心价值观的最大阻力是什么	宣传教育不到位	168	34.6
你认为中学生学习践行社会主义核心价值观主要应做的是	没有积极宣传引导	204	35.1

同时，受应试教育影响，以成绩论成败，让一些学校忽视经常性的德育思想工作，对德育工作特别是对社会主义核心价值观重视不够。甚至个

别教师不重视师德修养，不关心、尊重学生，体罚学生，使学生的心灵受到伤害，影响社会主义核心价值观的传授。

（二）氛围不强，缺乏典型引领

社会主义核心价值观为人们提供了一整套观察世界和判断事物的基本标准。它代表的是中国特色社会主义社会的主流价值，它提供了建设社会主义和谐社会所需要的文化认同和价值追求，它具有高度的凝聚力和感召力，是其他任何价值体系无法替代的。因此，要营造未成年人学习社会主义核心价值观的良好氛围，筑牢未成年人的思想防线。但从问卷调查结果来看，一部分未成年人对哈尔滨市营造学习社会主义核心价值观的氛围不满意。当问及"你认为推行社会主义核心价值观的最大阻力是什么"时，选择"社会氛围影响"的有162人，所占比例为27.9%。这从某个侧面可以说明，哈尔滨市学习社会主义核心价值观氛围还不浓，特别是针对未成年人学习宣传社会主义核心价值观氛围还不强，致使一些未成年人还没有领会社会主义核心价值观的精神实质。

调查样本：对推行社会主义核心价值观阻力的看法

内容	选项	人数	比例（%）
你认为推行社会主义核心价值观的最大阻力是什么	社会氛围影响	162	27.9

同时，培育和践行社会主义核心价值观，要知行合一。尤其是先要进行思想的引领，然后才能付诸实践。在一段时期的培育和践行社会主义核心价值观的过程中，虽然树立和挖掘了师生中的先进人物和典型事例，但还是数量少，范围窄，局限在学校范围内，相对于社会各个方面，还需要大范围挖掘典型事例。

（三）融合不够，创新不足

虽然哈尔滨市各学校的课堂教育发挥了未成年人价值观教育主渠道的功能和优势，抓住了"立德树人"这个根本，对教育的内容、目标、方法、途径等方面进行了改革创新，取得了明显效果。但从问卷调查结果来看，哈尔滨市部分未成年人不愿意将社会主义核心价值观融入到课堂教育之中，这是不争的事实。当问及"你认为哪些形式有助于将社会主义核心价值观融入到中学生生活中"时，有190人没有回答"课堂教育"，所占比例为32.7%；当问及"做好中学生社会主义价值观的宣传教育和践行可以采取哪些措施"时，有158人没有回答"加强课堂学习"，所占比例为27.2%。说明一部分未成年人不愿意将社会主义核心价值观融入课堂教学之中，这对全面宣传社会主义核心价值观进校园，培育"四有"新人是非常不利的。

调查样本：对融入和宣传教育社会主义核心价值观的看法

内容	选项	未选人数	未选比例（%）
你认为哪些形式有助于将社会主义核心价值观融入到中学生生活中	课堂教育	190	32.7
做好中学生社会主义价值观的宣传教育和践行可以采取哪些措施	加强课堂学习	158	27.2

思想品德课和地方课是中小学校培育和践行社会主义核心价值观的主渠道，这种主渠道受教师素质水平、认真程度和学生的兴趣影响，在实际教学中没有达到预期的效果。同时，一些学校没有把社会主义核心价值观纳入学科教育教学研究，没有完全做到德育与学科教学融合，导致对社会主义核心价值观深层含义和外延挖掘不透。

（四）践行困难，形式单一

未成年人自觉践行社会主义核心价值观就是对社会主义核心价值观建设的贡献，目标就是培养正确的世界观、人生观和价值观，养成正确的立场、观点、方法，坚定实现社会主义现代化和中华民族伟大复兴的远大理想，确立符合时代和社会发展要求的思想道德观念和行为标准，形成正确的价值指向和价值标准，为将来走向社会、服务社会、健康成长打下坚实的价值基础。但从问卷调查结果来看，哈尔滨市部分未成年人不愿意践行社会主义核心价值观。当问及"你是否愿意学习践行社会主义核心价值观"时，有39人回答"不愿意"，所占比例为6.7%；有87人回答"说不清"，所占比例为15.0%；当问及"你认为中学生学习践行社会主义核心价值观主要应做的是"时，有184人没有选择"在日常生活中践行"，所占比例为31.7%。这说明哈尔滨市部分未成年人对社会主义核心价值观的理解还不深刻，在日常生活中不愿意践行社会主义核心价值观。同时，在教学手段和内容上缺乏创新，没有根据学生自身的需求，选择适合学生的教育形式，而且在内容上主要以灌输为主，学生很难接受。

调查样本：对践行社会主义核心价值观的看法

内容	选项	人数	比例（%）
你是否愿意学习践行社会主义核心价值观	不愿意	39	6.7
	说不清	87	15.0
你认为中学生学习践行社会主义核心价值观主要应做的是	未选择"在日常生活中践行"	184	31.7

（五）存在相悖的价值观，道德认知不成熟

哈尔滨市未成年人面对着前所未有的改革开放环境，各种社会思潮涌入，价值观的多元化，由于缺乏分辨是非的能力，往往良莠不分，容易产生种种片面性，不能正确认清现实社会的主流和支流，对一些涉及社会主义核心价值观内容做出了错误的判断。当问及"认为在市场经济时代，雷锋精神已经过时了"时，有19.4%的人表示"完全同意"；有5.2%的人表示"比较同意"；有7.6%的人表示"有些同意"；有16.7%人表示"不太同意"；只有51.1%的人表示"完全不同意"。这种情况从某个侧面说明雷锋精神已被当下的未成年人淡忘了，学习雷锋变成了一种口号。当问及"我认为在小康社会里谈艰苦朴素没有什么意义"时，有25.6%的人表示"完全同意"；有6.9%的人表示"比较同意"；有5.5%的人表示"有些同意"；有24.1%人表示"不太同意"；只有37.9%的人表示"完全不同意"。这说明在生活富裕的情况下，一些未成年人忘记了艰苦朴素思想，这将会对其人生观和价值观造成一定影响。同时也与当代社会主义核心价值观背道而驰，应引起有关部门的高度重视。同时，未成年人正处于价值观培育的关键时期，由于课堂教育效果有限，加之自身辨别能力较弱，面对社会多方面的影响，容易产生与社会主流价值观不相符的价值观，从而影响他们的道德认知。

调查样本：对雷锋精神、艰苦朴素是否过时的看法

内容	选项	比例（%）
认为在市场经济时代，雷锋精神已经过时了	完全同意	19.4
	比较同意	5.2
	有些同意	7.6
	不太同意	16.7
	完全不同意	51.1

（续表）

内容	选项	比例（%）
我认为在小康社会里谈艰苦朴素没有什么意义	完全同意	25.6
	比较同意	6.9
	有些同意	5.5
	不太同意	24.1
	完全不同意	37.9

六、增强社会主义核心价值观教育的对策与建议

提升未成年人对社会主义核心价值观的认知水平和践行能力，关键在于加强和改进未成年人社会主义核心价值观教育的方式方法，因此，哈尔滨市有关部门必须提高对社会主义核心价值观教育重要性的认识，认真研究未成年人价值观形成的规律，改进未成年人社会主义核心价值观教育方法，从而增强社会主义核心价值观教育的针对性和实效性。

（一）拓展教育渠道，营造良好氛围

哈尔滨市各学校在开展社会主义核心价值观教育过程中，通过发放宣传材料、家长会等多种形式，将学校开展的社会主义核心价值观教育活动的内容、要求告知家长，同时向家长提出明确要求，配合学校做好社会主义核心价值观教育工作，在教育方法、教育要求等方面达成一致，形成合力，实现家、校结合共同教育的局面。积极加强与各有关部门和群团组织的协调、沟通与配合，整合教育资源，拓展教育渠道，努力形成分工协作、齐抓共管的工作格局。积极营造学校、家庭、社会共同关心未成年人社会主义核心价值观教育的良好氛围。

同时，加强社会主义核心价值观建设，还要加大宣传力度，营造浓厚的舆论氛围，使其家喻户晓、人人皆知。未成年人作为未来社会主义建设者和接班人，加大未成年人社会主义核心价值观宣传教育的力度，显得尤为重要。一是宣传、新闻、文艺、出版等部门要坚持弘扬主旋律教育，利用一本好书、一次社会实践活动，甚至一部好的影视文学作品，加大宣传力度，加强他们对社会主义核心价值观的认同度。宣传部门要注重在未成年人身边选择先进典型，依靠榜样的力量，增强教育的针对性。二是充分

发挥现代传媒载体的教育功能。加强学校报刊、广播、电视、网络等媒体建设，合理利用影视、视频、博客、手机短信等形式，加大社会主义核心价值观的宣传教育力度，使社会主义核心价值观成为未成年人的行为准则，增强教育的时效性。

（二）着力培养价值观选择能力，积极推进实践活动

传统的价值观教育在多年的价值观教育实践中缺点逐渐显现，主要表现为不能很好地培养学生价值辨析和选择能力。况且在多元思想文化并存的社会环境背景下，各种媒介不断推动着未成年人认知方式的转变，传统的、主流的思想意识及其教育的影响力日渐减弱。在这种情况下，着力提高未成年人的价值选择能力，以代替接受面面俱到的主流价值观教育，成为未成年人价值观教育的重要选择。因此，要积极进行思想政治课教学内容、教学方法、教学手段的改进，充分利用现代化教学手段，紧密联系改革开放和社会主义现代化建设的实际，紧密联系未成年人思想实际，把传授知识与思想教育结合起来，把系统教学与专题教育结合起来，把理论武装与实践育人结合起来，使思想政治课教学做到围绕中心、抓住关键、注重实效，切实增强教学的直观性，提高吸引力和感染力，进而使他们牢固树立正确的世界观、人生观和价值观，成为合格的"四有"新人。

同时，哈尔滨市各学校要根据学科教学内容和实践活动课的要求，在教育、教学活动中有计划、有步骤地开展社会主义核心价值观教育实践活动。广泛开展中华优秀传统文化教育、革命传统教育、法制教育、文化艺术教育、环境保护教育和安全教育等多方面的社会实践教育。让学生在社会实践中增长见识，磨砺品质，提升素质，培育积极向上的人生观和价值观。通过举办以培养和践行社会主义核心价值观为主题的辅导讲座、座谈会、图片展、歌咏比赛、辩论会、主题班会、主题团队会活动、影片展播等形式多样、内容丰富的活动，集中时间、集中精力做好社会主义核心价值观的学习贯彻和宣传，引导师生员工进一步理解认同社会主义核心价值观的精神实质和思想内涵。

（三）强化主渠道作用，融入教学之中

哈尔滨市各学校要以课堂教学研究为基础，推进集体备课、定期研讨、上公开课等形式，引导学生深入浅出地理解社会主义核心价值观的深

刻内涵。在传授知识的过程中，不断拓展具有学科特色的育人内容。在提高主渠道教学质量的同时，继续添加社会主义核心价值观的教学内容，加大日常行为规范、法制、国情、心理健康等基本内容的教育。并采取多种形式，引导学生乐于参与、主动参与，激发学生的学习兴趣，来提高主渠道教学在培育和践行社会主义核心价值观中的重要作用。

同时，哈尔滨市有关部门要从培养中国特色社会主义事业合格建设者和可靠接班人的战略高度，将社会主义核心价值观教育纳入学校总体工作，确保思想政治课建设经费投入和学时保证。要抓好思想政治课教材建设，使教材更好地体现社会主义核心价值观的本质要求，突出思想政治课在社会主义核心价值观教育中的主导性。社会主义核心价值观作为先进的社会思想体系，其特有的抽象性、超前性，往往会使它与现实生活，特别是未成年人的精神世界存在一定的距离。这就需要研究未成年人特有的认知特点和接受机制，在价值观教育过程中，寻找能够化抽象为具体的现实途径，突出未成年人社会主义核心价值观教育的时代性和现实性。因此，在对未成年人进行社会主义核心价值观教育时，应寻求一种符合未成年人的认知特点和接受机制的途径，通过不同学科的教学渗透，达到社会主义核心价值观入脑、入心的目的。

（四）创新载体，形成教育合力

哈尔滨市各类学校要结合本单位实际，积极探索，大胆创新，运用行之有效的活动方式和载体，丰富活动内容。要充分发挥现代新兴传媒的作用，利用微博、博客等新型网络媒体，增强教育引导的时代性，唱响网上主旋律；要充分发挥各级各类教育基地的重要职能，增强教育引导的有效性；要充分利用纪念馆、爱国主义教育基地、重要革命历史遗址等旅游文化资源，开展主题教育，增强教育引导的思想性

要使社会主义核心价值观扎根于未成年人思想深处，就必须有目的、有计划地开展多种主题实践活动，通过实践活动，让未成年人通过亲身体验和接触社会，从感性上增加对社会主义核心价值观的认识。要通过开展丰富多彩的主题实践活动，加深未成年人对社会主义核心价值观本质的理解，并努力践行社会主义核心价值观。

同时，哈尔滨市教育主管部门应认真调研学生和教师的道德需求，进一步设计好全市培育和践行社会主义核心价值观具体路径和措施，不断扩

大社会主义核心价值观的辐射面。在深入开展社会主义核心价值观教育的同时，挖掘学科教学的切入点，实现优质经验互补，不断提升社会主义核心价值观教育的整体水平。同时，通过家校联动，小手拉大手等形式，让每一个家庭都成为社会主义核心价值观的宣传者和践行者，进一步提升哈尔滨市培育和践行社会主义核心价值观的影响力。

（五）创新工作机制，大力宣传和树立典型

加强未成年人社会主义核心价值观建设，必须建立健全既能立足当前、有效解决突出问题，又能着眼长远、保证工作不断推进的长效机制。要建立健全全员育人、全方位育人、全过程育人的长效机制，突出做好教书育人、管理育人、服务育人；要建立健全课堂教学主导、校园文化引导、社会实践向导的长效机制，积极推进社会主义核心价值观进课堂、进教材、进头脑、进网络，增强社会主义核心价值观的吸引力和感染力；要充分发挥共青团组织、学生组织的重要作用，形成党（团）委统一领导、党政群齐抓共管、有关部门各负其责的长效机制；同时要完善责任机制、队伍建设机制和考核评价机制，构建相应的政策体系，为加强未成年人社会主义核心价值观建设营造良好的环境和提供有力的保障。

同时，哈尔滨市各学校根据培育和践行社会主义核心价值观和自身的实际情况，健全各项规章制度，确保师生的行为有章可循，有序可依。通过制度来强化约束，促使良好校风的形成，推进培育和践行社会主义核心价值观的深入发展。加强理论学习和行为约束的同时，大力宣传道德模范的事迹，从不同层面发挥道德模范的引领示范作用，在全社会营造学习道德模范、争当道德模范的良好氛围。充分发挥道德模范的影响力，在潜移默化中为学校师生树立目标和榜样。

第七章 正心笃志：哈尔滨未成年人优秀传统文化教育

传统文化是中华民族的宝贵资源，是维系中华民族的精神力量。大力弘扬传统文化特别是加强未成年人传统文化教育，对于增进民族凝聚力、增强民族自豪感具有十分重要的现实意义。党的十八届三中全会指出"完善中华优秀传统文化教育，形成爱学习、爱劳动、爱祖国活动的有效形式和长效机制，增强学生社会责任感、创新精神、实践能力"。同时，《全国未成年人思想道德建设工作测评体系》要求，"加强地方课程和校本课程研究开发，进行地域文化、传统美德等优秀传统文化教育"。这些都为哈尔滨市加强未成年人传统文化教育指明了方向。本章从加强哈尔滨市未成年人优秀传统文化教育的现实意义出发，通过问卷调查的形式，分析了哈尔滨市未成年人加强优秀传统文化教育的现状、存在的问题，提出了针对性较强的对策建议，为进一步提升哈尔滨市未成年人优秀传统文化教育水平贡献力量。

一、未成年人与优秀传统文化

（一）优秀传统文化

在中华优秀传统文化的大观园中，诸子百家熠熠生辉，儒道释和谐共生，修身齐家治国平天下浑然一体。可以毫不夸张地说，优秀传统文化在思想上有大智，在科学上有大真，在伦理上有大善，在艺术上有大美。在中华民族艰难而辉煌的发展历程中，优秀传统文化薪火相传、历久弥新，始终为国人提供精神支撑和心灵慰藉。近代以来，中华民族经历千年未有之大变局，但中华优秀传统文化不仅弦歌不绝，而且浴火重生，在马克思主义中国化的发展进程中，日益成为中国特色社会主义先进文化的重要思想资源，日益成为中华民族共有精神家园的重要支撑，日益成为新时代鼓舞人民奋勇前进的强大精神力量。

优秀传统文化是指中华传统文化中历经沧桑而积淀传承下来的精华部分，是中华民族五千年文明智慧的基本元素和珍贵结晶。优秀传统文化在很大程度上具有超越时代局限、反映中华文明永恒价值的特征，与社会历史发展方向相贴近，与民族共同体的利益和福祉相契合，与马克思主义中国化一系列重大成果的基本精神相呼应。

(二) 优秀传统文化与未成年人

中华优秀传统文化是中华民族生生不息、团结奋进的不竭动力。在未成年人中开展优秀传统文化教育，是构建社会主义核心价值体系、有效推进未成年人思想道德教育和培养新一代中国公民的重要举措。意在长文化之根，铸文化之魂，塑文明之形，核心在于提升未成年人的文明素质，重点在于为哈尔滨市科学发展、跨越式发展培育合格人才，前提在于尊重未成年人主体地位，基础在于推动优秀传统文化不断创新。因此，哈尔滨市有关部门要充分利用有关节日和重要节点广泛开展主题宣传教育活动，引导未成年人继承弘扬中华优秀传统文化和传统美德，自觉把个人梦想与中国梦联系起来，把个人成长进步与祖国未来发展联系起来，讲道德、遵道德、守道德，培养爱学习、爱劳动、爱祖国的美好情感，从小立志做有道德的人、做文明有礼的人，为实现伟大中国梦而奋斗。

哈尔滨市在未成年人中开展优秀传统文化教育应把握以下原则：一是坚持价值引领原则。加强以爱国主义为核心的民族精神、以改革创新为核心的时代精神和中华传统美德教育，引导未成年人确立爱国、诚信、孝敬、勤俭等道德规范。二是坚持文化涵育原则。注重挖掘节日的文化内涵，充分利用哈尔滨市的历史文化资源，精心设计有特色、有内涵的节日活动，引导未成年人在参与中怡情养志、涵育文明。三是坚持实践育人。注重将开展活动与学习道德模范、身边好人、最美人物和美德少年等结合起来，引导孩子们践礼修德、提升文明素养。四是坚持务实创新原则。遵循未成年人身心特点、成长规律和接受习惯，创新传统节日活动的内容形式，实行网上与网下互动，增强活动的吸引力和实效性，让未成年人乐于参与、受到教育。

二、优秀传统文化教育的现实意义

文化是一个民族的灵魂,优秀传统文化凝聚着中华民族自强不息的精神追求和历久弥新的精神财富,是发展社会主义先进文化的深厚基础,是建设中华民族共有精神家园的重要支撑。在未成年人中加强优秀传统文化教育,是改进未成年人思想道德建设工作的需要,是创建全国文明城市的需要,是推进学校德育工作的需要。

(一)改进未成年人思想道德建设工作的需要

加强未成年人传统文化教育,是加强和改进未成年人思想道德建设工作的重要组成部分。当前,社会上一些领域道德失范、诚信缺失;一些社会成员人生观、价值观扭曲;一些不良社会现象一次次挑战着国人的道德底线。这些对全社会的道德风尚包括对未成年人的思想道德建设工作都产生了极为不好的影响。加强道德建设,提升道德水平,成为社会的共同期盼。中国传统文化内涵丰富,博大精深,是社会主义核心价值观的重要内容,是思想道德教育的宝贵资源。在未成年人中加强传统文化教育,有助于引导未成年人培育传统美德,净化未成年人心灵,夯实道德基石;有助于加强和改进未成年人思想道德建设工作。

(二)创建全国文明城市的需要

加强未成年人传统文化教育,是创建全国文明城市的重要内容。几年来,哈尔滨市按照《全国未成年人思想道德建设工作测评体系》要求,积极组织未成年人开展学习、树立和践行雷锋精神、美德阳光建设先进典型的评选、"童心向党、优秀童谣传唱""党史知识进校园""优秀儿童剧进校园"和"'我的中国梦'主题教育活动"等系列活动。并借鉴先进地区经验做法,在中小学校开展"日行一善""洒扫应对"、美德少年星级评选、文明小博客、节日小报主题教育活动,培养了广大未成年人热爱祖国、文明礼貌、助人为乐的优良品德和高尚情操,为哈尔滨市创建全国文明城市打下了坚实的思想基础。

(三)推进学校德育工作的需要

加强未成年人传统文化教育,是推进德育工作的重要手段。中国作为文明古国、礼仪之邦,祖先为我们留下了十分丰富的德育思想遗产,传统文化中所包含着的人类社会永恒的价值追求，对当代未成年人的教育有很强的针对性。优秀传统文化丰富了德育资源，对学校德育教育很有帮助。因此，哈尔滨市有关部门要充分利用传统文化所具有的内容上的丰富性、形式上的多样性，不断发展创新，在传统文化的继承与创新中不断增强德育工作的实效性。

三、问卷调查的基本情况

加强哈尔滨市未成年人优秀传统文化教育调查问卷主要涉及哈尔滨市未成年人对优秀传统文化基本内容的了解程度和关注度、对优秀传统文化的基本看法、加强优秀传统文化教育的方法以及一些现实的问题。本次调查从哈尔滨市市区高中随机抽取 6 所学校，每所学校 100 名学生，共 600 名学生作为调查样本。其中高一年级回收有效问卷 389 份，高二年级回收有效问卷 106 份，高三年级回收有效问卷 104 份，共回收有效问卷 599 份，回收率为 99.8%。

从性别上看：调查样本男女比例相差不大，男性 262 人，占 43.7%；女性 337 人，占 56.3%。男女比例相差不大，可以全面地了解未成年人传统文化教育的情况，不至于出现偏差。

调查样本：男、女比例表

性别	人数	比例（%）
男	262	43.7
女	337	56.3

从年龄上看：调查样本主要分布在 14—18 岁这个年龄段的未成年人，16 岁所占调查样本数的一半以上，这个年龄段的未成年人思想活跃，辨别是非能力较强，能够很好地阅读和填写调查问卷。

调查样本：年龄分布表

年龄	人数	比例（%）
14	6	1.0
15	61	10.2
16	330	55.1
17	112	18.7
18	90	15.0

从年级上看：调查样本主要集中在高一年级，这个年级的学生课业负担相对较轻，填写问卷不至于影响学习，况且高一学年介于初中和高中的过渡阶段，了解他们对传统文化教育的看法，对加强和改进我市未成年人思想道德建设工作是非常有帮助的。

调查样本：年级分布表

年级	人数	比例（%）
高一	389	64.9
高二	106	17.7
高三	104	17.4

四、优秀传统文化教育的现状

调查问卷统计数据显示，哈尔滨市未成年人对中国优秀传统文化了解的途径比较广泛；对中国优秀传统文化的内容比较了解；对中国优秀传统文化的作用认识比较清晰；对中国优秀传统文化的态度比较明确。具体分析如下：

（一）了解传统文化的途径比较广泛

当问及"你是通过什么途径了解中国传统文化的"时，选择"周围人群传播"的有152人，所占比例为25.4%；选择"长辈教授"的有159人，所占比例为26.5%；选择"学校学习"的有87人，所占比例为14.5%；选择"媒体的宣传"的有200人，所占比例为33.4%。这说明哈尔滨市未成年人了解优秀传统文化的途径还是比较广泛的，这对他们认识和掌握优秀传统文化是非常有帮助的。但同时我们也看到，在众多了解途径中"学校学习"所占比例相对较低，从一定程度上说明哈尔滨市有关部门对传统文化教育的重视程度不够。

调查样本：了解优秀传统文化途径

选项	人数	比例（%）
周围人群传播	152	25.4
长辈教授	159	26.5
学校学习	87	14.5
媒体的宣传	200	33.4

(二) 对传统文化的内容比较了解

当问及"你平时都关注或了解过哪些传统文化"时，选择"传统文学"的有316人，所占比例为52.8%；选择"传统节日"的有422人，所占比例为70.5%；选择"传统中医"的有122人，所占比例为20.4%；选择"中国戏曲"的有75人，所占比例为12.5%，选择"中国建筑"的有146人，所占比例为24.4%；选择"中华武术"的有117人，所占比例为19.5%；选择"国画书法"的有115人，所占比例为19.2%；选择"民间工艺"的有184人，所占比例为30.7%；选择"民风民俗"的有245人，所占比例为40.9%。虽然这些数据有交叉，但在一定程度上说明了哈尔滨市未成年人对中国传统文化所包含的内容还是比较了解的。

调查样本：了解优秀传统文化内容的比例

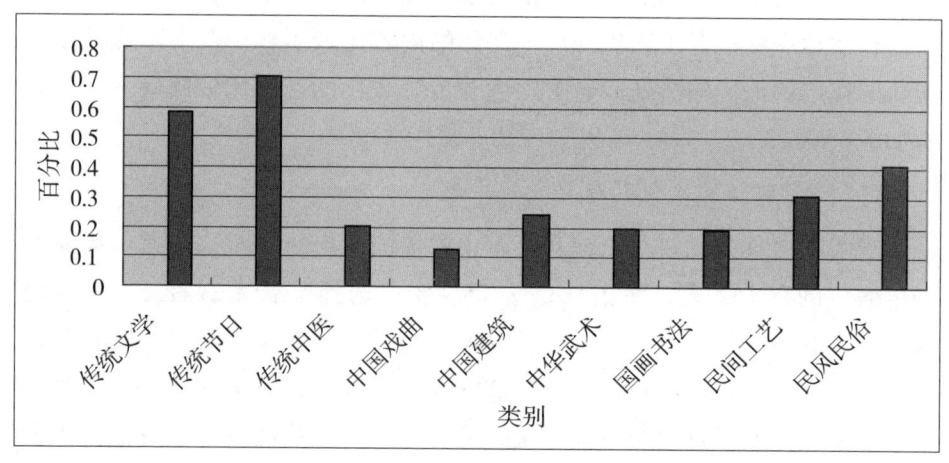

(三) 对传统文化的作用认识比较清晰

当问及"你认为传统文化对于当下社会的作用"时，选择"很重要"的有309人，所占比例为51.6%；选择"有一些作用"的有257人，所占比例为42.9%，二者相加所占比例高达94.5%；而选择"可有可无"和"有消极作用"的共有30人，所占比例为5.0%。这说明哈尔滨市未成年人对中国传统文化的作用认识还是非常清晰的，同时也说明中国优秀传统文化在他们心中占有一定地位。

调查样本：对优秀传统文化作用的认识

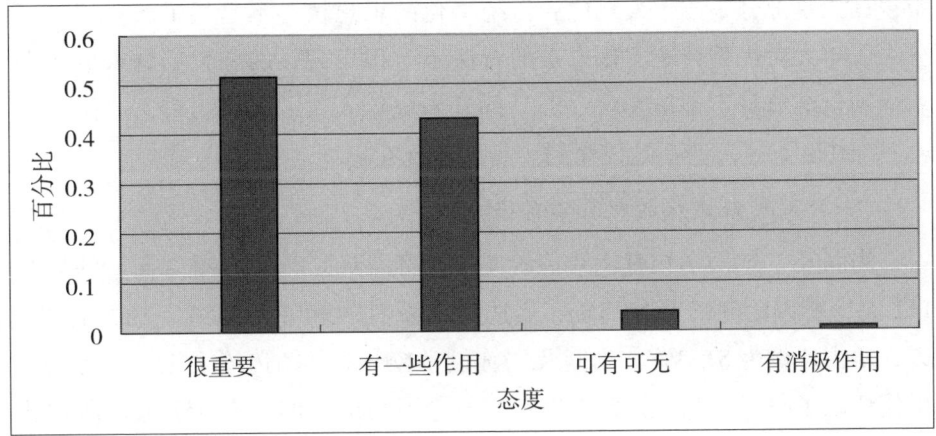

（四）对待传统文化的态度比较明确

当问及"你怎么看待中国的传统文化"时，选择"传统文化博大精深、源远流长，应以继承发扬为主"的有232人，所占比例为38.7%，选择"传统文化有糟粕也有精华，我们接受时要有所扬弃"的有334人，所占比例为55.8%；选择"在现今时代，传统文化显得过时了，保守了"的有21人，所占比例为3.5%；选择"不关心也没有什么认识"的有8人，所占比例为1.3%。这说明哈尔滨市未成年人对待中国传统文化的态度还是比较明确的，这对他们人生观、价值观和世界观的形成是有益而无害的。

调查样本：对待中国优秀传统文化的态度

选项	人数	比例（%）
传统文化博大精深、源远流长，应以继承发扬为主	232	38.7
传统文化有糟粕也有精华，我们接受时要有所扬弃	334	55.8
在现今时代，传统文化显得过时了，保守了	21	3.5
不关心也没有什么认识	8	1.3

五、优秀传统文化教育面临的形势

通过问卷调查，我们发现哈尔滨市未成年人优秀传统文化教育面临的形势不容乐观,具体表现在:一是一些学校对优秀传统文化的教育不是很重视;二是部分未成年人对优秀传统文化的思想核心不是很了解;三是部分未成年人对优秀传统文化未来的看法不是很乐观;四是大部分未成年人对中国传统节日不是很喜欢;五是部分未成年人对"四书五经""国粹京剧""国画"等认识不是很深刻。具体表现在:

(一)对传统文化的教育不是很重视

当问及"你们学校有优秀传统文化教育课吗"时,选择"有"的只有111人,所占比例仅为18.5%;而选择"没有"和"不知道"的共有484人,所占比例为81.3%。当问及"你们学校开展弘扬传统文化、践行当代价值活动了吗?"时,选择"没有"和"不知道"的共有337人,所占比例为56.8%。当问及"你们对仁、义、礼、智、信、孝、忠等传统道德,你所接受的教育渠道是"时,只有121人选择了"学校教授"这一选项,所占比例仅为20.3%。这些数据可以从一定程度上说明,哈尔滨市一些学校对传统文化教育不是很重视。要想使优秀传统文化在当代未成年人心中扎根,各级各类、学校主渠道教育的作用不容忽视。

调查样本:对优秀传统文化的了解情况

内容	选项	人数	比例(%)
你们学校有优秀传统文化教育课吗	有	111	18.5
	没有	484	81.3
	不知道		
你们学校开展弘扬优秀传统文化、践行当代价值活动了吗	没有	337	56.8
	不知道		
你们对仁、义、礼、智、信、孝、忠等传统道德,你所接受的教育渠道是	学校教授	121	20.3

(二)对传统文化的思想核心不是很了解

当问及"对于中国传统文化的核心儒释道(儒家、佛教、道家)的三大思想精神你了解吗"时,选择"知道并可以区分三者的观点"的有108人,所占比例为18.1%;选择"了解大致思想"的有293人,所占比例为48.9%;选择"不太清楚"的有124人,所占比例为20.9%;选择"基本不知道"的有72人,所占比例为12.1%。这些数据表明,哈尔滨市大部分未成年人对优秀传统文化的核心思想不是很了解,这就需要有关部门加大宣传力度,让优秀传统文化在未成年人心中生根发芽。

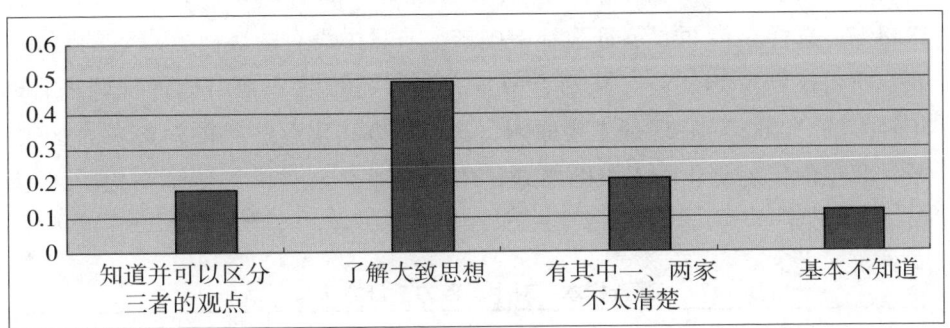

调查样本:对优秀传统文化思想核心了解程度

(三)对传统文化未来的看法不是很乐观

当问及"对传统文化的未来,你觉得"时,仅有78人选择"很乐观",所占比例只有13.0%;选择"比较乐观"的有171人,所占比例为28.7%;选择"很难说"的有249人,所占比例为41.8%;选择"不乐观"的有72人,所占比例为12.1%;选择"很悲观"的有25人,所占比例为4.2%。选择"很难说""不乐观"和"很悲观"的人数共有346人,所占比例为58.1%。这说明有一半以上的未成年人对优秀传统文化的未来看法不是很乐观,这应引起哈尔滨市有关部门的高度重视。

调查样本:对优秀传统文化未来的看法

选项	人数	比例(%)
很乐观	78	13.0
比较乐观	171	28.7
很难说	249	41.8
不乐观	72	12.1
很悲观	25	4.2

(四)对中国传统节日不是很喜欢

当问及"你更喜欢参加西方节日(如圣诞节)还是民族传统节日"时,选择"西方节日"的有405人,所占比例为68.1%;选择"传统节日"的有190人,所占比例为31.9%,这说明我市未成年人对中国传统节日不是很喜欢。而问及"你觉得西方节日在中国流行起来的原因"时，选择"商家为促销商品而大力宣传"的有84人，所占比例为14.1%；选择"年轻人对新鲜事物感到好奇"的有306人，所占比例为51.3%；选择"西方节日的内涵和意义得到了大家的接受"的有118人，所占比例为19.8%；选择"借西方节日弥补中国传统节日中没有的庆祝方式"的有88人，所占比例为14.8%。从西方节日在中国流行起来原因选择比例来看，年轻人的"猎奇"心理是主要原因，这与西方文化近些年的渗透有直接关系，要想使传统文化立于不败之地，培养未成年人对优秀传统文化的兴趣至关重要。

调查样本：对中、西方节日的认知

内容	选项	人数	比例（%）
你更喜欢参加西方节日（如圣诞节）活动还是民族传统节日	西方节日	405	68.1
	传统节日	190	31.9
你觉得西方节日在中国流行起来的原因	商家为促销商品而大力宣传	84	14.1
	年轻人对新鲜事物感到好奇	306	51.3
	西方节日的内涵和意义得到了大家的接受	118	19.8
	借西方节日弥补中国传统节日中没有的庆祝方式	88	14.8

（五）对"四书五经""京剧""国画"等认识不是很深刻

当问及"你认为在当今社会是否有必要学习四书五经等文化古籍"时，有288人选择了"没有必要"，所占比例为48.7%。当问及"你对国粹京剧的看法"时，选择"很喜欢"的只有55人，所占比例只有9.2%；选择"一点都不喜欢"的有217人，所占比例为36.5%；其他的人选择介于二者之间。当问及"与其他绘画相比，你怎么看待我们的国画"时，选择"可以从较专业的角度进行点评"的只有60人，所占比例为10.1%；选择"只能感受到其中的美"的有293人，所占比例为49.2%；选择"只能体会到部分书画的美"的有198人，所占比例为33.3%；选择"完全没有鉴赏能力"的有44人，所占比例为7.4%。这些数据表明：哈尔滨市未成年人对中国优秀传统文化的精髓不是很了解，认识也不是很深刻。

调查样本：对"四书五经""京剧""国画"的了解情况

内容	选项	人数	比例（%）
你认为在当今社会是否有必要学习四书五经等文化古籍	没有必要	288	48.7
你对国粹京剧的看法	很喜欢	55	9.2
	一点都不喜欢	217	36.5
与其他绘画相比，你怎么看待我们的国画	可以从较专业的角度进行点评	60	10.1
	只能感受到其中的美	293	49.2
	只能体会到部分书画的美	198	33.3
	完全没有鉴赏能力	44	7.4

六、提升优秀传统文化教育水平的对策与建议

未成年人作为社会上最富有朝气、创造性和生命力的群体，对其进行优秀传统文化教育不仅关系到他们人生观、价值观的树立和良好道德品德的形成，而且关系到国家的兴亡和民族的振兴。为此，哈尔滨市有关部门应努力探索未成年人优秀传统文化教育新模式，力促哈尔滨市未成年人优秀传统文化教育再上新台阶。

（一）加强领导，提高未成年人思想道德水平

弘扬优秀传统文化，加强未成年人思想道德建设工作是一个系统工程，需要全社会的共同关心、支持和参与。为此，哈尔滨市应在市委、市政府的统一领导下，广泛发动各级宣传、教育等部门，共同投入到弘扬优秀传统文化，加强未成年人思想道德建设工作上来。建立"党委统一领导、党政群齐抓共管、文明委组织协调、有关部门各负其责、全社会积极参与"的领导体制和工作机制。同时有关部门要进一步采取有效措施，把优秀传统文化教育与未成年人思想道德建设工作有机地结合起来，努力提高他们的思想道德水平。

（二）加大宣传，形成良好的社会氛围

哈尔滨市有关部门要把优秀传统文化的宣传与社会主义核心价值观教育结合起来，采取多种形式，利用电视、互联网等各种传播媒介，引起全社会对优秀传统文化的关注和重视，形成良好的社会氛围。要组织创作、

编辑、出版一批适合未成年人的读物和视听产品,以他们喜闻乐见的艺术形式,充分展示优秀传统文化的魅力,以通俗明了的方式,引导、熏陶、感染广大未成年人。同时建议哈尔滨市有关部门组织专家加强软件开发,研制一些形式多样、通俗易懂、有利于弘扬优秀传统文化和提高未成年人道德素质的软件,让优秀传统文化得以发扬光大。

(三)加强引导,发挥学校主渠道作用

哈尔滨市有关部门应有序编写传统文化教育校本教材。校本教材的开发是优秀传统文化教育中的重要环节,内容应体现民族精神、哲学思想、伦理道德、理想信仰、是非观念、行为习惯等传统文化精髓和价值。此外,学校要将优秀传统文化教育与思想品德、语文、历史、地理等课程进行必要整合,进行有效的尝试。在具体教育过程中,要充分发挥各学科中蕴含的传统文化因素,通过学科渗透、专题讲座、文化橱窗、班级园地等形式,引领学生自主地去体味,要通过教育,让未成年人在成长中逐渐体会优秀传统文化的魅力。同时学校还可根据自己的需要让京剧、黄梅戏和中国古典器乐等内容进入校园,丰富学生的课外生活。

(四)挖掘资源,开展主题教育实践活动

春节、重阳、中秋、端午、清明等中国传统节日以及"七一""八一"和"十一"党的节日,都蕴藏着传统教育资源。因此,哈尔滨市有关部门应充分利用这些节日开展纪念活动,引导未成年人了解中华民族的民族风情和传统美德,感受传统文化的独特魅力,调动未成年人的积极性,培养他们对祖国、对生活的热爱。同时通过参观革命教育基地、历史博物馆、文化古迹、烈士陵园和名人故居等内涵丰富、形式多样的主题教育实践活动,让学生亲身感受爱国氛围,寻找传统文化存在的价值,强化未成年人对优秀传统文化的认知。

(五)提升兴趣,加深传统文化印象

当代的未成年人对西方节日非常"崇拜",而对中国的传统节日兴趣不大,是因为他们对优秀传统文化的了解欠缺太多,而学校、家庭和社会又给他们补充得太少,使得他们身上缺少中国优秀传统文化的根基。因此,哈尔滨市有关部门要将优秀传统文化的教育,渗透到日常的教育教学中去,用中国优秀传统文化浸染和熏陶他们,让他们了解中国优秀传统文化中关于仁、义、礼、智、信、孝、忠等方面的经典词句，了解中国优秀传统文化中所蕴含的正确的人生观、价值观，从而对他们的道德规范、行为习惯产生积极影响。同时增设业余兴趣班，培养未成年人的优秀传统文化兴趣，定期举办一些诸如优秀传统文化方面的讲座、戏曲欣赏、中华礼仪等活动，加深未成年人对优秀传统文化的印象。

（六）注重实效，发挥家庭在传统文化教育中的作用

哈尔滨市有关部门要重视家庭教育在优秀传统文化教育中的作用，使其成为学校在传统文化教育中的辅助力量。首先要明确家庭教育的侧重点。知识教育对未成年人的"成才"至关重要，但是"成人"则是他们"成才"的基础。家庭教育可以将传统道德、伦理、处事之法教育给自己的孩子，用优秀传统文化中经典的道德观、价值观规范他们的日常行为，在潜移默化中影响未成年人的道德观念、品格品性的形成。其次要加强对家长的教育。如果家长们品行和优秀传统文化素养不高，那么家庭教育的效果自然不会好，因此，采取有效手段加强对家长的教育至关重要。第三要将教育融入家庭生活。家庭教育本身就没有学校教育容易让学生产生逆反的心理。因此，在日常的生活中，家长要通过言传身教，使自己的孩子感受优秀传统文化的力量。

第八章 优化环境：哈尔滨网络和社会文化环境建设

大力净化网络和社会文化环境，不仅是社会主义精神文明建设的基础工程，更是促进未成年人健康成长、确保中国特色社会主义事业后继有人的希望工程。《全国未成年人思想道德建设工作测评体系》把净化网络和社会文化环境作为重要内容，并提出了具体要求。明确要求"加强对学校周边商业网点的管理，取缔从事非法经营活动的游商和无证照摊点，校园周边无'三无食品'、无恐怖、迷信、低俗、色情的玩具、文具和出版物销售。同时，建立面向未成年人的公益性上网服务场所，并有保证持续运营、规范管理、健康上网的保障机制；积极发挥文化信息资源共享工程的作用；加强网络文化建设，开展'文明办网，文明上网'活动，营造健康向上的网络文化氛围"。近年来，哈尔滨市采取有效措施，积极净化网络和社会文化环境，取得了一些成绩。本章从网络文化和社会文化的定义入手，分析了未成年人"痴迷"网络的原因，总结了消除网络文化对未成年人消极影响的措施以及净化社会文化环境面临的挑战和举措，希望能为哈尔滨市未成年人健康成长创造良好的社会条件。

一、网络文化与未成年人

（一）网络文化

网络文化是以网络信息技术为基础、在网络空间形成的文化活动、文化方式、文化产品、文化观念的集合。网络文化是现实社会文化的延伸和多样化的展现，同时也形成了其自身独特的文化行为特征、文化产品特色和价值观念和思维方式的特点。2011年10月18日，中国共产党第十七届中央委员会第六次全体会议通过了《中共中央关于深化文化体制改革推动社会主义文化大发展大繁荣若干重大问题的决定》，其中专门提出了"发展健康向上的网络文化"的命题,这为网络文化的发展指明了前进的方向。

网络文化具有补偿性、极端性和大众性等三大特征。

网络文化的补偿性。互联网是有着巨大吸引力的虚拟空间。在这里,人们可以大胆发表自己的意见,贡献自己的聪明才智,充分展现自己的闪光点,并相互交流、相互帮助,获得尊重、友情和自我价值的实现。对于很多人来说,现实生活中难有这样的机会。因此,网络文化具有"补偿性"特征。既然是补偿性文化,就必然夹带着很多牢骚和不满。网络上出现的很多问题,其根源在现实生活中。人们通过在网上发泄,以补偿难以实现的愿望。正是由于这种原因,网络成为一种社会安全阀,为社会各阶层的利益诉求和情绪宣泄提供了一个很好的渠道,客观上起到化解情绪、缓和矛盾的作用。

网络文化的极端性。社会心理学家认为,通过群体讨论,无论最初的意见是哪一种倾向,其观点都会被强化,称之为群体极化效应。人们普遍有着从众倾向,并希望自己表现得更加突出,在不知不觉中把原有的观点推向极端化。人们在相互攀比、逐步强化中,产生了极其强大的群体极化效应。互联网放大了个体行为影响,聚合了个体行为能量。原本一些分散在各处、被社会忽略的少数人聚集起来,形成了小的群体,并有着不断增大的趋势。

网络文化的大众性。网络文化是"草根文化",有着很强的大众性。从互联网上可以及时搜集到大量信息,使得少数人对信息和知识的垄断难以为继。人们不再仰视专家和学者,而是将他们的观点与自己掌握的知识进行比较、进行分析,从新的角度提出自己的看法。在传统媒介上,普通民众缺少话语权。只有在网络上,他们才能畅叙胸怀、指点江山,表现出对传统的颠覆和对权威的挑战。网络文化的大众性,使之成为提升人类智慧的重要途径。通过网络构筑整个社会的神经系统,将低智商转化为高智商,将相互分离的个别人的智慧,转化为更高层次的组织智慧、国家智慧和人类智慧。

(二) 未成年人上网情况

为了更好地了解网络文化对哈尔滨市未成年人的影响,笔者对哈尔滨市部分未成年人进行了一次小型问卷调查,共发放100份问卷,回收有效问卷94份。调查问卷统计结果显示:在94人中,有14人经常上网,49人偶尔上网,分别占总体样本的14.9%和52.1%。在经常上网的14人中,一次上网时间超过8小时的有2人,其他12人一般都在3到6小时之间。

就学生上网目的的调查显示：有45人喜欢玩网络游戏，占总体样本的47.9%；有14人喜欢网络聊天，占总体样本的14.9%；有19人喜欢下载影视音乐，占总体样本的20.2%；有13人喜欢浏览新闻，占总体样本的13.8%；而利用网络学习的仅有2人，这是我们始料未及的。这次问卷调查还对学生爱玩的网络游戏的类型进行了摸底，调查显示：有40人爱玩角色扮演类游戏（如：《传奇》《征途》等），占总体样本的42.6%；有9人爱玩第一人称射击类游戏（如：《反恐精英》《CS》等），占总体样本的9.6%；有13人爱玩冒险类游戏（如：《第十一小时》等），占总体样本的13.8%；有20人爱玩赛车类游戏（如：《极品飞车》系列等），占总体样本的21.3%；有11人爱玩智力类游戏（如：《大富翁》《跳跳卡丁车》等），占总体样本的11.7%。可见网络文化在现实社会中对未成年人有很大的影响，这与此次问卷调查的结果也是一致的。被调查对象中，有63人认为网络文化对自身的学习和生活有很大影响，占总体样本的67%，这说明哈尔滨市很大一部分未成年人认识到网络文化对其的"毒害"。

调查样本：对网络了解的基本情况

内容	选项	人数	比例（%）
上网情况	经常上网	14	14.9
	偶尔上网	49	52.1
	不上网	31	33.0
上网时间	一次上网超过8小时的	2	14.3
	一次上网在3-6小时的	12	85.7
上网目的	喜欢玩网络游戏	45	47.9
	喜欢网络聊天	14	14.9
	喜欢下载影视音乐	19	20.2
	喜欢浏览新闻	13	13.8
	利用网络学习	2	3.2
爱玩的网络游戏	爱玩角色扮演类游戏	40	42.6
	爱玩第一人称射击类游戏	9	9.6
	爱玩冒险类游戏	13	13.8
	爱玩赛车类游戏	20	21.3
	爱玩智力类游戏	11	11.7
网络文化的影响	网络文化对自身的学习和生活有很大影响	63	67.0

(三) 网络文化对未成年人的影响

网络文化对未成年人的影响，可以分为积极影响和消极影响。网络文化对未成年人的积极影响很多，但消极影响时常伴随着积极影响而出现，这就需要我们未成年人在充分利用网络的同时加以鉴别。

积极影响。网络就像一个平台，给未成年人展现出一幅美丽的图画；它就像一片海洋，让未成年人在海洋里任意遨游；它就像一个知识宝库，让未成年人在这个知识宝库中了解社会、了解世界。网络上的知识多而广，有利于调动未成年人学习的积极性；可以为未成年人提供良好的学习条件，接受网络远程教育，收集最新的科技资讯；在论坛上发表自己独特的见解，与更多的人一同交流，共同学习，互相进步。而且网络会极大地激发未成年人的好奇心和求知欲，使其开发出内在的潜能。还可以学习网络技术，制作精美的网页，增强自身技能等等。所以，网络文化的发展对哈尔滨市未成年人思想道德建设起到了积极的推动作用，同时也加快了哈尔滨市未成年人的社会化进程。

消极影响。一是网络文化对未成年人思想道德观念的消极影响。随着哈尔滨市经济社会的发展，网吧的"繁荣"和电脑"入住"千家万户，不少未成年人学会了上网，并对网络产生迷恋。大量的网络信息为未成年人开阔了视野，丰富了他们的业余生活。但是这些信息都是没有经过加工的原始信息，良莠不齐。未成年人的思想道德观念还没有成熟，还没有形成完整的体系，大量接受此类信息，势必对未成年人的思想道德观念产生影响。由于网络上"西化"的内容较多，未成年人长时间受此影响，将会造成对中华民族的自尊心和自豪感的认同缺失，极有可能动摇传统的道德规范和行为，影响未成年人的成长。

二是网络文化对未成年人世界观、人生观、价值观的消极影响。由于网络技术的快速发展和管理不完善，互联网上充斥着暴力、色情内容，流行着一些低级浅薄的庸俗文化，而这些均以新奇时尚的语言、画面和声音等形式表现出来以吸引未成年人的眼球，对涉世不深、缺乏判断力的未成年人误导极大，有的未成年人误把语言粗鲁、玩世不恭当"时尚"，视有修养为虚伪，以游戏人生为新潮，以拼搏奋斗为不合时宜，嘲笑弱者，崇拜强者，是非混淆，善恶不分。这些内容对崇尚新知识、思想活跃、世界观、人生观和价值观尚未完全成熟的未成年人来讲将是对其心灵的考验，极易给未成年人造成道德缺失和心灵上的扭曲。

三是网络文化对未成年人身心的消极影响。由于网络的无限开放性，使得色情、不良价值观等许多不健康信息得以传播，影响未成年人正常的认知、情感和心理定位，使他们的心灵成为不良信息的奴隶，受网上色情信息的影响，使未成年人早恋，偷吃"禁果"，甚至丧失人性。正处于青春萌动的未成年人是抵挡不住大量色情信息诱惑的，这些不良信息会危及他们的身心健康，导致其人格的分裂，不利于其健康人格和正确人生观的塑造。

四是网络文化对未成年人学习的消极影响。此次问卷调查统计结果发现，大部分爱上网的学生都表示经常上网会影响学业。这是因为网络世界的精彩，对未成年人具有极大吸引力。经常上网的学生不是利用上网学习，而是利用网络玩游戏；不是利用上网查资料，而是利用网络聊天、浏览不健康信息；不是利用上网关注社会动态，而是利用网络下载影视歌曲。他们把大部分时间都花在玩网络游戏、聊天、浏览不健康信息上。同时，长期上网注意力高度集中，使生理、心理负担加重，可能导致紧张、烦躁、焦虑、易怒及其他精神方面的疾病，造成身心疲惫，最终荒废自己的学业。

综上，网络作为新的媒体形式正逐步进入校园、进入家庭、进入社会，已成为学校文化、家庭文化、社会文化的重要组成部分。网络文化以其特有的方式深刻地影响着未成年人，特别对未成年人的思想道德观念、世界观、人生观、价值观、身心和学习的影响尤为突出。但是，只要我们积极构建健康文明、蓬勃向上，既富有情趣又有吸引力的校园网络文化环境，家庭网络文化环境，社会网络文化环境，使未成年人在健康文明的环境中获得信息和培养能力，树立正确的信息价值观和道德观，自觉抵御不良信息的侵袭，就一定能够使哈尔滨市未成年人成长为社会主义现代化建设的"四有"新人，成长为社会和国家的栋梁。

（四）一些未成年人"痴迷"网络的原因

在大兴网络文明之风，提倡文明上网、健康上网的今天，哈尔滨市有关部门积极采取行动，为净化哈尔滨市的网络环境，做出了很大贡献。但未成年人上网、游走于各大网吧之风没有得到有效根治，伴随着色情、枪战、杀戮、暴力、赌博等内容的网络文化，时刻都在腐蚀着未成年人的心灵。

未成年人具有较强求知欲和探寻外部世界的心理特点。网络能为未成年人提供所需的各种资料，成为未成年人了解外部世界的窗口，精彩而刺激的网络游戏更会吸引他们的注意力。而未成年人的心理尚不成熟，自制力弱，面对新事物趋之若鹜，对一些不健康的网站和游戏常常抱有好奇心，很容易陷入其中而不能自拔。孩子如果经常上网，就慢慢地会对其有"好感"，这就是"上瘾"。一旦沾染上"网瘾"，未成年人就会对其产生极度的身心依赖，类似吸毒、酗酒或赌博成瘾，很难戒掉。

未成年人的学习压力大，精神长期紧张，网络能让未成年人获得心理上的满足。专家研究发现，一些未成年人上网成瘾与自身的某些心理因素有关，一般情况下，内向敏感、压抑孤独、生活与学习遭遇挫折的学生，易沉迷于网络。因为网络不仅能令他们忘掉现实生活的各种烦恼，还可以带来心理上的群体归属感，因而渐渐对网络产生心理上的依赖。例如有的男孩学习不好，在学校很难引起别人的注意，但在网络世界里，如果游戏打得好，别人就会对其另眼相看，因此，他们在现实生活中满足不了的虚荣心，可以通过网络来实现。

未成年人一般追求我行我素，网络成为他们逃避现实烦恼的一种途径。一些未成年人在人际交往中经常出现困惑，和父母也常常缺乏交流，因而他们不愿意面对现实生活中的人。而大多数家长平时因忙于工作，对孩子的照顾只是满足于"吃饱、喝足、穿暖"，没有注意孩子的生理和心理的变化，加上代沟、教育方式不当等原因，给未成年人带来生理和心理上的苦恼，导致他们到网络中寻求精神寄托。调查发现，在那些父母关系恶劣、对孩子管教特别严厉的单亲家庭和生活困难的家庭中，容易出现子女上网成瘾的现象。

（五）消除网络文化对未成年人消极影响的措施

应加强监管力度，积极构建健康的网络环境。哈尔滨市有关部门要认真贯彻中央关于净化网络空间、促进网络发展的一系列指示精神，综合运用经济、法律、行政和技术手段，为未成年人构建健康的网络环境。当前，哈尔滨市的各个大小网吧是未成年人最主要的上网场所，政府主管部门要运用高科技手段和相关的法律法规加强对网吧的管理，严格控制网络色情等信息的传播、打击非法网站，加大对其的巡查力度，为未成年人提供一个良好的社会网络环境。

采取有效措施,加快校园网络建设的步伐。随着信息技术向教育领域的不断扩展,网络在教育、教学过程中的应用越来越普遍。但是,哈尔滨市的各中小学校的校园教育网络很大一部分没有发挥其应有的作用,据有关媒体报道:哈尔滨市开设的"绿网教室"遭到学生冷落,学校周边网吧学生却络绎不绝,这从某个侧面说明哈尔滨市校园网络建设的失败。"绿网教室"为什么遭到学生冷落?究其原因主要有以下几方面:一是校园网的内容受限,趣味性、信息量都不及互联网;二是校园网在时间上受限,学生不能在空闲时间里随时上网;三是游戏的种类不多,主要是以学习知识为主。针对"绿网教室"遭到学生冷落的原因,哈尔滨市的教育部门及各中小学校应积极采取措施,改变这种状况。一是要开设一些网络教育课堂,及时地让学生了解和意识到网络的利与弊,告诫学生要远离网吧。二是要增加"绿网教室"的信息量、放宽上网时间、适当增加趣味性和智力性游戏。三是要加快校园网络的软硬件建设。只有这样,"绿网教室"才能走进学生们的心中,才能让学生重返校园。为了使未成年人有一个良好的网络环境,哈尔滨市应加快校园网络建设的步伐。

社会各界行动起来,帮助"痴迷"网络的未成年人摆脱网络侵害。社会各界应积极引导未成年人正确使用网络,帮助"痴迷"网络的未成年人尽早摆脱网络对其的毒害;社会各界应对未成年人进行理想、道德、纪律、法制等方面的教育,逐步提高他们对真善美和假恶丑的辨别力,帮助他们正确认识网络;社会各界应帮助未成年人树立正确的"网德",使未成年人形成以上网学习为主、娱乐为辅的学习习惯,真正占领未成年人思想道德教育阵地;社会各界还应对社会上各大小网吧进行监督,如有非法容留未成年人上网的网吧,应积极向有关部门举报。同时,各有关部门也应尽职尽责,加大对网吧的监管力度。只有在全社会的共同努力下,哈尔滨市的网络环境才能真正得到净化。

家长应正确引导孩子上网。作为孩子家长应及时地让孩子认识到网络的利与弊,不能下达"限制上网令",更不能采取暴力解决孩子上网问题,要积极引导孩子正确上网。家长首先要学习一些电脑和网络知识,主动教给孩子一些"过滤"网络垃圾的方法;教导孩子明白网络和现实一样,存在真假、美丑和善恶;要让孩子知道网络是把双刃剑,既能让"秀才不出门,便知天下事",也可以扭曲人的世界观、人生观和价值观取向,毁掉人的美好前途。其次对孩子上网不能听之任之,要提出合理的约束条件。孩子自我控制力比较差,家长除了理解和宽容之外,还需要对孩子的上网时间、上网行为有一定的限制。最后帮助他们培养自我监控能力和良好的上网习惯。做到以上几点,家长们就不会"谈网色变",孩子们就会以文明、健康的方式使用网络、享受网络,并自觉远离网吧。因此,引导孩子的上网行为,家长责任重大。

未成年人自身要养成良好的上网习惯。首先,要做到劳逸结合,注意适当休息。上网前要计划,明确上网的目的和上网的时间,避免无节制地上网,做到劳逸结合。如果不是为了学习,而主要为了娱乐,则更需要有计划地上网。漫无目的地在网上"冲浪"、沉迷于网络聊天或网络游戏,时间在不知不觉中流失,这种情况更应该节制。其次,要自觉遵守未成年人网络文明公约,要从我做起,从身边小事做起,自觉成为文明上网的小网民。第三,未成年人还要互相监督,互相帮助,共同倡导文明上网的新风气。第四,未成年人要培养其他的兴趣爱好、丰富业余生活。业余时间多参加体育、文化娱乐或实践活动,不仅能充实业余文化生活,而且能提高自己处理现实问题的能力,从而减少未成年人"痴迷"网络的机会。

二、社会文化与未成年人

(一) 社会文化及社会文化环境

社会文化是某一特定人类社会在其长期发展历史过程中形成的,它主要由特定的价值观念、行为方式、伦理道德规范、审美观念、宗教信仰及风俗习惯等内容构成,它影响和制约着人们的消费观念、需求欲望及特点、购买行为和生活方式。而社会文化环境是指企业所处的社会结构、社会风俗和习惯、信仰和价值观念、行为规范、生活方式、文化传统、人口规模与地理分布等因素的形成和变动。净化社会文化环境是一项长期系统工程,全社会都应积极行动,文化环境建设要把握住对学生进行正确的思想品德教育方向,使他们不受外界低级淫秽色情等违法有害信息的影响,彻底调查清楚校内及周边文化环境情况(电游室、歌舞厅、录像厅、网吧、彩票投注站等),采用教育、法律、行政、技术等多种手段实现对校园及周边文化环境的长效管理,文化环境治理工作一定要结合安全教育同步进行才能达到最佳效果。

(二)社会文化环境对未成年人的影响

近年来,哈尔滨市未成年人犯罪呈逐年上升趋势,令人堪忧的是,未成年人中有不良行为的群体正在日益扩大,诱发犯罪的潜在因素也在不断上升。究其原因,除家庭和学校存在一定的教育失当因素之外,主要还在于未成年人人生观、世界观尚未定型,缺乏独立处理问题的能力和一定的辨别是非能力,自我约束力差,极易受社会不良环境的影响。当前社会上蔓延的拜金主义和享乐主义思想对未成年人造成了极大的不良影响,消极腐败和黄、赌、毒、封建迷信等丑恶现象经常诱导一些意志薄弱的未成年人走上犯罪道路。而中小学周围网吧、歌舞厅、游戏厅等经营性娱乐场所的存在一定程度上成了诱发未成年人犯罪的温床,这些社会文化环境存在的问题,给未成年人的学习和生活带来了严重的影响。

近年来,哈尔滨市积极贯彻落实中央和省委有关文件精神,以强化市场监管为重点,在加强日常稽查的基础上,深入开展文化和新闻出版市场整治工作,大力规范经营行为和秩序,突出抓好对网吧、游艺娱乐场所、出版物集中经营场所、印刷复制企业、运输环节和互联网、手机网站的监管,深化对校园周边文化市场环境的治理,严厉打击制售非法出版物的团伙。同时,哈尔滨市充分理解中央对净化社会文化环境工作要求的精神实质,重点抓好互联网、网吧、荧屏声频、出版物市场及校园周边环境的管理。以整治互联网低俗之风、治理黑网吧和网吧接纳未成年人、净化荧屏声频、整治出版物市场以及校园周边环境为重点,集中开展专项整治行动,取得了一些成绩,为净化和优化哈尔滨市社会文化环境、促进未成年人健康成长做出了突出贡献,得到黑龙江省有关部门的充分肯定。

(三)净化社会文化环境面临的挑战

近年来,哈尔滨市在净化社会文化环境方面做了大量工作,但仍存在着诸多急需解决的问题,如网吧接纳未成年人现象尚未杜绝;有些"黑网吧"仍未彻底根除;网络、手机短信传播不良信息;少数文化产品仍有低俗媚俗倾向以及个别校园周边环境秩序混乱等等。这些现象严重毒害未成年人的心灵,危害他们的身心健康,殃及千家万户,在社会上造成十分恶劣的影响，具体表现在：

"黑网吧"不同程度地存在。虽然哈尔滨市多次开展了整治黑网吧的专项行动，但在一些城乡结合部、城中村、小型社区和偏远乡村等监管力量薄弱的区域，"黑网吧"仍不同程度地存在，这些黑网吧大多经营场地狭窄，电线杂乱，闭锁门窗，存在严重的人身及消防安全隐患。他们没有按照规定悬挂任何证照，虽然有些黑网吧醒目地悬挂着"禁止未成年人入内"的标语，但里面却有未成年人出入，况且这些黑网吧大量传播有害信息，严重影响了网吧正常经营秩序，败坏了社会风气，影响社会稳定和社会主义精神文明建设，影响未成年人的身心健康，甚至使未成年人走上违法犯罪的道路，已经成为社会公害。老百姓对黑网吧屡禁不止、打而复生、网吧超时经营、违规接纳未成年人等现象的反应十分强烈。

网络、手机短信传播不良信息。哈尔滨市有关部门在净化荧屏、声频行动中取得了一些效果，得到了社会的广泛认可。但网络、手机短信传播不良信息的情况没有得到有效控制，一些网络传播暴力、恐怖、淫秽色情等信息；一些手机短信传播星相占卜、暧昧情色、美女视频、有"色"声讯等不良信息。这些不良信息使得多少孩子沉迷游戏而通宵达旦，致使精神萎靡，学习成绩下降；使得多少孩子沉迷网上聊天，产生网恋而离家出走；使得多少孩子被网上的黄色图片、小说、色情电影、暴力内容等所侵扰而精神萎靡不振，甚至走上犯罪的道路。况且这些不良信息严重污染了社会风气，在社会上造成了很坏的影响，对未成年人身心是一种伤害。这些情况应引起有关部门的高度重视，采取有效措施，为哈尔滨市未成年人健康成长创造良好的网络环境。

非法出版物屡禁不止。哈尔滨市出版物市场主流是好的，但一些非法出版物仍屡禁不止，特别是政治性非法出版物、淫秽色情、侵权盗版出版物依然存在，严重影响了哈尔滨市出版物市场的正常秩序、社会反响极大。一是一些商城和摊点有销售政治性非法读物的现象；二是一些商城和摊点销售淫秽色情及低俗出版物；三是部分正规经营场所销售侵权盗版出版物问题比较严重；四是游商地摊及无证照经营者兜售侵权盗版出版物问题屡禁不止。这些问题，对哈尔滨市出版物市场和净化社会文化环境工作造成了较坏影响，必须坚决予以取缔和整治。

校园周边环境秩序混乱。校园周边是学生经常出入活动的地方，环境好坏对学生健康成长有着十分重要的影响。哈尔滨市一些学校周边不同程度地存在混乱无序状态和治安、交通隐患。一些不法经营者见利忘义,采取流动经营、打擦边球等方式,向学生兜售不良文化产品,引诱学生从事各种不良文化活动,既干扰了学生学习,又败坏了校园风气。因此,各有关部门要积极行动起来,坚决取缔校园周边无照经营行为,大力打击各种面向学生出售小玩具、小食品、餐饮等有碍学生身心健康的非法经营行为,加大"扫黄打非"力度,严厉打击在校园周边贩卖非法出版物、淫秽盗版光盘的违法行为,为未成年人创造一个良好的校园周边环境。

三、加强网络和社会文化环境建设对策与建议

净化网络和社会文化环境,促进未成年人健康成长是一项长期的政治任务,哈尔滨市各有关部门在市场监管方面要突出工作重点,认真履行职责,不推诿、不扯皮,做到分工明确,行为规范,依法行政,措施有力,努力形成条块结合、上下联动、协调有力、运转有序的工作格局,为规范市场秩序、为未成年人的健康成长创造良好的网络和社会文化环境做出贡献。

(一)加强领导,建立健全组织协调机制

哈尔滨市各有关部门要增强政治意识、大局意识、责任意识,按照属地管理、分级管理和谁主管谁负责、谁审批谁负责的原则,把净化网络和社会文化环境工作摆上重要议事日程。建议成立由哈尔滨市文明办牵头,哈尔滨市教育局、哈尔滨市公安局、哈尔滨市工商局、哈尔滨市广电局、哈尔滨市文化和新闻出版局、哈尔滨团市委、哈尔滨市妇联、哈尔滨市关工委等部门参加的全市净化网络和社会文化环境工作协调小组。各部门既要紧密配合、相互协作,又要各负其责、各尽其职。各部门的主要职责是:哈尔滨市文明办主要负责与各有关部门的组织协调,哈尔滨市教育局主要负责学校道德教育、校园文化建设和校外活动场所建设管理,哈尔滨市公安局主要负责打击网络、手机淫秽色情等网上违法犯罪活动和互联网安全监督管理,哈尔滨市文化和新闻出版局主要负责对网吧、网络游戏、网络音乐、动漫等的监管和出版物市场、互联网出版监管和网络游戏的网上出版前置审批以及对境外著作权人授权的互联网游戏作品的审批,哈尔滨市工商局主要负责对文化市场主体资格的监管,哈尔滨市广电局主要负

责广播影视节目及影视动漫节目创作生产、播出播放和网络、手机视听节目监管，哈尔滨团市委主要负责未成年人权益保护和预防未成年人违法犯罪有关工作，哈尔滨市妇联主要负责未成年人家庭教育工作，哈尔滨市关工委主要负责组织"五老"人员做好关心教育下一代工作。哈尔滨市净化网络和社会文化环境工作协调小组要不定期召开联席会议，督促检查有关文件的贯彻落实情况，组织协调专项整治行动。

(二) 加大对"黑网吧"的打击力度，着力营造良好的社会环境

黑网吧不仅出现在经营活动的商业区域，而且向居住区、学校周边延伸，这极大地影响到未成年人的对网瘾网游的抵制和健康发展。只有加大单边力度，营造风清气正的健康发展环境，才能为未成年人的思想道德建设提供良好的外部环境。

(三) "三管齐下"建立"不良信息"长效整治机制，着力营造良好的网络环境

在与"不良信息"的斗争中，单靠使用者自觉自律的方式，显然远远不够。要拔除网络"毒草"，建立"不良信息"长效整治机制，需要从信息制造、信息传播、信息访问三方面入手，"遏制源头，监管传播，控制访问"。首先，遏制"不良信息"的源头。通过立法及执法手段严惩"不良信息"制造者，对发布"不良信息"的网民或是网站进行相应的经济制裁，严重者追究其刑事责任。要让他们知道"疼"，感到"怕"，从重打击那些制造"不良信息"的不法分子。其次，监管"不良信息"的传播。建立严格的内容审核制度，要求互联网从业者自律自查外；设立举报制度，发动网民的巨大力量进行监督和举报。最后，控制对"不良信息"的访问。在未成年人能够接触到互联网的任何场所，例如学校和网吧等地方加装网页过滤技术和产品，对"不良信息"进行封堵和过滤，使得未成年人不能接触到"不良信息"。在互联网内容清理与整治的浪潮之下，唯有建立起一套多角度、长期有效的"不良信息"整治机制，"遏制源头，监管传播，控制访问"，运用经济、法律与技术手段，才能还网络一片净土，才能使未成年人少受伤害。

(四) 规范出版物市场，着力营造良好的市场环境

哈尔滨市各有关部门要深入开展"扫黄打非"斗争，充分运用法

律、行政、经济、舆论等多种手段,加大执法力度,严厉打击各种非法出版物。结合哈尔滨市实际,在抓好集中清理整顿的同时,要充分发动群众,进一步完善举报制度;要充分发挥大众媒体的作用,将制黄贩黄、盗版盗印等行为给予揭露和曝光;要充分发挥城市社区、街道、居委会、派出所和农村乡、镇、村等基层组织的作用,确保我市出版物市场规范有序和健康发展。在市场监管方面,要做到"四个结合",一是集中打击与日常管理相结合。集中打击时间短,见效快,能够广泛发动群众,震慑不法分子。经常性管理能巩固集中打击的成果,能把治本和治标结合起来。二是定期检查与突击检查相结合。定期检查,使经常性的管理工作能落到实处,能够坚持常抓不懈。但不法分子往往看风使舵,如果配以突击检查,将会使不法分子莫测规律,猝不及防,以达到出其不意的效果。三是白天检查与晚上检查结合起来。出版物的销售活动主要在白天,淫秽录像往往又在夜晚播放,白天晚上有重点地检查,才能做到疏而不漏。四是明察与暗访结合起来。不法分子越来越狡猾,手段也愈加高明和隐蔽。明察,不法分子有一定防范对策,收效不大。如果配以乔装打扮侦察、暗访,使不法分子防不胜防,就能达到攻其不备的效果。切实做好"四个结合",管理工作才能长流水不断线,出版物市场的监管工作才能真正落到实处。

(五)加大打击力度,着力营造良好的校园周边环境

哈尔滨市有关部门要以校园周边经营场所为重点区域,以维护校园周边良好秩序为工作重点,花大气力进行综合整治。一要坚决取缔中小学周边的娱乐场所。哈尔滨市各有关部门要认真落实有关规定,坚决依法取缔中小学校周围200米内开办的电子游艺室、歌舞厅、网吧、彩票投注站点,禁止并清查中小学校周围600米以内设立的彩票专营场所、小报小刊摊点和音像制品店,清理整治容易给学生造成不良影响的洗浴按摩场所和成人用品商店。对在校园周边的娱乐场所,要进一步加强监管,严禁容留中小学生娱乐消费,一旦发现要严管重罚,情节严重的要吊销其营业证照。二要严厉打击校园周边的游商小贩和违法违规经营行为。加强对学校周边商业网点的管理,严禁向未成年人出售和散发淫秽色情"口袋书"、音像制品、有害卡通画册、玩具、非法小广告等不良出版物和物品。要坚决取缔经营不良文化产品的无证照摊点,确保不出

售不良出版物及同类商品。加强对不良出版物的源头监管，强化对印刷、复印网点的检查，坚决防止危害未成年人身心健康的出版物流入市场。三要加强对中小学生校外安全的监管。对中小学校及周边交通、治安、消防、食品卫生等安全方面存在的问题，要全面排查，消除隐患。对违规经营、无证经营、占道经营，特别是对上学、放学期间和课间设置的马路摊点要坚决取缔。

第九章　共享蓝天：哈尔滨留守儿童服务体系建设

近年来，国家、省（市）都非常重视农村留守儿童工作，相继出台了一系列政策法规，为建立健全村留守儿童关爱服务体系指明了方向。《全国未成年人思想道德工作测评体系》把农村留守儿童问题列入测评体系当中，可见国家对此项工作非常重视。同时该体系要求，"将农村留守儿童教育、管理和服务工作纳入政府统筹城乡发展和建设社会主义新农村的总体任务；建立农村留守儿童工作联席会议，形成部门联动机制。各责任单位有具体工作措施；将留守儿童权益保护纳入相关法规政策之中；乡镇政府、村委会掌握了解留守儿童及其监护人的基本情况，定期组织开展本辖区内留守儿童的普查统计工作，依法督促家长或临时监护人履行教育和监护责任"。在加强和创新社会管理、建设美丽中国的时代背景下，关爱农村留守儿童是全社会义不容辞的责任。农村留守儿童这一特殊群体是伴随着工业化和城镇化的不断推进，经济社会转型而出现的。加快构建以政府为主导、社会和各部门参与、家庭监护到位的关爱服务体系，是保障农村留守儿童生存发展的现实需要。近年来，哈尔滨市随着城镇化进程的不断加快，现有的农村留守儿童关爱服务体系存在的问题日益凸显。如何解决这些问题，理应成为哈尔滨市有关部门今后工作的重点，从而为哈尔滨市农村留守儿童健康成长创造良好环境和必要条件；为健全哈尔滨市农村留守儿童关爱服务体系贡献力量。

一、未成年人与留守儿童

（一）留守儿童

在中国有这样一个群体：他们的父母为了生计外出打工，用勤劳获取家庭收入，为经济发展和社会稳定做出了贡献，但他们却留在了农村家里，与父母相伴的时间微乎其微，包括内地城市，也有父母双双外出去繁华都市打工。这些本应是父母掌上明珠的儿童集中起来便成了一个特殊的弱势群体——留守儿童。留守儿童，是指父母双方或一方外出到外地打工，而自己留在农村生活的孩子们。他们一般与自己的父亲或母亲中的一人，或与隔辈亲人，甚至父母亲的其他亲戚、朋友一起生活。然而，近年来对留守儿童问题心理的剖析越来越深入，使得留守儿童的成长压力越来越大。事实上，并非所有留守儿童都像报道的那样。坚强乐观，自信懂事，天真活泼，爱玩爱闹也是大部分留守儿童真实生活的写照。

留守儿童问题是近年来一个突出的社会问题。随着中国社会政治经济的快速发展，越来越多的青壮年农民走入城市，在广大农村也随之产生了一个特殊的未成年人群体——农村留守儿童。留守的少年儿童正处于成长发育的关键时期，他们无法享受到父母在思想认识及价值观念上的引导和帮助，成长中缺少了父母情感上的关注和呵护，极易产生认识、价值上的偏离和个性、心理发展的异常，一些人甚至会因此而走上犯罪道路。

根据国家权威调查，中国农村目前"留守儿童"数量超过了5800万人。57.2%的留守儿童是父母一方外出，42.8%的留守儿童是父母同时外出。留守儿童中的79.7%由爷爷、奶奶或外公、外婆抚养，13%的孩子被托付给亲戚、朋友，7.3%为不确定或无人监护。

（二）留守儿童关爱服务体系

2016年2月15日，国务院印发《关于加强农村留守儿童关爱保护工作的意见》（以下简称《意见》），提出加强农村留守儿童关爱保护工作、维护未成年人合法权益，是各级政府的重要职责，也是家庭和全社会的共同责任。要以促进未成年人健康成长为出发点和落脚点，不断健全法律法规和制度机制，强化家庭监护主体责任，加大关爱保护力度，逐步减少儿童留守现象，确保农村留守儿童安全、健康、受教育等权益得到有效保障。

《意见》提出，要建立完善农村留守儿童关爱服务体系。一是依法强化家庭监护主体责任，对外出务工父母履行监护职责提出具体要求，明确加强家庭监护监督指导的具体措施。二是落实县、乡镇人民政府和村（居）民委员会职责，明确县级人民政府统筹协调和督促检查责任，要求乡镇人民政府（街道办事处）和村（居）民委员会及时掌握农村留守儿童基本情况,加强对家庭监护的监督、指导,确保农村留守儿童得到妥善照料。三是加大教育部门和学校关爱保护力度,明确教育部门、中小学校在农村留守儿童学习教育、心理健康、生活照顾、安全管理等方面的职责任务。四是要求各级工会、共青团、妇联、残联、关工委等群团组织发挥优势,积极为农村留守儿童及其家庭提供关爱服务。五是通过政府购买服务等方式,支持社会工作服务机构、公益慈善类社会组织、志愿服务组织等社会力量为农村留守儿童提供专业服务;支持社会组织、爱心企业举办农村留守儿童托管服务机构。

哈尔滨市为切实维护农村留守儿童合法权益,促进农村留守儿童健康成长,根据《国务院关于加强农村留守儿童关爱保护工作的意见》(国发〔2016〕13号)和《黑龙江省人民政府关于加强农村留守儿童关爱保护工作的实施意见》(黑政发〔2016〕20号)精神,结合哈尔滨市实际,于2016年底出台了《哈尔滨市人民政府关于加强农村留守儿童关爱保护工作的实施意见》哈政发〔2016〕22号。该文要求全面建立家庭、政府、学校尽职尽责,社会力量积极参与的农村留守儿童关爱保护工作体系,形成关爱保护工作长效机制。从落实家庭监护主体责任、明确各级政府及基层组织主要责任、强化部门协同保护、注重发挥群团组织优势和引导支持社会力量参与等方面建立关爱服务体系。

二、建设留守儿童关爱服务体系的理论依据及现实意义

(一)理论依据

农村留守儿童和其他儿童一样,都是祖国的未来和希望,都需要全社会的共同关心。做好农村留守儿童关爱服务工作,不仅关系到农村留守儿童的健康成长,而且关系到留守儿童家庭幸福与社会和谐,更关系到全面建成小康社会的大局。近年来,国家非常重视农村留守儿童工作,将其作为加强和创新社会管理的重要内容。国务院颁布的《国家中长期教育改革和发展规划纲要(2010—2020年)》中明确提出,"要建立健全政府主导、社会参与的农村留守儿童关爱服务体系和动态监测机制"。《中国儿童发展纲要(2011—2020年)》把健全农村留守儿童关爱服务机制作为重要的指标任务,提出到2020年,90%以上的城乡社区要建设1所为儿童及其家庭

提供游戏、娱乐、教育、卫生、社会心理支持和转介服务的儿童之家。党的十八届三中全会再次提出，要建立健全农村留守儿童关爱服务体系，并明确由民政部牵头此项工作。2014年9月，国务院出台的《关于进一步做好农民工服务工作的意见》，也把农村留守儿童关爱服务体系作为重要内容。2015年，哈尔滨市出台的《哈尔滨市人民政府关于进一步做好为农民工服务工作的实施意见》指出，"实施'共享蓝天'关爱农村留守儿童行动，优先满足留守儿童入托和寄宿需求"。这为哈尔滨市健全留守儿童关爱服务工作提供了政策依据。同时，哈尔滨市还按照中央的统一要求和部署，以促进农村留守儿童健康成长为出发点和落脚点，不断健全法律法规和制度机制，强化家庭监护主体责任，加大关爱保护力度，确保农村留守儿童安全、健康、受教育等权益得到有效保障。

(二) 现实意义

健全农村留守儿童关爱服务体系工作是一项重大而紧迫的战略任务，事关全局，意义重大。做好哈尔滨市农村留守儿童关爱服务体系工作，对我省农村留守儿童落实科学发展观、推进青少年素质教育、树立正确世界观、人生观和价值观、改进中小学校德育和促进青少年健康成长等方面都具有十分重要的现实意义。

健全农村留守儿童关爱服务体系，是落实科学发展观的需要。科学发展观的本质和核心是以人为本。树立和落实科学发展观，其落脚点和着眼点在于人，归根到底是为了人的全面发展。现在的农村留守儿童也是未来建设者的一份子，对他们的培养和教育，关系到一个地区的可持续发展。如果忽视农村留守儿童的健康成长来谈经济社会的全面协调可持续发展，那么树立和落实科学发展就会成为一句空话。因此，哈尔滨市要紧紧围绕健全农村留守儿童服务体系的各项任务展开工作，为他们的健康成长投入更大的力量，付出更多的精力，提供更好的条件，创造更好的环境，扎实推进这一意义深远的希望工程。

健全农村留守儿童关爱服务体系，是推进未成年人素质教育的需要。中共中央国务院出台的《关于进一步加强和改进未成年人思想道德建设的若干意见》，把"立德树人"作为教育的根本任务，摆在未成年人思想道德建设工作的首要位置。因此，哈尔滨市有关部门应从提高农村留守儿童的基本素质做起，促进他们的全面发展。努力培育留守儿童的劳动意识、创造意识、效率意识、环境意识和进取精神、科学精神以及民主法制观念，增强他们的动手能力、自主能力和自我保护能力，引导他们保持蓬勃朝气、旺盛活力和昂扬向上的精神状态，激励他们勤奋学习、大胆实践、勇于创造，使他们的思想道德素质、科学文化素质和健康素质得到全面提高。

健全农村留守儿童关爱服务体系，是树立正确世界观、人生观和价值观的需要。健全农村留守儿童关爱服务体系，是贯彻落实十八大、十八届三中全会精神和习近平主席系列讲话精神的需要，也是培养中国特色社会主义事业建设者和接班人的需要。完善农村留守儿童关爱服务体系，不仅有利于留守儿童树立正确的世界观、人生观和价值观，还有利于培养他们高尚的思想品质和良好的道德情操。留守儿童正确人生观的树立，高尚道德人格的养成，健康审美趣味的提升，是检验哈尔滨市未成年人思想道德建设工作的重要指标。因此，哈尔滨市有关部门要充分认识这一历史使命，真正把健全农村留守儿童关爱服务体系工作抓紧抓实。要坚持以人为本，德育为先，始终把立德树人作为工作的根本任务追求。要加强留守儿童体育锻炼，提高他们的身体素质，促进他们健康全面发展。要关注留守儿童身心发展，切实加强留守儿童的心理健康教育，培养他们健全的人格。要用先进文化教育农村留守儿童，引导他们弘扬时代精神，传承中华文明，践行社会主义核心价值观，帮助他们牢固树立正确的世界观、人生观和价值观。

健全农村留守儿童关爱服务体系，是改进哈尔滨市中小学德育工作的需要。加强农村留守儿童心理健康教育，必须把改进学校教育摆在重要位置。如何确保留守儿童的心理健康，是我省德育工作面临的一个突出问题。一方面，随着改革的深入和社会主义市场经济的发展，当今社会复杂多变，竞争加剧，矛盾凸显，农村留守儿童在心理上经受着强烈的、持续性的冲击，心理疾病日益增多；另一方面，留守儿童正处于身心发育时期，普遍智力发育较好，但心理脆弱，承受能力差。同时，由于课业负担繁重，以及生活中的各种挫折，许多留守儿童面临的精神压力越来越大，从而引发心理疾病。因此，重视留守儿童的心理健康，积极向他们开展心理健康教育及心理咨询，关心他们人格的健全发展，应该成为哈尔滨市德育工作不可或缺的重要内容。

健全农村留守儿童关爱服务体系，是促进青少年健康成长的需要。加强和改进未成年人思想道德建设工作是时代的要求、人民的期望。当前，哈尔滨市未成年人思想道德建设工作确实取得了一些成绩，但在健全农村留守儿童关爱服务体系方面还存在许多困难、问题和薄弱环节。农村留守儿童的健康成长仍是社会普遍关注的问题。面对人民的新期待，哈尔滨市各有关部门应以对党和人民高度负责的精神，充分认识健全农村留守儿童关爱服务体系工作的长期性、复杂性和艰巨性，认清做好农村留守儿童关爱服务体系工作的责任感、紧迫感和使命感，进一步建立健全哈尔滨市农村留守儿童关爱服务体系，为他们的健康成长保驾护航。

三、留守儿童关爱服务体系建设面临的挑战

目前，哈尔滨市留守儿童关爱与服务体系已初步形成，寄宿制学校、心理咨询室、家长学校、代理家长、职业代理家长、托管家庭、社区亲情室、亲情电话、亲子团聚等关爱服务形式对农村留守儿童健康成长起到了积极促进作用，但在实际工作中仍然存在一些问题，具体表现在：

（一）部门协调机制不健全

留守儿童关爱服务体系建设工作需要多部门联动才能做好，光靠一个部门不能从根本上解决我省留守儿童的现实问题。目前，哈尔滨市多个部门针对不同内容都在负责农村留守儿童的管理工作，从实际情况看，效果不是很好。同时，一些部门制定的农村留守儿童的具体政策也仅仅停留在文件和口号中。特别是绩效评估机制的缺失，造成农村留守儿童的关爱和服务成为一种"慈善"，缺乏制度规范和激励，主要靠道德来约束。因此，哈尔滨市有关部门和社会团体必须高度重视这一特殊群体，积极建立农村留守儿童部门协调机制，为他们的健康成长保驾护航。

（二）资金支持不足

从2015年哈尔滨市教育厅预算总支出来看，根本没有农村留守儿童关爱服务体系建设专项资金。同时，由于义务教育资金需求和经费供给存在较大的差距，以至于很多乡镇难以摆脱农村义务教育困境，无法保障义务教育的质量。教育管理部门和学校资金有限，很难为农村留守儿童关爱服务体系建设工作提供专项基金。

（三）社会各界对留守儿童关爱不够

关爱农村留守儿童工作是全社会的责任，需要社会各界的共同努力。但从哈尔滨市的实际情况看，一些社会团体、志愿者组织在帮扶时面临着没有相关职能和缺乏资金的问题，关爱和服务农村留守儿童工作很难推进；同时，一些企业开展关爱和服务工作往往追求利益最大化，纯公益性关爱服务留守儿童活动无法实现收益，所以参与度并不高。这就需要哈尔滨市有关部门出台相关文件，为社会各界关爱和服务农村留守儿童提供政策支持。

（四）社区服务机制建设不完善

从哈尔滨市实际情况看，很多村屯的社区服务机制建设并不完善，留守儿童的监护还处在家庭之间、邻里之间的互帮互助的原始阶段，没有成为社区服务的重要组成部分，也没能实现更多的借助社会力量来共同承担留守儿童的监护任务。这就导致了很多祖父母承担了监护农村留守儿童的责任，但祖父母由于受教育程度偏低，只能在孩子吃饱穿暖上给予生活照顾，对孩子安全防护、心理健康和科学教育等方面显得很乏力。因此，完善社区服务机制建设，给农村留守儿童提供更多的关爱和服务很有必要。

（五）家庭对留守儿童的教育和情感支持弱化

哈尔滨市很多留守儿童父母为改善经济条件外出打工，无法亲自照顾子女，无法给予子女应有的情感支持。大多数留守儿童都希望父母在自己身边，而父母陪伴的缺失，使他们有心事无处倾诉，严重威胁留守儿童的心理健康。同时，留守儿童的成长离不开父母的直接教育，由于外出打工，没有时间监督孩子学习，更没有时间对孩子进行思想品德教育。长此以往，很多留守儿童学习成绩下降，导致厌学、辍学，流落社会，甚至走上违法犯罪的道路。

四、留守儿童关爱服务体系建设的主要做法

据不完全统计，哈尔滨市现有农村留守儿童6.1万人左右，占哈尔滨市儿童总人数的四分之一左右，主要分布在巴彦、五常、双城、宾县、尚志、依兰等地。近年来，哈尔滨市高度重视农村留守儿童这一特殊群体，将农村留守儿童工作纳入经济社会发展总体规划和重点民生项目；并在健

全农村留守儿童关爱服务体系方面进行了积极的探索实践，针对留守儿童面临的突出问题，出台了一系列政策措施，在探索留守儿童关爱模式、构建关爱服务体系建设方面积累了宝贵经验，取得了良好效果。

（一）打造关爱服务品牌，为留守儿童送"关爱"

近年来，哈尔滨市在打造农村留守儿童关爱服务品牌方面做了很多工作，取得了一定的成绩。有关部门按照引导全社会长期关注留守儿童需求的工作思路，精心谋划、努力打造社会认同、群众认可的服务品牌。如市妇联连续两年开展"爱心妈妈"捐助留守儿童每天一杯奶活动，向社会招募2400名爱心妈妈，出资为留守儿童每天提供新鲜牛奶。"爱心妈妈"品牌项目已入围第三届中国公益慈善项目实施类百强名单。通过这样一些活动，使哈尔滨市的农村留守儿童体会到全社会的"关爱"，为哈尔滨市打造关爱服务品牌贡献了力量。

（二）夯实关爱服务阵地，为留守儿童送"服务"

哈尔滨市针对农村留守儿童服务阵地相对较少的现状，有关部门多方募集资金，采取自建、联建等方式，注入资金84.02万元，在全市创建儿童之家37个。其中，省、市妇联共建省级儿童之家13个，募集社会资金建立市级儿童之家24个，均按标准化"儿童之家"配备了硬件设施、课外读物和文体活动用品，由各社区妇联负责日常管理，向社会招募800余名志愿者，定期组织开展寓教于乐、丰富多彩、益于身心健康的关爱活动。道里区妇联在区委、区政府的大力支持下，筹资35万元，项目化推进建设13所留守（流动）儿童之家，工作经验被收入《全国妇联儿童工作示范集锦》。南岗区花园街道繁荣社区留守儿童之家着力解决社区留守流动儿童校外时间关爱缺失、管护缺位等问题，开展了留守儿童家长学校、四点半课堂、心理辅导等八个专项服务，为社区留守儿童营造健康向上、快乐成长的温馨家园。

（三）举办关爱服务活动，为留守儿童送"温暖"

哈尔滨市领导和社会各界都非常关注农村留守儿童，特别是每年"六一"儿童节，市里主要领导都参加留守儿童专题庆祝活动，看望留守儿童，送去节日礼物。同时，市妇联、关工委、卫生局、科技局等部门发挥各自职能优势，组织健康义诊、心理咨询、科技体验活动。按照"给关爱，给亲情，育新人，促和谐"理念，动员社会各界热心人士当代理妈妈或知心哥哥（姐姐），为农村留守儿童营造温馨的成长环境，为他们找到"家"的温暖。

（四）开展精神抚慰疏导，为留守儿童送"文化"

哈尔滨市农村留守儿童由于缺少父母的陪伴，一般都缺少精神慰藉。为此，有关部门把满足留守儿童精神文化需求摆在重要位置，在全市每个"儿童之家"都建起爱心书屋，配备儿童图书，使"儿童之家"真正成为留守儿童学习娱乐、健康成长的新乐园；在香坊区香和小学成立了市妇联留守儿童合唱团，并积极创造演出机会，百余名留守儿童在合唱团中提升自我、增长见识；与哈尔滨师范大学音乐学院联合举办关爱留守儿童慈善音乐会，所得善款全部捐赠给留守儿童。通过以上活动，使留守儿童精神上得到了抚慰，为他们的健康成长提供了精神文化食粮。

五、留守儿童关爱服务体系建设的对策与建议

哈尔滨市农村留守儿童问题根源在于对留守儿童缺乏一种亲情的关爱；缺乏一种社会大家庭的温暖；缺乏一种正确引导和监护力量的凝聚。究其原因，既有经济不发达、各项制度不健全的因素，也有家长无力家庭教育、学校教育投入不足和社会教育存在盲区等原因。我省留守儿童虽然绝对数不高，但这项工作关系到每一个留守儿童的健康成长、关系到留守儿童的家庭幸福和社会的和谐稳定。因此构建学校、家庭、社区相互衔接的关爱网络，健全政府主导、社会参与、家庭尽责的农村留守儿童关爱服务体系尤为迫切。

（一）多措并举，建立农村留守儿童关爱和服务机制

哈尔滨市要在充分调研的基础上，积极采取措施，建立农村留守儿童关爱和服务机制。一是构建"市级—各县（市）级—各乡镇（街道、社区）—村委会及村小组"的妇联组织关爱网络，推进和督促全市关爱留守儿童工作。二是在留守儿童相对集中的乡镇、村屯建立留守儿童活动中心、留守儿童之家等校外活动场所，实施全方位的关爱活动。让留守儿童在课外有良好的学习活动空间，得到相应的关爱。三是引导和教育外出务工家长转变家庭教育观念，强化监管责任。要紧紧围绕家长教育工程、摇

篮工程等开展丰富多彩的活动，广泛普及家庭教育知识，提升家长和临时监护人的家庭教育能力，满足不同层次家长的教育需求。四是充分发挥专家学者、教师、志愿者、妇女工作者、"五老"人员和优秀家长的重要作用，建立留守儿童专兼职工作队伍，开展"代理家长""亲情传递"等活动，给留守儿童予以关怀。同时，要对那些生活比较困难和问题比较突出的留守儿童给予特别的关注，有针对性地开展生活救助，解决他们的实际问题。

（二）挖掘资源，推动社会力量参与关爱和服务留守儿童工作

哈尔滨市应支持鼓励社会力量积极参与关爱和服务留守儿童工作。一是鼓励和支持有能力的社会组织、爱心企业等创办农村留守儿童托管服务机构，有关部门要依法给予相应的优惠政策。二是建立一支专业人员和志愿者相结合的关爱服务队伍。有关部门组织大学生开展社会实践活动，或组织志愿者服务队对留守儿童进行监护指导、心理疏导、行为矫治、社会融入和家庭关系调适等关爱帮扶活动。三是教育部门利用有效的教育资源为农村留守儿童服务人员进行培训，提高他们的素质，从而更好地为农村留守儿童提供关爱和服务。

（三）建立救助模式，完善社区服务机制

完善农村社区服务机制，是解决好哈尔滨市农村留守儿童问题的关键。一是建立社区生活救助模式。发挥农村民风淳朴、邻里关系融洽的优势，由社区牵头，成立党员帮扶小组和留守家庭互助小组，帮助留守儿童解决生活中遇到的实际问题，使留守儿童找到"家"的温暖。二是建立社区情感救助模式。很多留守儿童由于父母不在身边，一些情感难以宣泄，社区工作人员可以根据每个留守儿童的实际情况，给予情感上的慰藉，或把每个留守儿童的情感变化一一反馈给在外打工的父母，搭建父母与留守儿童子女沟通的情感桥梁。三是建立社区心理救助模式。通过和他们进行深入交谈、对话，对他们的心理困惑进行疏导，帮助留守儿童走出心里"困境"。

（四）强化责任，引导家长树立正确的教育观念

为了改善经济条件，哈尔滨市农村一些父母外出打工，把教育子女的责任推给了父母或社会，虽然是被生活所迫，但这种做法不可取。不论什么原因，父母必须担负起教育培养子女的责任。一是要深刻认识到子女缺

失家庭教育的危害性,妥善处理挣钱与教育培养子女的关系,不要因为赚钱而忽视对子女的教育。二是要主动学习、掌握家庭教育的一些知识和沟通技巧,通过不同渠道和方式,了解子女的学习和生活状态,不要因为忙而忽视对子女的关爱。三是外出打工父母要在文化素养、道德人格和教育观念上做孩子的榜样。并通过提高自己的知识水平,来提高科学教育子女的能力,不能把家庭教育的责任推向学校和社会。

(五)加大投入,完善农村留守儿童各项服务设施

目前中央财政中,未设立农村留守儿童帮扶资金,哈尔滨市要想解决农村留守儿童问题,必须加大资金投入力度。一是建立义务教育财政转移支付预算,以专项预算的形式,划拨专项资金,确保农村地区各项义务教育财政投入,满足农村留守儿童各项服务设施建设的需要。二是争取配套资金。在市财政对农村义务教育投入资金的基础上,各地区要结合本地财政实际情况,不同程度地划拨配套资金,解决农村留守儿童各项服务设施建设的实际问题。三是加强校园基础设施建设。根据不同村(屯)的实际情况,以农村寄宿制村小为重点,不断加强学校基础设施建设,完善农村中小学校食堂建设,不断改善学生饮食,提高农村留守儿童的健康水平。同时,要采取与爱心企业、社会各界等结对共建的方法,争取多方资金支持,为完善农村留守儿童各项社会服务贡献力量。

(六)详细摸底,建立农村留守儿童档案

哈尔滨市的农村留守儿童分布比较分散,通过详细摸底排查,建立农村留守儿童档案,不仅可以方便学校和教师及时了解留守儿童的具体情况,通过定期与其外出务工父母及时互通留守儿童信息,保持联系通畅,交换意见;定期进行座谈会,及时了解和掌握留守儿童的思想状况及学习动态,将留守儿童的相关个人情况、联系电话、家庭情况、临时监护人情况等都记录在册。还可以结合联系卡制度及家访制,在"留守儿童"成长档案中,可以定时或不定时地记录学生在校的健康情况、荣誉情况、成绩情况、评价情况等。便于学校及时与留守儿童家庭、亲邻、朋友沟通,也便于留守儿童家长、监护人和班主任更加了解留守儿童的思想、生活和学习情况,以便对其有针对性地的因材施教、因时施教。帮助农村留守儿童走出心理阴影,重塑他们的人格,使留守儿童身心得到良好的抚慰。

附录一

中共中央、国务院《关于进一步加强和改进未成年人思想道德建设的若干意见》

(中发〔2004〕8号,2004年2月26日)

为深入贯彻落实党的十六大精神,适应新形势、新任务的要求,全面提高未成年人的思想道德素质,现就进一步加强和改进未成年人思想道德建设,提出如下意见。

一、加强和改进未成年人思想道德建设是一项重大而紧迫的战略任务

(一)未成年人是祖国未来的建设者,是中国特色社会主义事业的接班人。目前,我国18岁以下的未成年人约有3.67亿。他们的思想道德状况如何,直接关系到中华民族的整体素质,关系到国家前途和民族命运。高度重视对下一代的教育培养,努力提高未成年人思想道德素质,是我们党的优良传统,是党和国家事业后继有人的重要保证。十三届四中全会以来,以江泽民同志为核心的第三代中央领导集体,坚持"两手抓、两手都要硬"的战略方针,采取一系列重大举措,在全面推进社会主义精神文明建设中,切实加强未成年人思想道德建设。十六大以来,以胡锦涛同志为总书记的党中央,从全面建设小康社会的战略高度,对新世纪新阶段进一步加强和改进未成年人思想道德建设提出了明确要求,做出了新的重要部署。各地区各部门认真贯彻中央要求,坚持以邓小平理论和"三个代表"重要思想指导未成年人思想道德建设,深入进行爱国主义、集体主义、社会主义和中华民族精神教育,大力加强公民道德教育,切实改进学校德育工作,广泛开展精神文明创建活动和形式多样的社会实践、道德实践活动,积极营造有利于未成年人健康成长的良好舆论氛围和社会环境,广大

未成年人的综合素质不断提高。热爱祖国、积极向上、团结友爱、文明礼貌是当代中国未成年人精神世界的主流。

（二）面对国际国内形势的深刻变化，未成年人思想道德建设既面临新的机遇，也面临严峻挑战。我国对外开放的进一步扩大，为广大未成年人了解世界、增长知识、开阔视野提供了更加有利的条件。与此同时，国际敌对势力与我国争夺接班人的斗争也日趋尖锐和复杂，他们利用各种途径加紧对我国未成年人进行思想文化渗透，某些腐朽没落的生活方式对未成年人的影响不能低估。我国社会主义市场经济的深入发展，社会经济成分、组织形式、就业方式、利益关系和分配方式的日益多样化，为未成年人的全面发展创造了更加广阔的空间，与社会进步相适应的新思想新观念正在丰富着未成年人的精神世界。与此同时，一些领域道德失范，诚信缺失、假冒伪劣、欺骗欺诈活动有所蔓延；一些地方封建迷信、邪教和黄赌毒等社会丑恶现象沉渣泛起，成为社会公害；一些成年人价值观发生扭曲，拜金主义、享乐主义、极端个人主义滋长，以权谋私等消极腐败现象屡禁不止等等，也给未成年人的成长带来不可忽视的负面影响。互联网等新兴媒体的快速发展，给未成年人学习和娱乐开辟了新的渠道。与此同时，腐朽落后文化和有害信息也通过网络传播，腐蚀未成年人的心灵。在各种消极因素影响下，少数未成年人精神空虚、行为失范，有的甚至走上违法犯罪的歧途。这些新情况新问题的出现，使未成年人思想道德建设面临一系列新课题。

（三）面对新的形势和任务，未成年人思想道德建设工作还存在许多不适应的地方和亟待加强的薄弱环节。一些地方和部门的领导对这项工作认识不足，重视不够，没有真正担负起领导责任；全社会关心和支持未成年人思想道德建设的风气尚未全面形成，还存在种种不利于未成年人健康成长的社会环境和消极因素；学校教育中重智育轻德育、重课堂教学轻社会实践的现象依然存在，推进素质教育的任务艰巨，教师职业道德建设有待进一步加强；随着人员流动性加大，一些家庭放松了对子女的教育，一些家长在教育子女尤其是独生子女的观念和方法上存在误区，给未成年人教育带来新的问题；未成年人思想道德建设在体制机制、思想观念、内容形式、方法手段、队伍建设、经费投入、政策措施等方面还有许多与时代要求不相适应的地方。这些问题应当引起足够重视，并采取有效措施加以解决。

（四）实现中华民族的伟大复兴，需要一代又一代人的不懈努力。从未成年人抓起，培养和造就千千万万具有高尚思想品质和良好道德修养的合格建设者和接班人，既是一项长远的战略任务，又是一项紧迫的现实任务。我们要从确保党的事业后继有人和社会主义事业兴旺发达的战略高度，从全面建设小康社会和实现中华民族伟大复兴的全局高度，从树立和落实科学发展观，坚持以人为本，执政为民的高度，充分认识加强和改进未成年人思想道德建设的重要性和紧迫性，适应新形势新任务的要求，积极应对挑战，加强薄弱环节，在巩固已有成果的基础上，采取扎实措施，努力开创未成年人思想道德建设工作的新局面。

二、加强和改进未成年人思想道德建设的指导思想、基本原则和主要任务

（五）当前和今后一个时期，加强和改进未成年人思想道德建设的指导思想是：坚持以马克思列宁主义、毛泽东思想、邓小平理论和"三个代表"重要思想为指导，深入贯彻十六大精神，全面落实《爱国主义教育实施纲要》《公民道德建设实施纲要》，紧密结合全面建设小康社会的实际，针对未成年人身心成长的特点，积极探索新世纪新阶段未成年人思想道德建设的规律，坚持以人为本，教育和引导未成年人树立中国特色社会主义的理想信念和正确的世界观、人生观、价值观，养成高尚的思想品质和良好的道德情操，努力培育有理想、有道德、有文化、有纪律的德、智、体、美全面发展的中国特色社会主义事业建设者和接班人。

（六）加强和改进未成年人思想道德建设要遵循以下原则：（1）坚持与培育"四有"新人的目标相一致、与社会主义市场经济相适应、与社会主义法律规范相协调、与中华民族传统美德相承接的原则。既要体现优良传统，又要反映时代特点，始终保持生机与活力。（2）坚持贴近实际、贴近生活、贴近未成年人的原则。既要遵循思想道德建设的普遍规律，又要适应未成年人身心成长的特点和接受能力，从他们的思想实际和生活实际出发，深入浅出，寓教于乐，循序渐进。多用鲜活通俗的语言，多用生动典型的事例，多用喜闻乐见的形式，多用疏导的方法、参与的方法、讨论的方法，进一步增强工作的针对性和实效性，增强吸引力和感染力。（3）

坚持知与行相统一的原则。既要重视课堂教育,更要注重实践教育、体验教育、养成教育,注重自觉实践、自主参与,引导未成年人在学习道德知识的同时,自觉遵循道德规范。(4)坚持教育与管理相结合的原则。不断完善思想道德教育与社会管理、自律与他律相互补充和促进的运行机制,综合运用教育、法律、行政、舆论等手段,更有效地引导未成年人的思想,规范他们的行为。

(七)未成年人思想道德建设的主要任务是:(1)从增强爱国情感做起,弘扬和培育以爱国主义为核心的伟大民族精神。深入进行中华民族优良传统教育和中国革命传统教育、中国历史特别是近现代史教育,引导广大未成年人认识中华民族的历史和传统,了解近代以来中华民族的深重灾难和中国人民进行的英勇斗争,从小树立民族自尊心、自信心和自豪感。(2)从确立远大志向做起,树立和培育正确的理想信念。进行中国革命、建设和改革开放的历史教育与国情教育,引导广大未成年人正确认识社会发展规律,正确认识国家的前途和命运,把个人的成长进步同中国特色社会主义伟大事业、同祖国的繁荣富强紧密联系在一起,为担负起建设祖国、振兴中华的光荣使命做好准备。(3)从规范行为习惯做起,培养良好道德品质和文明行为。大力普及"爱国守法、明礼诚信、团结友善、勤俭自强、敬业奉献"的基本道德规范,积极倡导集体主义精神和社会主义人道主义精神,引导广大未成年人牢固树立心中有祖国、心中有集体、心中有他人的意识,懂得为人做事的基本道理,具备文明生活的基本素养,学会处理人与人、人与社会、人与自然等基本关系。(4)从提高基本素质做起,促进未成年人的全面发展。努力培育未成年人的劳动意识、创造意识、效率意识、环境意识和进取精神、科学精神以及民主法制观念,增强他们的动手能力、自主能力和自我保护能力,引导未成年人保持蓬勃朝气、旺盛活力和昂扬向上的精神状态,激励他们勤奋学习、大胆实践、勇于创造,使他们的思想道德素质、科学文化素质和健康素质得到全面提高。

三、扎实推进中小学思想道德教育

(八)学校是对未成年人进行思想道德教育的主渠道,必须按照党的教育方针,把德育工作摆在素质教育的首要位置,贯穿于教育教学的各个环节。要把弘扬和培育民族精神作为思想道德建设极为重要的任务，纳入中小学教育的全过程。加快中小学思想品德、思想政治课的改进和建设，充分利用和整合各种德育资源，深入研究中小学生思想品德形成的规律和特点，把爱国主义教育、革命传统教育、中华传统美德教育和民主法制教育有机统一于教材之中，并保证占有适当分量，努力构建适应21世纪发展需要的中小学德育课程体系。积极改进中小学思想品德、思想政治课教学方法和形式，采用未成年人喜闻乐见、生动活泼的方式进行教学，把传授知识同陶冶情操、养成良好的行为习惯结合起来。要积极探索实践教学和学生参加社会实践、社区服务的有效机制，建立科学的学生思想道德行为综合考评制度。要因地制宜，积极开展各种富有趣味性的课外文化体育活动、怡情益智的课外兴趣小组活动和力所能及的公益性劳动，培养劳动观念和创新意识，丰富课外生活。要加强心理健康教育，培养学生良好的心理品质。要把思想品德教育与法制教育紧密结合起来，使二者有机统一，相辅相成。要在中小学生中广泛开展"珍惜生命、远离毒品"教育和崇尚科学文明、反对迷信邪教教育，坚决防止毒品、邪教进校园。要加强工读学校建设，对有不良行为的未成年人进行矫治和帮助。要采取坚决措施，改革课程设置、教材和教学方法，切实减轻中小学生的课业负担，为加强学生思想道德建设，增强创新精神和实践能力，培育德、智、体、美全面发展的社会主义事业接班人创造良好条件。

（九）要依据不同年龄段学生的特点，抓紧修订和完善中小学生《守则》和日常行为规范。对小学生重点是规范其基本言行，培养良好习惯。对中学生重点是加强爱祖国、爱人民、爱劳动、爱科学、爱社会主义教育，引导他们树立正确的理想信念和世界观、人生观、价值观。制定和推行行为规范，要以促进学生全面发展为出发点和落脚点，反映时代和社会进步的要求，体现对学生的尊重与信任，引导学生自觉遵纪守法。

（十）切实加强教师职业道德建设。学校全体教职员工要树立育人为本的思想，认真贯彻《中华人民共和国教育法》《中华人民共和国教师法》和《中小学教师职业道德规范》，热爱学生，言传身教，为人师表，教书育人，以高尚的情操引导学生德、智、体、美全面发展。教育行政部门和学校要制定和完善有关规章制度，调动全体教师的工作积极性与责任感，充分发挥广大教师在全面推进素质教育进程中的主力军作用。要完善学校的班主任制度，高度重视班主任工作，选派思想素质好、业务水平高、奉献精神强的优秀教师担任班主任。学校各项管理工作、服务工作也要明确育人职责，做到管理育人、服务育人。

四、充分发挥共青团和少先队在未成年人思想道德建设中的重要作用

（十一）加强中学团组织建设，把中学共青团工作纳入学校素质教育的总体布局，推荐优秀青年教师做团的工作。要办好中学生业余团校，配合学校党组织办好高中生业余党校，在确保质量、坚持标准的前提下，做好在高中生中择优培养发展党员的工作。加强对中学学生会工作的指导，更好地发挥他们的作用。

（十二）把少先队工作纳入教育发展规划，把对少先队工作的指导、检查、考核纳入教育行政部门的督导、评估范畴。各级共青团组织和教育行政部门的有关负责同志要参与同级少先队工作委员会工作。中小学校党组织和行政部门要积极支持少先队开展活动，并选派优秀青年教师担任少先队辅导员，把少先队辅导员培训纳入师资培训体系。要建立和完善校外辅导员制度，选聘热心少先队工作、有责任心、有能力、有经验的人士担任校外志愿辅导员。少先队小干部要实行民主选举，定期轮流任职。共青团组织和教育、民政等部门要密切协作，积极推进社区少工委建设，扩大少先队工作的覆盖面。

五、重视和发展家庭教育

（十三）家庭教育在未成年人思想道德建设中具有特殊重要的作用。要把家庭教育与社会教育、学校教育紧密结合起来。各级妇联组织、教育行政部门和中小学校要切实担负起指导和推进家庭教育的责任。要与社区密切合作，办好家长学校、家庭教育指导中心，并积极运用新闻媒体和互联网，面向社会广泛开展家庭教育宣传，普及家庭教育知识，推广家庭教育的成功经验，帮助和引导家长树立正确的家庭教育观念，掌握科学的家庭教育方法，提高科学教育子女的能力。充分发挥各类家庭教育学术团体的作用，针对家庭教育中存在的突出问题，积极开展科学研究，为指导家

庭教育工作提供理论支持和决策依据。

（十四）党政机关、企事业单位和社区、村镇等城乡基层单位，要关心职工、居民的家庭教育问题，教育引导职工、居民重视对子女特别是学龄前儿童的思想启蒙和道德品质培养，支持子女参与道德实践活动。注意加强对成年人的思想道德教育，引导家长以良好的思想道德修养为子女作表率。要把家庭教育的情况作为评选文明职工、文明家庭的重要内容。特别要关心单亲家庭、困难家庭、流动人口家庭的未成年子女教育，为他们提供指导和帮助。要高度重视流动人口家庭子女的义务教育问题。进城务工就业农民流入地政府要建立和完善保障进城务工就业农民子女接受义务教育的工作制度和机制。流出地政府要积极配合做好各项服务工作。民政部门及其所属的儿童福利机构和流浪儿童救助保护机构，要按照《中华人民共和国未成年人保护法》等有关法律法规的要求，做好孤残儿童合法权益的保护工作和流浪儿童的救助保护工作。

六、广泛深入开展未成年人道德实践活动

（十五）思想道德建设是教育与实践相结合的过程。要按照实践育人的要求，以体验教育为基本途径，区分不同层次未成年人的特点，精心设计和组织开展内容鲜活、形式新颖、吸引力强的道德实践活动。各种道德实践活动都要突出思想内涵，强化道德要求，并与丰富多彩的兴趣活动和文体活动结合起来，注意寓教于乐，满足兴趣爱好，使未成年人在自觉参与中思想感情得到熏陶，精神生活得到充实，道德境界得到升华。面向中小学生开展的活动，要经教育行政部门或学校党团队组织统一协调和部署，把学生安全和社会效益放在首位。要采取多种手段，支持中西部地区和农村开展未成年人道德实践活动。

（十六）各种法定节日，传统节日，革命领袖、民族英雄、杰出名人等历史人物的诞辰和逝世纪念日，建党纪念日、红军长征、辛亥革命等重大历史事件纪念日，"九一八""南京大屠杀"等国耻纪念日，以及未成年人的入学、入队、入团、成人宣誓等有特殊意义的重要日子，都蕴藏着宝贵的思想道德教育资源。要抓住时机，整合资源，集中开展思想道德主题宣传教育活动。要组织丰富多彩的主题班会、队会、团会，举行各种庆祝、纪念活动和必要的仪式，引导未成年人弘扬民族精神，增进爱国情

感,提高道德素养。每年的"公民道德宣传日",在面向社会公众开展道德教育的同时,要注意组织好面向未成年人的宣传教育活动。要丰富未成年人节假日参观、旅游活动的思想道德内涵,精心组织夏令营、冬令营、革命圣地游、红色旅游、绿色旅游以及各种参观、瞻仰和考察等活动,把深刻的教育内容融入到生动有趣的课外活动之中,用祖国大好风光、民族悠久历史、优良革命传统和现代化建设成就教育未成年人。

要运用各种方式向广大未成年人宣传介绍古今中外的杰出人物、道德楷模和先进典型,激励他们崇尚先进、学习先进。通过评选三好学生、优秀团员和少先队员、先进集体等活动,为未成年人树立可亲、可信、可敬、可学的榜样,让他们从榜样的感人事迹和优秀品质中受到鼓舞、汲取力量。

七、加强以爱国主义教育基地为重点的未成年人活动场所建设、使用和管理

(十七)充分发挥爱国主义教育基地对未成年人的教育作用。各类博物馆、纪念馆、展览馆、烈士陵园等爱国主义教育基地,要创造条件对全社会开放,对中小学生集体参观一律实行免票,对学生个人参观可实行半票。要采取聘请专业人才、招募志愿者等方式建立专兼职结合的辅导员队伍,为未成年人开展参观活动服务。

(十八)要加强青少年宫、儿童活动中心等未成年人专门活动场所建设和管理。已有的未成年人专门活动场所,要坚持把社会效益放在首位,坚持面向未成年人、服务未成年人的宗旨,积极开展教育、科技、文化、艺术、体育等未成年人喜闻乐见的活动,把思想道德建设内容融于其中,充分发挥对未成年人的教育引导功能。要深化内部改革,增强自身发展活力,不断提高社会服务水平。同时,各级政府要把未成年人活动场所建设纳入当地国民经济和社会事业发展总体规划。大城市要逐步建立布局合理、规模适当、功能配套的市、区、社区未成年人活动场所。中小城市要因地制宜重点建好市级未成年人活动场所。有条件的城市要辟建少年儿童主题公园。经过三至五年的努力,要做到每个县都有一所综合性、多功能的未成年人活动场所。各地在城市建设、旧城改造、住宅新区建设中,要配套建设可向未成年人开放的基层活动场所,特别是社区活动场所。有关

部门要对已建的未成年人活动场所进行认真清理整顿，名不副实的要限期改正，被挤占、挪用、租借的要限期退还。图书馆、文化馆（站）、体育场（馆）、科技馆、影剧院等场所，也要发挥教育阵地的作用，积极主动地为未成年人开展活动创造条件。

（十九）属于公益性文化事业的未成年人校外活动场所建设和运行所需资金，地方各级人民政府要予以保证，中央可酌情对全国重点爱国主义教育基地以及中西部地区和贫困地区的未成年人活动设施建设，予以一定补助。要在国家彩票公益金中安排一定数额资金，用于未成年人活动场所建设。国家有关部门和地方各级人民政府要制定优惠政策，吸纳社会资金，鼓励、支持社会力量兴办未成年人活动场所。

八、积极营造有利于未成年人思想道德建设的社会氛围

（二十）各类大众传媒都要增强社会责任感，把推动未成年人思想道德教育作为义不容辞的职责，为加强和改进未成年人思想道德建设创造良好舆论氛围。要发挥各自优势，积极制作、刊播有利于未成年人身心健康的公益广告，增加数量，提高质量，扩大影响。各级电台、电视台都要开设和办好少儿专栏或专题节目。中央电视台要进一步办好少儿频道，各地要切实抓好中央电视台少儿频道的落地、覆盖工作。省（区、市）和副省级城市电视台要创造条件逐步开设少儿频道。少儿节目要符合少年儿童的欣赏情趣，适应不同年龄层次少年儿童的欣赏需求，做到知识性、娱乐性、趣味性、教育性相统一。各类报刊要热心关注未成年人思想道德建设，加强宣传报道。面向未成年人的报纸、刊物和其他少儿读物，要把向未成年人提供更好的精神食粮作为自己的神圣职责，努力成为未成年人开阔眼界、提高素质的良师益友和陶冶情操、愉悦身心的精神园地。

加强少年儿童影视片的创作生产，积极扶持国产动画片的创作、拍摄、制作和播出，逐步形成具有民族特色、适合未成年人特点、展示中华民族优良传统的动画片系列。积极探索与社会主义市场经济发展相适应的少年儿童电影发行、放映工作新路子，形成少年儿童电影的发行放映院线。

（二十一）各类互联网站都要充分认识所肩负的社会责任，积极传播先进文化，倡导文明健康的网络风气。重点新闻网站和主要教育网站要发

挥主力军作用，开设未成年人思想道德教育的网页、专栏，组织开展各种形式的网上思想道德教育活动。在有条件的校园和社区内，要有组织地建设一批非营业性的互联网上网服务场所，为未成年人提供健康有益的绿色网上空间。信息产业等有关部门要制定相关政策，积极推进这项工作。学校要加强对校园网站的管理，规范上网内容，充分发挥其思想道德教育的功能。要遵循网络特点和网上信息传播规律，充分考虑未成年人的兴趣爱好，加强网上正面宣传，唱响主旋律，打好主动仗，为广大未成年人创造良好的网络文化氛围。

（二十二）要充分考虑未成年人成长进步的需求，精心策划选题，创作、编辑、出版并积极推荐一批知识性、趣味性、科学性强的图书、报刊、音像制品和电子出版物等未成年人读物和视听产品。有关部门要继续做好面向未成年人的优秀影片、歌曲和图书的展演、展播、推介工作，使他们在学习娱乐中受到先进思想文化的熏陶。要积极鼓励、引导、扶持软件开发企业，开发和推广弘扬民族精神、反映时代特点、有益于未成年人健康成长的游戏软件产品。要积极推进全国文化信息资源共享工程建设，让健康的文化信息资源通过网络进入校园、社区、乡村、家庭，丰富广大未成年人的精神文化生活。

（二十三）要积极推动少儿文化艺术繁荣健康发展。加强少儿文艺创作、表演队伍建设，注重培养少儿文艺骨干力量。鼓励作家、艺术家肩负起培养和教育下一代的历史责任，多创作思想内容健康、富有艺术感染力的少儿作品。加大政府对少儿艺术演出的政策扶持力度，增强少儿艺术表演团体发展活力。文化、教育、共青团、妇联、文联、作协等有关职能部门和人民团体要认真履行各自的职责，党委宣传部门要加强指导协调，大力繁荣和发展少儿文化艺术。

九、净化未成年人的成长环境

（二十四）坚持不懈地开展"扫黄""打非"斗争，加强文化市场监管，坚决查处传播淫秽、色情、凶杀、暴力、封建迷信和伪科学的出版物。严格审查面向未成年人的游戏软件内容，查处含有诱发未成年人违法犯罪行为和恐怖、残忍等有害内容的游戏软件产品。制定相关法规，加强对玩具、饰品制作销售的监管，坚决查处宣扬色情和暴力的玩具、饰品。

严格未成年人精神文化产品的进口标准,严把进口关,既要有选择地把世界各国的优秀文化产品介绍进来,又要防止境外有害文化的侵入。

(二十五)加强对互联网上网服务营业场所和电子游戏经营场所的管理。严格执行《互联网上网服务营业场所管理条例》,要按照取缔非法、控制总量、加强监管、完善自律、创新体制的要求,切实加强对网吧的整治和管理。认真落实未成年人不得进入营业性网吧的规定,落实在网吧终端设备上安装封堵色情等不健康内容的过滤软件,有效打击违法行为。推广绿色上网软件,为家长监管未成年人在家庭中的上网行为提供有效技术手段。各有关部门要依法治理利用电子邮件、手机短信等远程通信工具和群发通信传播有害信息、危害未成年人身心健康的违法行为。

加强对营业性歌舞娱乐场所、电子游艺厅、录像厅等社会文化场所的管理。认真落实《互联网上网服务营业场所管理条例》和国务院办公厅转发文化部等部门《关于开展电子游戏经营场所专项治理意见的通知》《关于开展网吧等互联网上网服务营业场所专项整治意见的通知》规定,进一步优化校园周边环境,中小学校园周边200米内不得有互联网上网服务营业场所和电子游戏经营场所,不得在可能干扰学校教学秩序的地方设立经营性娱乐场所。

十、切实加强对未成年人思想道德建设工作的领导

(二十六)各级党委和政府要把加强和改进未成年人思想道德建设作为一项事关全局的战略任务,纳入经济社会发展总体规划,列入重要议事日程,切实加强和改善领导。要形成党委统一领导、党政群齐抓共管、文明委组织协调、有关部门各负其责、全社会积极参与的领导体制和工作机制。地方各级党委主要负责同志要负起政治责任,经常分析未成年人思想道德状况,及时了解未成年人思想道德建设工作情况,认真研究解决重大问题。各级政府要把未成年人思想道德建设摆在重要位置,狠抓措施的落实;要给予必要的财力支持,并随着财政收入的增长逐步加大支持力度。

(二十七)中央精神文明建设指导委员会负责指导全国未成年人思想道德建设工作,督促检查各地区各部门贯彻落实中央关于加强和改进未成年人思想道德建设工作部署的情况,组织协调各有关部门和社会各方面共同做好未成年人思想道德建设工作。各地文明委要在同级党委领导下,担

负起相应责任。要采取切实措施，充实和加强各级文明委的办事机构，搞好思想建设、组织建设和作风建设，使其更好地履行职能，发挥作用。各级宣传、教育、文化、体育、科技、广播影视、新闻出版、信息产业、民政、公安、海关、财政、税务等部门，共青团和工会、妇联等群团组织，在加强和改进未成年人思想道德建设中担负着重要责任，要结合业务工作，发挥各自优势，明确职责，密切配合，形成合力。要加强对未成年人成长规律的科学研究，为做好未成年人思想道德建设工作提供科学依据。要充分发挥民主党派、工商联和无党派人士在未成年人思想道德建设中的作用。

（二十八）要建立健全学校、家庭、社会相结合的未成年人思想道德教育体系，使学校教育、家庭教育和社会教育相互配合，相互促进。城市社区、农村乡镇和村民委员会，以及其他一切基层组织要切实担负起加强未成年人思想道德建设的社会责任，整合利用各种教育资源和活动场所，开展富有吸引力的思想教育和文体活动，真正把教育引导未成年人的工作落实到基层。要把为未成年人健康成长创造良好社会环境作为创建文明城市、文明社区、文明村镇、文明单位的重要内容。各级党委、政府和社会各界都要认真贯彻《中华人民共和国未成年人保护法》，切实维护未成年人的合法权益。要着力建设好中小学及幼儿园教师队伍，各类文化市场管理队伍，青少年宫、博物馆、爱国主义教育基地等各类文化教育设施辅导员队伍，老干部、老战士、老专家、老教师、老模范等"五老"队伍，形成一支专兼结合、素质较高、人数众多、覆盖面广的未成年人思想道德建设工作队伍。要重视关心下一代工作委员会的工作，支持他们为加强和改进未成年人思想道德建设贡献力量。

加强和改进未成年人思想道德建设，是全党全社会的共同任务。各有关部门和社会各有关方面，都要大力弘扬求真务实精神，大兴求真务实之风，根据各自担负的职责和任务，采取有效措施，狠抓贯彻落实，勇于开拓创新，注重工作实效，切实把加强和改进未成年人思想道德建设的各项工作落到实处。

附录二

Ⅰ 2012年版《全国未成年人思想道德建设工作测评体系》

简要说明

1. 根据中央文明委2012年工作安排和全国未成年人思想道德建设工作视讯会议精神，以2011年版测评体系为基础，制定本测评体系。测评内容设置领导体制和工作机制，学习雷锋"做一个有道德的人"主题活动、中华经典诵读、心理健康教育、乡村学校少年宫、学校教育、家庭教育、社区教育、净化社会文化环境9个项目。

2. 采用材料审核、问卷调查、网络（媒体）调查、实地考察四种方法进行测评。

3. 总分为100分，其中领导体制和工作机制（5条）10分、学习雷锋"做一个有道德的人"主题活动（8条）22分、中华经典诵读（4条）12分、心理健康教育（3条）9分、乡村学校少年宫（4条）11分、学校教育（4条）11分、家庭教育（2条）4分、社区教育（3条）6分、净化社会文化环境（5条）15分。

测评项目	测评标准	测评方法
1. 领导体制和工作机制	1）召开专门会议部署，制定下发专门文件，有具体实施方案，有明确责任分工①； 2）有在全国会议上介绍过的典型经验②；	1）2）3）5）材料审核 4）网络（媒体）调查

---

① 考察贯彻落实全国未成年人思想道德建设工作视讯会议精神情况。
② 全国会议指中央文明委、中央文明办举办的视讯会、现场会和培训班。

（续表）

测评项目	测评标准	测评方法
1. 领导体制和工作机制	3）本市范围内有未成年人思想道德建设工作季度测评； 4）本市主要新闻媒体、都市类媒体和网络媒体有专题专栏； 5）本市中小学校德育教师培训人数及时间①。	1）2）3）5）材料审核 4）网络（媒体）调查
2. 学习雷锋"做一个有道德的人"主题活动	1）"做一个有道德的人"主题活动联系点数量②及效果； 2）有"做一个有道德的人"主题活动③实施方案，活动效果好； 3）未成年人待人接物和基本生活能力培养训练有方案、有成效； 4）开展美德少年星级评选，学生参与面大，效果好； 5）有开展"日行一善"道德实践活动的实施方案、措施和效果； 6）有组织中小学生自办"节日小报"的活动情况和成果汇编； 7）网上祭英烈、童心向党、优秀童谣传唱活动措施具体，普遍开展； 8）六一期间"学习雷锋、做美德少年"④、十一期间"向国旗敬礼"两项网上签名寄语活动有专门部署，学生参与面达到80%以上。	1）3）5）材料审核 2）4）6）材料审核、问卷调查 7）8）材料审核、网络（媒体）调查

---

① "做一个有道德的人"主题活动包括未成年人待人接物和基本生活能力培养训练（参照南宁"洒扫应对"经验作法）、美德少年星级评选（参照江苏经验作法）、"日行一善"道德实践（参照银川经验作法）、文明小博客（参照厦门经验作法）、节日小报（参照成都经验作法）等具体项目。

② 六一期间开展"学习雷锋、做美德少年"网上签名寄语活动要有全市启动仪式。

③ "做一个有道德的人"主题活动包括未成年人待人接物和基本生活能力培养训练（参照南宁"洒扫应对"经验作法）、美德少年星级评选（参照江苏经验作法）、"日行一善"道德实践（参照银川经验作法）、文明小博客（参照厦门经验作法）、节日小报（参照成都经验作法）等具体项目。

④ 六一期间开展"学习雷锋、做美德少年"网上签名寄语活动要有全市启动仪式。

（续表）

测评项目	测评标准	测评方法
3. 中华经典诵读	1）有年度经典诵读实施方案并纳入教学计划①； 2）有中小学校经典诵读活动落实情况②； 3）有运用"学道德模范、诵中华经典、做有德之人"电视专题片为教案开展诵读活动安排和落实情况； 4）本市电台电视台开设经典诵读栏目。	1）2）3）材料审核 4）网络（媒体）调查
4. 心理健康教育	1）有校外未成年人心理健康辅导站（点）③； 2）落实"治未病"工作理念，运用网络、电话、授课等多种形式开展教育引导； 3）有工作队伍④、有培训时间和人数。	1）材料审核、实地考察 2）3）材料审核
5. 乡村学校少年宫	1）落实乡村学校少年宫年度建设任务⑤； 2）乡村学校少年宫有管理制度、有活动项目⑥、有运行经费保障； 3）乡村学校少年宫有专兼职辅导员队伍⑦； 4）城市学校少年宫建设有试点、有效果⑧。	材料审核、实地考察
6. 学校教育	1）中小学校德育课落实⑨，效果好； 2）中小学校运用各门课程德育资源，促进德育、智育、体育、美育有机融合有安排、有考评；	1）材料审核、问卷调查 2）3）4）材料审核

① 参照沈阳、漯河经验作法。
② 突出背、吟、用，本市开展中华经典诵读活动的中小学校≥50%。
③ 副省级城市、省会城市、地级城市有市级未成年人心理健康辅导站1所，所辖城区各有辅导站（点）1所；直辖市城区和县级市有辅导站（点）1-2所。
④ 市级未成年人心理健康辅导站有专业工作人员和志愿者队伍。
⑤ 按照中央文明办2011年提出的全国文明城市、提名资格城市和未成年人思想道德建设工作先进城市三年实现全覆盖的要求，落实本年度中央专项彩票公益金支持和本市自建乡村学校少年宫项目任务，有领导小组、有实施方案、有任务分工、有督促检查。无中央彩票公益金支持项目的，对中央彩票公益金支持项目不作测评要求。
⑥ 开展丰富多彩的文体娱乐活动、以乐促智；开展力所能及的技能培训活动、以技促能；开展内容鲜活的经典诵读活动、以读养德。
⑦ 指有学校教师、志愿者和对口支持单位人员等组成的辅导员队伍。
⑧ 参照建设乡村学校少年宫做法，本年度城市学校少年宫试点数量：每个副省级和省会城市10所、地级市（直辖市城区）5所、县级市3所为合格。
⑨ 中小学校100%落实德育课程计划为合格，大于等于80%为基本合格，其他情况不合格。

（续表）

测评项目	测评标准	测评方法
6. 学校教育	3）中小学校实施师德师风建设工程有具体方案、有实际效果；	1）材料审核、问卷调查 2）3）4）材料审核
	4）中小学校探索建立家长委员会制度有具体措施、有活动记录。	
7. 家庭教育	1）家长学校建设落实①，活动效果好；	材料审核
	2）"家长教子"有具体措施，有良好效果②。	
8. 社区教育	1）社区有未成年人开展文体活动设施、场所③；	1）实地考察 2）3）材料审核
	2）社区有组织未成年人参与的学习雷锋、做"小小志愿者"活动；	
	3）社区有具体措施关爱帮扶困难家庭、流动人口家庭未成年子女。	
9. 净化社会文化环境	1）加强网吧管理、取缔"黑网吧"，经营性网吧无接纳未成年人；	1）5）实地考察、问卷调查 2）3）4）材料审核
	2）开展打击网络淫秽色情和低俗信息工作，有实际效果；	
	3）开展广播电视、书报刊和文化市场抵制低俗工作，责任落实，管理到位；	
	4）深化"扫黄打非"有工作方案，有具体措施，有明显成效，无黄赌毒案件；	
	5）整治中小学校周边环境④力度大、常态化，效果实。	

---

① 70%的城市社区建立家长学校或家庭教育指导中心。
② 市有关部门把"家长教子"活动作为家庭教育的重要内容作出专门安排，细化活动项目、组织实施有力、活动开展普遍。
③ 实地考察4个社区。
④ 中小学校园周边200米内无互联网上网服务营业场所、电子游戏经营场所，无歌厅、舞厅、卡拉OK厅、游艺厅、台球厅等娱乐场所，无非法行医或以人流、性病治疗业务为主的诊所；校园周边取缔从事非法经营活动的游商和无证照摊点，无"三无食品"，无恐怖、迷信、低俗、色情玩具、文具、饰品和出版物销售。

Ⅱ 2013年版《全国未成年人思想道德建设工作测评体系》

简 要 说 明

1. 根据中央文明委2013年工作安排和全国未成年人思想道德建设工作电视电话会议精神，以2012年版测评体系为基础，贯彻立德树人根本任务，落实学习和践行社会主义核心价值观、"中国梦"学习教育，制定本测评体系。

2. 测评内容设置领导体制和工作机制、学习雷锋"做一个有道德的人"主题活动、中华经典诵读、心理健康教育、乡村学校少年宫、学校教育、家庭教育、社区教育、公平教育、净化社会文化环境10个项目42条标准。

3. 测评方法采用材料审核、问卷调查、网络（媒体）调查、实地考察等四种。

4. 测评总分为100分，其中领导体制和工作机制（5条）10分、学习雷锋"做一个有道德的人"主题活动（6条）18分、中华经典诵读（4条）8分、心理健康教育（3条）9分、乡村学校少年宫（4条）11分、学校教育（8条）14分、家庭教育（2条）3分、社区教育（3条）6分、公平教育（2条）6分、净化社会文化环境（5条）15分。

测评项目	测评标准	测评方法
1. 领导体制和工作机制	1) 召开专门会议部署，制定下发专门文件，有具体实施方案，有明确责任分工①； 2) 有在全国会议上介绍过的典型经验②； 3) 本市范围内有未成年人思想道德建设工作季度测评； 4) 本市主要新闻媒体、都市类媒体和网络媒体有未成年人思想道德建设专题专栏，刊播面向未成年人的公益广告③； 5) 本市中小学校德育教师培训人数及时间④。	1) 2) 3) 5) 材料审核 4) 网络（媒体）调查、实地考察

---

① 考察贯彻落实全国未成年人思想道德建设工作电视电话会议精神情况。
② 全国会议指中央文明委、中央文明办举办的电视电话会、现场会和培训班。
③ 考察刊播公益广告情况时，省会、副省级城市考察范围为报纸、广播、电视、网络及社会媒介，地级市考察范围为报纸、广播、电视及社会媒介，县级市考察范围为广播、社会媒介，直辖市城区只考察社会媒介。
④ 指组织中小学校德育教师参加省级或市级的培训（参照贵州"千校万师"培训经验作法）。

（续表）

测评项目	测评标准	测评方法
2. 学习雷锋"做一个有道德的人"主题活动	1）有"做一个有道德的人"主题活动实施方案，活动效果好①；	1）2）3）6）材料审核、问卷调查 4）5）材料审核、网络（媒体）调查
	2）开展洒扫应对，认星争优、做美德少年，日行一善等活动有方案、有成效②；	
	3）清明"网上祭英烈"、六一期间"学习雷锋、做美德少年"③、十一期间"向国旗敬礼"三项网上签名寄语活动有专门部署，学生参与面达到80%以上；	
	4）童心向党、优秀童谣传唱活动措施具体，普遍开展；	
	5）有组织中小学生自办"节日小报"、开展"文明小博客"的活动情况和成果汇编④；	
	6）"做一个有道德的人"主题活动联系点数量⑤及效果。	
3. 中华经典诵读	1）有年度经典诵读实施方案并纳入教学计划⑥；	1）2）3）材料审核 4）网络（媒体）调查
	2）有中小学校经典诵读活动落实情况⑦；	
	3）有运用"学道德模范、诵中华经典、做有德之人"电视专题片为教案开展诵读活动安排和落实情况；	
	4）本市电台电视台开设经典诵读栏目。	

① 提供本地开展"做一个有道德的人"主题活动的总体安排部署和进展情况。
② 洒扫应对，教育未成年人爱劳动、有礼貌（参照南宁经验作法）；认星争优、做美德少年，引导未成年人自我提升（参照河南经验作法）；日行一善，用实践养成长道德心（参照银川经验作法）。
③ 六一期间开展"学习雷锋、做美德少年"网上签名寄语活动要有全市启动仪式。
④ 节日小报（参照成都经验作法）；文明小博客（参照厦门经验作法）。
⑤ 全国及省级和本市确定的联系点数量占本市中小学校总数≥5%（其中全国和省级联系点为1%，市级联系点不低于4%）为合格，并有健全的QQ群为经常性组织联络方式。超过5%以上每1个联系点加0.1分，最多加2分。
⑥ 参照济宁和沈阳、漯河经验作法。
⑦ 突出背、吟、用，本市开展中华经典诵读活动的中小学校大于等于60%为合格，大于等于50%为基本合格，低于50%为不合格。

（续表）

测评项目	测评标准	测评方法
4. 心理健康教育	1）有校外未成年人心理健康辅导站（点）①；	1）材料审核、实地考察 2）3）材料审核
	2）落实"治未病"工作理念，运用网络、电话、授课等多种形式开展教育引导	
	3）有工作队伍②、有培训时间和人数。	
5. 乡村学校少年宫	1）落实乡村学校少年宫年度建设任务③；	材料审核、实地考查
	2）乡村学校少年宫有管理制度、有活动项目④、有运行经费保障；	
	3）乡村学校少年宫有专兼职辅导员队伍⑤；	
	4）城市学校少年宫建设有试点、有效果⑥。	
6. 学校教育	1）有中小学校开展"我的中国梦"主题教育活动安排和落实情况⑦；	1）2）材料审核、问卷调查 3）4）5）7）、8）材料审核 6）材料审核、实地考察材料审核
	2）中小学校德育课、少先队活动课落实⑧、效果好；	
	3）中小学校运用各门课程德育资源，促进德育、智育、体育、美育有机融合有安排、有考评；	
	4）中小学校实施师德师风建设工程有具体方案、有实际效果；	

① 副省级城市、省会城市、地级城市有市级未成年人心理健康辅导站1所，所辖城区各有辅导站1所；直辖市城区和县级市有辅导站1—2所。

② 市级未成年人心理健康辅导站有专业工作人员和志愿者队伍。

③ 落实中央文明办2011年提出的全国文明城市、提名资格城市和未成年人思想道德建设工作先进城市三年实现全覆盖要求，落实本年度中央专项彩票公益金支持和本市自建乡村学校少年宫项目任务，有领导小组、有实施方案、有任务分工、有督促检查。无中央彩票公益金支持项目的，对中央彩票公益金支持项目不作测评要求。

④ 开展丰富多彩的文体娱乐活动、以乐促智；开展力所能及的技能培训活动、以技促能；开展内容鲜活的经典诵读活动、以读养德。

⑤ 指有学校教师、志愿者和对口支持单位人员等组成的辅导员队伍。

⑥ 参照建设乡村学校少年宫做法，本年度城市学校少年宫试点数量：每个副省级和省会城市20所、地级市（直辖市城区）10所、县级市5所为合格。

⑦ 以本市教育行政部门提供正式材料为准，两项材料齐备为合格，有活动安排为基本合格，两者都没有为不合格。

⑧ 中小学校100%落实德育课程计划和开设少先队活动课为合格，大于等于80%为基本合格，其他情况不合格。

（续表）

测评项目	测评标准	测评方法
6. 学校教育	5）中小学校探索建立家长委员会制度有具体措施、有活动记录。 6）中小学校"道德讲堂"建设有实施方案、有工作成效①； 7）实施《国家学生体质健康标准》，加强学校体育工作成效明显； 8）落实艺术课程（含音乐、美术、艺术）设置和课时安排要求，艺术教育活动学生参与面广。	1）2）材料审核、问卷调查 3）4）5）7）、8）材料审核 6）材料审核、实地考察材料审核
7. 家长教育	1）家长学校建设落实②，活动效果好； 2）"家长教子"等家庭教育宣传实践活动有具体措施，有良好效果③。	材料审核
8. 社区教育	1）社区有未成年人开展文体活动的设施、场所④； 2）社区有组织未成年人参与的学习雷锋、做"小小志愿者"活动； 3）社区有具体措施关爱帮扶困难家庭、流动人口家庭未成年子女。	1）实地考察、问卷调查 2）3）材料审核
9. 公平教育	1）进城务工人员子女平等接受义务教育有措施、落实好； 2）关心关爱特殊群体未成年人有措施、效果实⑤。	1）材料审核、问卷调查 2）材料审核、实地考察

① 参照厦门经验做法，以"班级道德讲堂"为主，有本地实施方案和中小学校建设"道德讲堂"并开展活动的情况材料为合格；有实施方案并明确本年度建设目标为基本合格；两者都没有为不合格。
② 70%的城市社区建立家长学校或家庭教育指导中心。
③ 市有关部门把"家长教子"活动作为家庭教育的重要内容作出专门安排，细化活动项目、组织实施有力、活动开展普遍。
④ 实地考察4个社区。
⑤ 材料审核包括关爱留守儿童、孤残儿童和救助流浪儿童情况。实地考察针对本市主要公共场所，无流浪乞讨未成年人为合格。

(续表)

测评项目	测评标准	测评方法
10. 净化社会文化环境	1）加强网吧管理、取缔"黑网吧"，经营性网吧无接纳未成年人；	1）5）实地考察、问卷调查 2）3）4）材料审核
	2）开展打击网络淫秽色情和低俗信息工作，有实际效果；	
	3）开展广播电视、书报刊和文化市场抵制低俗工作，责任落实，管理到位；	
	4）深化"扫黄打非"有工作方案，有具体措施，有明显成效，无黄赌毒案件；	
	5）整治中小学校周边环境①力度大、常态化，效果实。	

---

① 中小学校园周边200米内无互联网上网服务营业场所、电子游戏经营场所，无歌厅、舞厅、卡拉OK厅、游艺厅、台球厅等娱乐场所，无非法行医或以人流、性病治疗业务为主的诊所；校园周边取缔从事非法经营活动的游商和无证照摊点，无"三无食品"，无恐怖、迷信、低俗、色情玩具、文具、饰品和出版物销售。

Ⅲ 2016年版《全国未成年人思想道德建设工作测评体系》

简 要 说 明

1. 根据中央文明委2016年工作安排，以2014年版测评体系为基础，贯彻立德树人根本任务，落实培育和践行社会主义核心价值观的要求，制定本测评体系。

2. 测评内容设置领导体制和工作机制（4条）、思想道德教育实践活动（4条）、学校教育（8条）、家庭教育和社会教育（5条）、营造良好社会文化环境（6条）共5个项目27条标准，测评总分为100分。

3. 测评采用材料审核、实地考察、问卷调查等三种方法。

测评项目	测评标准	测评方法
1. 领导体制和工作机制	1）召开会议进行安排部署，制定下发专门的工作方案或责任分工①；	材料审核
	2）健全完善学校、家庭、社会"三结合"教育网络的措施、办法；	
	3）本市（区）教育、民政、文化、团委、妇联、残联、关工委等部门有常态化工作品牌或经验；	
	4）本市（区）范围内每年有1至2次未成年人思想道德建设工作检查考评。	
2. 思想道德教育实践活动	1）未成年人熟知社会主义核心价值观"24个字"；	1）问卷调查 2）3）4）材料审核
	2）在重要时间节点组织好"我的中国梦"主题教育实践活动②；	
	3）开展美德少年等身边榜样学习活动常态化；	
	4）组织开展以孝敬、友善、节俭和诚信为主要内容的中华经典诵读活动，加强未成年人中华优秀传统文化教育。	

---

① 考察当地未成年人思想道德建设工作安排部署情况。
② 考察利用清明、"六一""七一""十一"等时间节点，开展网上祭英烈、学习和争做美德少年、童心向党、向国旗敬礼等活动情况。

(续表)

测评项目	测评标准	测评方法
3. 学校教育	1）培育和践行社会主义核心价值观进教材、进课堂、进头脑①；	1）材料审核、实地考察 2）6）7）材料审核 3）材料审核、实地考察、问卷调查 4）5）8）材料审核、问卷调查
	2）有中小学校开展"爱学习、爱劳动、爱祖国"活动安排和落实情况②；	
	3）广泛开展文明校园创建活动，措施扎实，氛围浓厚，成效明显；	
	4）中小学校德育课、少先队活动落实③，效果好；	
	5）中小学校实施师德师风建设工程有具体方案、有实际效果；	
	6）中小学校建立家长委员会，办好家长学校，加强家校联系；	
	7）进城务工人员子女平等接受义务教育有措施、落实好；	
	8）实施《国家学生体质健康标准》④，落实体育课程设置和课时安排要求。	
4. 家庭教育和社会教育	1）社区将家长学校或家庭教育指导服务站点建设纳入社区发展规划，将家庭教育指导作为向辖区居民提供的一项公共服务内容⑤；	1）5）材料审核、实地考察 2）实地考察、问卷调查 3）材料审核 4）材料审核、实地考察、问卷调查
	2）社区有未成年人开展文体活动的场所、设施和活动安排⑥；	
	3）社区有具体措施关爱帮扶困难家庭、流动人口家庭未成年子女；	

---

① 以当地教育行政部门提供正式材料为准，实地考察主要看校园、教室有无悬挂、张贴核心价值观"24个字"。

② 以当地教育行政部门提供正式材料为准，安排和落实的材料齐备为合格，有活动安排为基本合格，两者都没有为不合格。

③ 中小学校100%落实德育课程标准和开展少先队活动为合格，大于等于80%为基本合格，其他情况不合格。

④ 包括三项内容：一是统计并计算本地实施《国家学生体质健康标准》测试并将数据上报国家数据库的学校比例。二是统计并计算本地参加《国家学生体质健康标准》测试的学生比例。三是统计并计算本地测试结果达到《国家学生体质健康标准》合格的学生比例。三项数据均为测评上一年度的城区中小学校（含中职学校）数据，由当地教育行政部门提供，教育部给予成绩认定。

⑤ 80%的城市社区建立家长学校或家庭教育指导服务站点。

⑥ 实地考察4个社区。

（续表）

测评项目	测评标准	测评方法
4. 家庭教育和社会教育	4）爱国主义教育基地和公益性文化设施免费接纳未成年人参观学习有安排、有效果； 5）有校外未成年人心理健康辅导站（点）①，运用网络、电话、授课等多种形式开展教育引导。	1）5）材料审核、实地考察 2）实地考察、问卷调查 3）材料审核 4）材料审核、实地考察、问卷调查
5. 营造良好社会文化环境	1）扎实推进乡村学校少年宫项目②以及县级青少年活动中心、示范性综合实践基地等青少年校外活动场所建设，有管理制度、活动项目③、经费保障和专兼职辅导员队伍④； 2）优秀童谣征集和推广、传唱活动措施具体，普遍开展； 3）加强网吧管理、取缔"黑网吧"，经营性网吧无接纳未成年人； 4）整治中小学校周边环境⑤常态化、效果实； 5）关心关爱特殊群体未成年人有措施、效果实⑥； 6）本市（区）主要新闻媒体、都市类媒体、网络媒体和社会媒介做好关爱保护未成年人健康成长的宣传⑦。	1）2）材料审核 3）4）6）材料审核、实地考察、问卷调查 5）材料审核、实地考察

① 副省级城市、省会城市、地级城市有市级未成年人心理健康辅导站1所，所辖城区各有辅导站1所；直辖市城区和县级市有辅导站1至2所。

② 说明本地落实全国文明城市、提名城市和未成年人思想道德建设工作先进城市乡村学校少年宫建设三年实现全覆盖要求的情况，包括落实中央专项彩票公益金支持项目和省级、市级自建乡村学校少年宫的情况，有领导小组、有实施方案、有任务分工、有督促检查。无中央专项彩票公益金支持项目的，对中央专项彩票公益金支持项目不作测评要求。三年的计算时间为一个创建周期的起始至结束，全覆盖指每个乡镇至少有1所乡村学校少年宫。如果已实现全覆盖，说明覆盖情况和管理使用情况即可。直辖市城区不测此项内容。

③ 开展内容鲜活的道德实践活动，以德育人；开展丰富多彩的文体娱乐活动，以乐促智；开展力所能及的技能培训活动，以技促能。

④ 有学校教师、志愿者和对口支持单位人员等组成的辅导员队伍。

⑤ 中小学校园周边200米内无互联网上网服务营业场所、电子游戏经营场所，无歌厅、舞厅、卡拉OK厅、游艺厅、台球厅等娱乐场所，无非法行医以人流、性病治疗业务为主的诊所；校园周边取缔从事非法经营活动的游商和无证照摊点，无"三无食品"，无恐怖、迷信、低俗、色情玩具、文具、饰品和出版物销售。

⑥ 材料审核包括关爱留守儿童（本地无留守儿童可不测，但需由上一级文明办、民政部门出具证明）、困境儿童和救助流浪儿童情况。实地考察针对本市主要公共场所，无流浪、乞讨未成年人为合格。

⑦ 考察未成年人思想道德建设工作宣传氛围，包括刊播相关稿件情况和公益广告情况。考察公益广告情况时，省会、副省级城市、地级市考察范围为报纸、广播、电视、网络及社会媒介，县级市考察范围为广播、社会媒介，直辖市城区只考察社会媒介。

附录三

Ⅰ 哈尔滨市未成年人思想道德状况调查报告

未成年人是祖国的希望、未来的栋梁，是中国特色社会主义事业的接班人，是全面建设小康社会的生力军。他们的思想道德状况如何，直接关系到中华民族的整体素质，关系到国家前途和民族命运。为了更好地贯彻落实《中共中央国务院关于进一步加强和改进未成年人思想道德建设的若干意见》，了解哈尔滨市未成年人思想道德状况，哈尔滨市社会科学院社会学所对哈尔滨市未成年人的思想道德状况进行了一次问卷调查。本次问卷调查是对哈尔滨市未成年人思想道德状况的一次摸底，目的在于：全面了解、掌握哈尔滨市未成年人思想道德建设的现状，分析解决存在的主要问题，为进一步加强和改进哈尔滨市未成年人思想道德建设提供理论依据，为未成年人的茁壮成长创造有利条件。

一、此次问卷调查的基本情况

哈尔滨市未成年人思想道德状况调查问卷共设计了30个问题，主要涉及未成年人对人生和理想的态度、对社会公德的认可程度、对国家大事的关注程度以及能够反映未成年人思想道德状况的一些问题。本次调查从我市市区初中和高中随机抽取6所学校（初中3所，高中3所），每所学校100名学生，共600名学生作为调查样本。整个调查过程持续2周的时间，学生对调查内容非常感兴趣，积极性很高，因而进行的比较顺利。此次调查共发放600份问卷，回收有效问卷569份，回收率为94.8%。

（一）从年龄上看：主要是18岁以下的未成年人，分布在12—18岁这个年龄段，且15—17岁的未成年人占到一半左右。这个年龄段的未成年人思想活跃，辨别是非能力较强，能够很好地阅读和填写调查问卷。

（二）从性别上看：男女比例相差不大，男性272人，占47.8%；女性297人，占52.2%。男女比例相当，可以全面地了解未成年人的思想道德状况，不至于出现偏差。

（三）从形式上看：本次调查采取抽样调查的形式进行，每所学校随机选取100名学生作为调查对象，在主抓德育老师和班主任的监督下完成问卷填写。

（四）从态度上看：本次调查得到了调查学校老师以及调查对象的大力支持和积极配合，态度认真、诚恳。

（五）从质量上看：问卷填写的质量和回收率都很高，这为下一步统计分析创造了条件。

二、哈尔滨市未成年人思想道德状况与分析

（一）积极的思想道德状况

近年来，在有关部门的积极努力下，哈尔滨市未成年人思想道德建设工作取得了一定的成效。总体上看，未成年人思想道德状况的主流是好的，是积极健康的，具体表现在以下几方面：

1. 人生观和价值观比较明确。在回答"你对自己的前途是否有信心"时，有74.3%的人回答"充满信心"；在回答"你对人生的态度是否乐观"时，有57.6%的人表示"很乐观"；在回答"人生价值在于奉献还是索取"时，有80.5%的人认为人生的价值体现在奉献之中；在回答"做人最重要的品质是什么"时，有43.6%的人认为诚实是做人最重要的品质，其次是光明磊落，占33%。这些数据表明，在传统教育观念和社会环境的大背景下，哈尔滨市未成年人的人生观和价值观没有出现偏颇，紧跟时代的主流。

2. 具有很强的社会公德意识。当问及"在公共汽车上，遇到老弱病残时你会主动让座吗"，选择"经常会"的有381人，占67%，选择"有时会"的有184人，占32.3%，这两项之和占99%以上；当问及"不小心将垃圾扔到垃圾箱外，你会怎么做"时，有492人选择"捡起来重新扔进去"，占86.5%；当问及"你是否愿意参加集体活动"时，有526人表示

"非常愿意",占92.4%,这些数据说明这一代的未成年人没有忘记中华民族的传统美德,集体意识和社会公德意识都很强。

3. 比较愿意参加社会公益活动。当问及"你对参加社会公益活动的态度如何"时,选择"经常主动参加"的有180人,所占比例为31.7%,选择"看到或碰到才会参加"的有230人,所占比例为40.4%,两项之和为72.1%;当问及"你对社会爱心捐款活动的态度如何"时,选择"积极参加"的有299人,所占比例为52.5%。这些数据表明,哈尔滨市未成年人在社会公益活动的参与态度上是积极的,这对培养未成年人社会责任感,引导他们树立正确的世界观、人生观和价值观,形成团结互助的良好氛围是大有帮助的。

4. 学习目的明确。在回答"你学习是为了什么"时,选择"为了改善家庭条件"的有63人,占11.1%;选择"为了找个好工作"的有82人,占14.4%;选择"为了回报社会"的有82人,占14.4%;选择"为了自己有个好的发展前途"的有302人,占53.1%;选择"为了兴趣学习"的有40人,占7.0%。这说明不论选择哪一项,都表明哈尔滨市未成年人有明确的学习目标且目的明确。

调查样本:对学习目的的看法

选项	人数	百分比(%)
为了改善家庭条件	63	11.1
为了找个好工作	82	14.4
为了回报社会	82	14.4
为了自己有个好的发展前途	302	53.1
为了兴趣学习	40	7.0

5. 对国家大事、社会发展的态度明确。此次调查问卷对"国家大事、社会发展的态度"这一问题涉及以下几个选项,其中对"公民有义务保卫国家不受外敌侵略"选项表示"非常同意"的占80.1%,"比较同意"的占14.1%,两项之和占94.2%;对"社会虽然存在问题,但主流是好的"选项表示"非常同意"的占38.1%,"比较同意"的占42.9%,两项之和占81%;对"社会发展的目的在于满足人民群众日益增长的物质文化需求"选项表示"非常同意"的占83.2%,"比较同意"的占11.4%,两项之和占94.6%。这些选项选择"无所谓"和"非常不同意"的比例较少,

说明哈尔滨市未成年人对国家和社会的发展还是非常关注的，且所关注的问题有一定的层次和水平。

调查样本：对国家大事和社会发展的看法

内容	非常同意（%）	比较同意（%）	百分比求和（%）
公民有义务保卫国家不受外敌侵略	80.1	14.1	94.2
社会虽然存在问题，但主流是好的	38.1	42.9	81.0
社会发展的目的满足日益增长的物质文化需求	83.2	11.4	94.6

（二）消极的思想道德状况

虽然哈尔滨市未成年人的思想道德状况主流是好的，但也存在一些消极的思想道德状况，具体表现在：

1. 理想信念淡化。哈尔滨市一部分未成年人，对社会、对自己的人生缺乏理想信念；对历史杰出人物缺乏仰慕之心，缺少应有的敬重。从问卷的统计结果看：一部分未成年人缺乏远大的理想抱负，当问及"你的人生理想是什么"时，"享受生活"成为首选，比例为32.7%；其次是"考上好大学，将来有好工作"，比例为26.9%；第三才是"为国家做贡献"，比例为22.7%。当问及"你最崇拜的人是谁"时，影视明星或体育明星、家长和老师成为这一代年轻人的崇拜对象，比例分别为43.7%、21.6%和17.1%，而受人尊崇的历史杰出人物所选比例并不高，仅占6.9%，这个结果是我们始料未及的。

2. 价值观念带有一定的功利性。伴随着市场经济的不断发展，哈尔滨市未成年人的价值观念和行为方式也发生了深刻的变化，一些未成年人片面追求经济利益，价值观扭曲，被极端个人主义和享乐主义所蒙蔽，这些令人担忧的问题无时无刻不影响着未成年人的心灵。据调查问卷显示："做一个有钱人"和"赚大钱过富裕生活"成为一部分未成年人的人生理想，二者之和所占比例为14.8%。当问及"你将来会成为什么样人"时，有38%的人"认为自己将来大概会成为有名的人"，有45%的人"认为自己将来大概会成为有钱的人"，在选择这两项的学生中，有部分学生还选择了"事业上成功的人"，"对国家和社会有用的人"，这反映出学生对个人人生的选择和判断，具有多重性，且更加现实，并带有一定的功利性。

3. 诚信缺失现象严重。诚信是一个人安身立命的根本，也是孕育其他道德的基础。目前，哈尔滨市未成年人"诚信缺失"现象相当普遍：考试作弊，蒙骗家长，抄袭作业，敷衍老师都是其表现。据调查问卷显示：仅有 20.9% 的人认为做人最重要的品质是"诚信"，而当问及"你认为日常生活中，哪些品德比较重要"时，"信用"在 15 个选项中仅排在第 8 位，所占比例为 14.6%。所以，加强未成年人的诚信教育，通过家庭、学校、社会等各方面力量的整合，从小教育孩子以正直诚实的品质去面对生活的挑战，这是未成年人思想道德教育内容的重点与核心。

4. 注重自我，内心封闭。当问及"人际交往中，如果你和别人发生矛盾该如何处理"时，有 23.6% 的未成年人选择"不能处理矛盾"；当问及"生活中，如果遇到挫折或困难你的态度是什么"时，有 35% 的未成年人选择了"悲观、失望"；当问及"你与老师的关系怎样"时，选择"有明显距离，基本不做交流"的有 175 人，所占比例为 30.8%，选择"关系对立"的有 29 人，所占比例为 5.1%，二者所占比例之和为 35.9%。调查问卷还显示：有 25% 的未成年人"经常有一种孤独感"，54% 的未成年人"有很难找到好朋友的烦恼"。这些数据说明，未成年人在面对社会时，注重自我，内心封闭。

5. 更关注个人利益。集体主义原则主张集体利益高于个人利益，提倡在个人利益与集体利益发生矛盾时，个人利益要服从集体利益。而当问及"个人利益与集体利益发生冲突时，你认为应如何处理"时，回答却不尽相同。认为"个人利益无条件服从集体利益"的占 26.3%，"集体利益为主，兼顾个人利益"的占 41.2%，"个人利益为主，兼顾集体利益"的占 23.4%，"集体利益无条件服从个人利益"的占 10.1%。这些数据表明，多数未成年人认为当集体利益与个人利益发生矛盾时，应以集体利益为主，兼顾个人利益，这与集体主义原则的要求没有太大偏差。但当问及"你是否同意'我为人人，人人为我'的观点"时，有 53.4% 的人表示"不同意"，说明这一代的未成年人在现实中更关注的是个人利益。

三、存在问题的原因

（一）不良社会环境的影响

随着改革开放的不断深入，社会不良环境时时刻刻地影响着未成年人,具体表现在:一是不良社会现象的影响。贪污受贿,拜金主义等社会丑恶现象,对未成年人思想具有极大的腐蚀。二是影视文化的负面影响。一方面各种宣传媒体制作、刊播的专题节目、公益广告贫乏,难与未成年人的健康发展需求相适应。据调查问卷显示:当问及"你看过电视上教育未成年人的公益广告吗"时,有54%的人表示"没看过",这从一定程度上说明,适合未成年人的影视作品很少,不能满足其需求。另一方面社会淫秽读物和格调低下、不健康的影视节目,对阅历水平有限的未成年人危害最大,毒害最深,这些大肆渲染暴力、色情、漠视生命等不良内容的作品、读物,传播着腐朽落后的文化和信息,使未成年人误读社会,盲目模仿。三是适合未成年人特点的活动阵地相对缺乏,许多学生只有到成人歌舞厅、游戏室、网吧等营业性场所参加娱乐活动,因缺乏辨别力、意志力,不少学生走上歧途。

(二) 未成年人思想道德教育体系尚不完善

目前哈尔滨市未成年人思想道德教育的理论和实践体系不健全。表现在:一是未成年人思想道德教育过程中存在相互脱节的现象,力量分散,没有形成齐抓共管的良好局面,各部门教育手段的欠缺,没有形成学校、社会、家庭立体式的教育网络。二是各种影响未成年人思想道德建设的社会娱乐场所对未成年人出入监管不严,相关部门对这类场所的打击力度不够,无形之中助长了不法分子的嚣张气焰。三是家庭教育的简单、粗暴,手段的单一等原因在一定程度上都影响着未成年人的健康成长。

(三) 学校教育导向的偏差

由于片面追求升学率,使一些学校在升学率的指挥棒下,抓智育轻德育,一手硬一手软,使学生缺少一个富有实效的德育课堂,即便抓德育也在一定程度上存在敷衍现象,没有从人本化出发,没有考虑到学生的自身特点,机械的灌输马列主义、毛泽东思想,缺乏灵活的手段。据调查问卷显示:哈尔滨市的各中小学校培养未成年人思想道德的手段主要有政治课或思想品德课、讲座或报告会以及班会或主题团会等,形式比较单一,内容空洞,学生参与积极性不高,教育效果不明显。这种状况很难适应素质教育的要求,不利于培养有理想、有道德、有文化、有纪律的"四有"新人。

(五) 家庭教育缺失

父母是孩子的第一任老师，如果父母忽视教育方法和自身素质的提高，重教育轻德育，重物质轻精神，重需要轻感情，就不能培养出德才兼备的孩子来。有的家长期望值过高，不顾孩子的生理、心理发展特点和个性，强行孩子按自己的愿望发展；有的家长则忙于生活奔劳，将教育责任全推给学校。单亲家庭、暴力家庭的孩子缺少父母管教、疼爱或叛逆或沉迷网络。这些家庭教育作用的阻隔，家庭核心作用的冲淡，严重地伤害着未成年人的身心健康，他们因得不到父母关爱或因父母的溺爱心理发展畸形，内心空寂，对现实极度不满，以伤害自己或故意犯错、犯罪的方法来引起父母的关注，这些因素对孩子的成长以及思想道德的培养非常不利。

四、哈尔滨市加强和改进未成年人思想道德建设的对策与建议

加强未成年人思想道德建设，是一个庞大的社会系统工程，涉及到多个部门，牵涉到方方面面，需要全社会共同参与。为此，建议如下：

(一) 切实加强领导

加强和改进未成年人的思想道德建设，是实现党和国家长治久安，落实科学发展观的迫切需要，关系到家庭、地区乃至国家和民族的前途。未成年人思想道德问题表现在孩子身上，根子在家庭、学校和社会，责任在各有关部门。因此，哈尔滨市各有关部门要进一步把思想统一到中央和省、市有关文件精神上来，按照中央的统一部署，真正把此项工作摆到全局的突出位置，切实承担起领导责任，扎实推进学校、家庭、社会三结合的德育工作网络的建设；更加充分地认识到加强和改进未成年思想道德建设工作的长期性和动态性，思想上做好长期努力的准备，工作上常抓不懈，及时跟踪，不断研究分析新情况，探索工作规律，把哈尔滨市未成年人思想道德建设工作推向一个崭新阶段。

(二) 净化社会环境

净化社会环境，为未成年人健康成长创造良好条件，这是贯彻落实中央关于加强和改进未成年人思想道德建设意见的重要环节。基于此，哈尔滨市有关部门在净化社会环境方面应从以下几方面入手：一是积极引导未成年人正确看待社会现象。当前，一些社会不良现象确实对未成年人造成

了一定的影响,但这不是主流,要引导未成年人正确看待这些社会不良现象,不要被这些社会不良现象所蒙蔽,有关部门要通过各种教育活动,引导未成年人正确认识社会,提高他们的免疫力和心理承受力。二是加强市场监管,大力净化未成年人健康成长的文化环境。加强对网吧、娱乐、图书等场所的管理和整顿,净化文化市场,在全社会形成一切为了未成年人健康成长的社会氛围。三是整治校园周边环境。加强校园周边环境治理,定期组织开展校园周边环境专项检查。四是要开展荧屏声频专项整治活动。要坚决把住影视节目审查关口,严禁不宜于未成年人观看的广播影视节目的播出。对群众反映强烈的低俗节目,坚决加以整治。五是要加强未成年人活动阵地建设。有关部门要加大公益性文化设施的投入和管理力度,建设一批适合未成年人活动的阵地,同时要发挥校外活动场所和爱国主义教育基地的作用,为青少年健康成长营造良好的社会环境。

(三) 完善未成年人思想道德教育体系

推进未成年人思想道德建设,要以养成高尚的思想品质和良好的道德情操为基础,进一步完善学校、家庭、社会"三位一体"的思想道德教育体系。这个教育体系应以学校为龙头、以家庭为基础、以社区为依托,将学校教育资源深入到社区、延伸到家庭,使社会教育、家庭教育和学校教育相互衔接,形成社会化、开放性的思想道德教育格局。哈尔滨市在整体构建未成年人思想道德教育体系,加强未成年人思想道德建设中,既要认真总结取得的经验,更要仔细查找存在的问题;既要认真学习和借鉴先进地区的经验,又要与时俱进,创新思路,不断创造新经验。实践证明,积极发挥学校在整体育人环境中的主导作用,有效整合学校、家庭和社会多方教育资源,是新时期加强和改进未成年人思想道德建设的重要途径和必要手段。

(四) 充分发挥学校的主渠道作用

哈尔滨市各级学校不能片面地只抓升学率,要"一手抓学习,一手抓德育",教书和育人两不误;在未成年人思想道德教育问题上,要充分发挥学校的主渠道作用。一是积极建立健全符合未成年人身心发展特点的思想道德建设评价体系,把开展思想道德教育与开展知识性、科学性、娱乐性、趣味性活动结合起来。二是采取有效形式对学生进行多样化的道德思维训练，不断提高学生履行社会道德准则和道德规范的本领，使其表现出一种良好的、稳定的心理状况，实现他律向自律的转变。三是要跳出传统的、滞后的教科书，从报纸、电视、网络、儿童读物和社会事件中寻找有关的素材，帮助学生懂得如何评价各种事件的意义和价值。同时，组织学生参加各种形式的实践活动，让他们感受社会道德生活，加深道德认识，丰富道德情感，增强道德意志，培养道德实践能力，鼓励他们发挥创新能力，从而提升道德健康水平。

（五）开展丰富多彩的德育活动

未成年人思想道德建设是一门科学，这就要求，各级学校在指导思想上、工作目标上、实践原则上、内容方法上通盘考虑，处理好各种关系，做好各方面的结合，形成德育合力，齐抓共管，共同促进未成年人良好思想和文明行为习惯的培养。强化德育在日常学习中的作用，改进中小学思想品德、思想政治课教学方法和评价制度；改进中小学思品、政治课教学内容、形式和方法，建立思想道德行为综合考评制度；进一步加强学校德育工作，推动德育实践活动的广泛开展，增强德育时代感，提高针对性和实效性；组织开展内容新颖、形式多样的活动，以活动为载体是学校开展德育工作行之有效的方法和手段。各级学校应深入探索在活动中开展德育工作的有效方法，力求使活动更加贴近学生的思想实际、生活实际，更为学生所喜闻乐见，达到更好的教育效果。

（六）引导家长树立正确的教育观念

父母面对社会对未成年人的影响不是无能为力的，要采取积极的行动。首先，父母要与孩子成为朋友，在日常生活中，和孩子一起看电视、上网，帮助他们选择健康有益的图书，并对看电视、上网时间给予合理的限制；和孩子共同评论某些有影响的社会事件、影视节目、网络内容或青春小说，给他们创造一个从环境中寻求道德认知和判断的机会。其次，引导未成年人选择健康有益的朋友，批判地吸收外部信息，更好地了解自己、了解世界。最终使他们在面对道德是非时，学会判断；在面对道德困惑时，学会取舍；在与他人交往的过程中，提高自己的人际关系协调能力。最后，父母要在文化素养、道德人格和教育观念上做孩子的行为榜样，父母要当好表率和楷模，提高科学教育子女的能力，尊重未成年人基本权利,切实承担起教育子女的责任,不能把家庭教育的责任推向学校和社会。

Ⅱ 哈尔滨市创新未成年人思想道德建设载体研究

当前,哈尔滨市正在实施新的发展战略和目标,经济社会的快速发展为未成年人健康成长提供了有利的物质条件,同时由于多元化的价值理念,高速扩张的互联网络,空前活跃的社会生活等因素的存在,增加了未成年人思想道德建设工作的难度,也对未成年人思想道德建设工作提出了更高的要求。因而,传统的载体已经不能满足未成年人思想道德建设工作的实际需要,要想在未成年人思想道德建设方面不断取得新的成效,只有创新工作载体,不断拓展工作思路与领域,才能使哈尔滨市未成年人思想道德建设工作再上新台阶。

一、哈尔滨市创新未成年人思想道德建设载体应坚持以下原则

加强和改进未成年人思想道德建设要立足于我市发展的客观实际,从未成年人的生理、心理特点和认知规律出发,把握未成年人的成长规律和教育规律,增强未成年人思想道德建设工作的时代性、规律性和实效性。

（一）创新载体应体现时代性

创新载体应根据当前我市新形势,新任务的要求,通过载体建设,在坚持发扬中华民族传统美德的同时,大力弘扬时代精神,使未成年人思想道德建设工作与我市新发展战略和目标相适应,力求体现时代性。

（二）创新载体应把握规律性

创新载体要把握规律性,应从未成年人成长的实际出发,尊重未成年人,了解未成年人,贴近未成年人,紧紧抓住影响他们思想道德观念形成和发展的关键环节,改进创新教育载体,有针对性地加以思想引导、学业辅导,生活指导和心理疏导。

（三）创新载体应增强实效性

创新载体要增强实效性,突出创新教育活动的内容和形式,寓教于

情，寓教于理，寓教于生活，使未成年人通过亲身经历和真实感受，把做人做事的基本道理内化为健康的心理品格，转化为良好的行为习惯。

二、哈尔滨市创新未成年人思想道德建设载体的有益探索

（一）创新思路，提升未成年人思想道德建设水平

未成年人思想道德建设有其自身特点和内在规律，在实际工作中，哈尔滨市准确把握特点、遵循规律，不断增强未成年人思想道德建设的吸引力和感染力。如各中小学坚持利用传统节日文化的教育、各种纪念日的宣传教育，抓住升旗仪式的教育阵地，通过团队活动的引导熏陶，使学生从小树立远大理想和抱负，立下爱国根基；各学校设立的艺术节、体育节、读书节、科技节、冰雪节等校内节日，发展校园文化，丰富校园生活；丰富多彩的第二课堂活动：书法、乐器、绘画、舞蹈、轮滑等兴趣小组，让学生自主选择参加，陶冶情操，锻炼技能，快乐发展；有的区组织全区中小学生开展"做一个有道德的人"童谣大赛，学生通过自编自演形式，深刻领悟"做一个有道德的人"的含义；有的社区通过组织未成年人开展"品德熏陶日""美德实践日""公德奉献日""快乐双休日"等活动，让未成年人从身边的小事做起，培养良好的道德行为；有的社区开设的"少年法庭""市民学校""心理咨询""助残行动""欢乐书屋"等活动，为广大青少年提供了成长的舞台。

（二）创新内容，务求未成年人思想道德建设实效

未成年人思想道德建设能否落到实处，关键要抓住时代特色、善于创新。为此，哈尔滨市紧密结合未成年人的身心特点和成长规律，不断创新思想道德建设内容，着力培育良好的道德风尚，引导未成年人养成良好的文明习惯，做社会主义核心价值体系的弘扬者和实践者。在创新内容上，我市开展了一些实践活动，如在高中生中，利用"18岁成人宣誓仪式"增强他们的责任感和使命感，要求他们编写成人宣言，设计符合自己实际发展的座右铭等；在中小学生中开展"迎奥运，文明礼仪伴我行""三远离""五讲五做""迎大冬、讲文明，我行动"等主题实践活动；在小学生中以父母互换角色"我当一天爸爸、妈妈"为主题，开展"感谢父母、学会感恩"活动，让学生通过角色的互换，体验做父母的辛苦。这些主题鲜明的

道德实践活动，让学生在参与中受到教育，取得了良好的实际效果。

三、哈尔滨市创新未成年人思想道德建设载体中存在的问题

近几年来，哈尔滨市已经构筑起了学校、家庭、社区"三位一体"的未成年人思想道德建设常态发展格局，并创新教育载体，开展了一些主题实践活动，取得了较好的教育效果。但也存在一些不容忽视的问题，从内容上看，虽然哈尔滨市开展了一些主题实践活动，但一些好的实践活动没有坚持下来，只是流于形式，况且缺乏时效性，应结合哈尔滨市实际，创新一些新的载体，丰富未成年人业余生活；从形式上看，没有从未成年人的思维活动规律和心理特点入手，引入心理辅导、主题教育、自我教育等形式，没有形成具有自身特点的未成年人思想道德建设特色，缺乏规律性；从方式方法上看，没有充分利用网络讲座、网上论坛、电子信箱、手机短信、热线服务等形式，开展生动活泼的思想道德教育，把握网络信息时代德育工作主动权，时代性不强；况且，有些社会不良文化环境也对创新未成年人思想道德建设载体具有一定的影响。对于创新中产生的新问题，我们也要给予高度的重视，需要我们用创新的精神打开工作思路，用创新的举措拓展工作局面，用创新的成果推动工作发展，不断增强未成年人思想道德建设的时代性、规律性和实效性。

四、哈尔滨市创新未成年人思想道德建设载体的对策建议

（一）加强领导，开创未成年人思想道德建设工作新局面

哈尔滨市应建立党委统一领导、党政群齐抓共管、相关部门各负其责、未建办组织协调、全社会积极参与的领导体制和工作机制。各级党政组织要切实加强领导，担负起政治责任，要把加强和改进未成年人思想道德建设摆在更加突出的位置，作为精神文明建设的重中之重，纳入经济社会发展总体规划，列入重要议事日程。要经常听取汇报，调查研究，掌握动态，解决问题。教育、宣传、文化、民政、公安、财政、外来人口管理等部门和共青团、妇联、工会等群团组织，在加强和改进未成年人思想道德建设中担负着重要责任，要按照分工协作的要求，结合业务工作，发挥各自优势，切实履行各自职责，为加强和改进未成年人思想道德建设工作

(二) 创新活动内容，增强实效性

哈尔滨市有关部门要把着眼点放在基层，把力量用在基层，把活动落实在基层，重视调动各级各类学校、社区和群团组织的力量，充分发挥他们的积极性。要挖掘整合现有德育资源，精心设计活动项目，创造更多具有针对性、实效性和趣味性强的活动载体，形成生动活泼的工作局面。要把开展活动与循循善诱，寓教于乐结合起来，把思想道德教育和知识性、科学性、娱乐性、趣味性结合起来。采取多种形式，利用各类阵地，组织动员未成年人、家长、教师参与实践活动，引导未成年人自我教育、自我提高。要不断创新未成年人思想道德建设工作的内容和载体，不断推出、评选和表彰创新案例，带动工作的新进展和新实效。同时要充分利用各种形式，及时报道、宣传先进未成年人工作的先进典型，在全社会形成人人关心未成年人健康成长，人人为未成年人健康成长多做实事的舆论氛围。要建立健全监督机制，及时掌握未成年人思想道德建设工作的进展情况和存在问题，确保未成年人思想道德建设工作得到有效落实。

(三) 创新活动形式，把握规律性

哈尔滨市有关部门要确立现代德育理念，坚持未成年人思想道德建设生活化、主体化、法制化；要创新载体，实施现代化的手段和方式，拓展未成年人思想道德建设工作新领域。要从未成年人身心成长的实际出发，根据他们的心理、生理和思想可塑性强等特点，紧紧抓住影响他们思想道德观念形成和发展的关键环节，创新活动形式。同时要在家庭、学校、社区开展经常性的道德实践活动，引导未成年人在体验亲情中净化心灵、在互助友爱中提升境界、在奉献社会中陶冶情操，培养积极的人生态度、健康的心理情感、高尚的道德品质，在家庭做个好孩子，在学校做个好学生，在社会做个好公民。在工作中要遵循未成年人的身心特点和成长规律，从未成年人思想道德建设的实际出发，开展多种形式的道德实践活动，在日常生活学习中身体力行道德规范，在潜移默化中深刻理解道德要求，增强道德观念，打牢道德基础。

(四) 创新方式方法，体现时代性

思想道德建设是教育与实践相结合的过程，是"知"与"行"统一的过程。全市上下要按照实践育人的要求，以体验教育为基本途径，创新方式方法，精心设计和组织开展内容鲜活、形式新颖、吸引力强的道德实践活动。互联网、移动通讯等新型技术的广泛应用，使当今的社会文化发展和信息传播方式产生了巨大变化，同时也对未成年人的学习生活产生了深刻影响，我们要根据未成年人接受信息途径发生的新变化，选择适当的方式方法，开展有针对性的教育和引导活动。要认真研究未成年人思想道德建设的环境、对象、任务、渠道发生的新变化，在观念、内容、方法和体制机制等方面努力改进创新，使未成年人思想道德建设工作充分体现时代性。通过不断创新未成年人思想道德建设的方式方法，把握时代脉搏，确保我市未成年人健康成长。

（五）采取有效措施，进一步营造良好的社会文化环境

文化对未成年人的影响是长期和潜移默化的，文化对未成年人的思想观念、价值取向、行为方式的影响日益深刻，发挥文化育人的作用显得更加重要。因此，哈尔滨市各有关部门要大力培育良好的文化氛围，提升城乡文化品位，结合文明城市创建活动，坚持疏堵结合，营造健康向上的人文环境，为广大未成年人成长提供良好的社会文化环境。要大力整治校园周边治安环境，建立街道、公安、工商、文化执法、社区、学校联动的安全防范机制；要努力为未成年人提供更多的富有思想性、艺术性、趣味性的文化产品；要坚持不懈地开展"扫黄打非"专项斗争，加强文化市场监管，坚决查处传播色情、暴力等不健康内容的出版物；加强对网吧等文化娱乐场所的监管，推行网络游戏实名认证和防沉迷系统，努力营造安全文明的网络环境。

（六）加强德育队伍建设，改进学校德育工作

哈尔滨市要优化德育队伍结构，建设一支专兼结合、功能互补、信念坚定、业务精湛的德育队伍。各有关部门和学校都要采取措施，稳定德育骨干队伍，不断补充新生力量。要积极开展各种培训工作，提高队伍素质。学校是对未成年人进行思想道德教育的主渠道。各中小学要认真落实好"育人为本、德育为先"思想，从学生的实际生活出发，根据学生的身心发展特点，循序渐进地实施道德教育。要把掌握道德知识和进行道德实践紧密地结合起来。要多用鲜活通俗的语言，多用生动典型的事例，多用

喜闻乐见的形式，多用疏导的方法、参与的方法、讨论的方法，在传授知识的同时，设计一些生动活泼、吸引力强的实践活动，寓道德教育于生活实践之中，把道德学习与道德行为融为一体，坚持"学"与"行"相统一的原则，引导学生在学习道德知识的同时，自觉地把道德知识转化为道德行为，使学生在各种道德实践活动中，提高抵御不良影响的能力，增长向善行善的心志。广大教师要进一步树立以人为本思想，走近学生心灵，了解他们的所思所想，有针对性地、平等地进行师生间的交流沟通，使自己真正成为学生的知心朋友，让创新未成年人思想道德载体之花开遍每个校园。

Ⅲ 哈尔滨市加强未成年人爱国情感教育的对策研究

在未成年人思想道德建设中，爱国情感教育是未成年人思想道德建设的基础工程，是铸造未成年人灵魂的"希望工程"。2004年，中共中央、国务院出台了《中共中央国务院关于进一步加强和改进未成年人思想道德建设的若干意见》。作为《意见》中未成年人思想道德建设的主要任务之首的爱国情感教育，是从增强爱国情感做起，弘扬和培育以爱国主义为核心的一种伟大民族精神教育。

一、加强未成年人爱国情感教育的必要性

未成年人是祖国的未来，民族的希望，在未成年人中开展弘扬爱国情感教育，是深入贯彻落实"三个代表"重要思想和党的十六大精神，加强青少年思想道德建设，全面实施素质教育，促进人的全面发展的需要，是中华民族精神代代相传、发扬光大的必然要求，是加强社会主义精神文明建设的基础性工程。为什么说新形势下加强未成年人爱国情感教育是非常必要的呢？因为任何一个健康发展的社会，对人才的衡量都是讲德与才兼备，爱国情感教育是德育教育的重要组成部分，它是从提高人的基本素质做起，促进未成年人的全面发展。当前，我国正在进行社会主义现代化建设，随着社会主义现代化建设的推进，一些"西化"的思想正在侵蚀未成年人的心灵，影响着他们的思想和行为，对未成年人的成长极为不利。青少年是人生成长的关键时期，他们正处于长身体、长知识，思想意识形态

逐渐趋于成熟时期，因此广大未成年人是爱国主义教育的重点。对他们进行广泛的爱国主义教育，对造就一代新人具有极其深远的历史意义。深入进行中华民族优良传统教育、中国革命传统教育和中国历史特别是近代史教育，引导广大未成年人认识中华民族的历史和传统，了解近代以来中华民族的深重灾难和中国人民进行的英勇斗争，对于青少年增强民族自尊心、自信心和自豪感，树立远大理想，立志报效祖国，有着十分重要的意义。

二、爱国情感教育的含义及其内容

加强未成年人爱国情感教育，一个重要任务就是增强中小学生的爱国情感，弘扬和培育以爱国主义为核心的伟大民族精神。要想了解什么是爱国情感教育首先应该知道什么是爱国主义。列宁同志曾指出："爱国主义就是千百年来巩固起来的对自己祖国的一种最深厚的感情。"中华民族自有史以来对自己的祖国就有一种深厚的、真挚的感情。这种感情是中国立国几千年来非常重要的精神支柱，是中华民族的高尚美德。但是，当前有人认为爱国主义是一个抽象的概念，这是因为他们没有把个人的感情和伟大的祖国联系起来。爱国主义教育说到底应该是情感教育，爱国主义教育本身就是对未成年人进行热爱祖国的情感教育。培养未成年人具有高尚的爱国情操、具有强烈的民族自尊心、自豪感、责任感和使命感是振兴民族精神、提高民族素质的需要，也是应对二十一世纪道德挑战的需要。心理学研究表明，爱国主义教育只有首先解决爱国情感问题，才有可能最终解决爱国信念和爱国行为问题。因而，爱国情感教育是爱国主义教育的核心。爱国情感萌芽于童年时期，形成于青少年时期。中学阶段正是学生爱国情感形成的关键时期，它对于中学生日后树立报国之志，选择效国之行、成为建国之才，有着不可磨灭的作用。

爱国情感教育的内容有传统和现代之分，传统的爱国情感教育是指：自尊、自信、自豪，就是对未成年人培养民族的自尊心、自信心和自豪感。大多数未成年人对一切有损于国家利益、丧权辱国、丧失国格人格的事都会产生一种厌恶憎恨的情感，而对于为国争光振兴中华的事，都会产生一种振奋献身的激情。因此，在对未成年人进行爱国情感教育的同时，还应该让未成年人知道近代中国被侵略和被压迫的历史。让他们知道今天的幸福生活来之不易，从而激发他们的爱国热情。历史，能激发我们的自豪，也能激励我们自强。驰骋上下五千年，在历史长河中感慨兴怀，可以培养未成年人热爱祖国的浩然之气。现代爱国情感教育主要有以下两方面：

（一）危机感、紧迫感、历史责任感的教育

传统的爱国情感教育，经过实践的证明是很有成效的，今后需要继续发扬。但是，在新的时期，从我们国家的现状和国际环境考虑，传统的爱国情感教育也有不足之处，不能完全适应新形势的需要。因此，提出现代爱国情感教育，这不仅包括传统的爱国情感教育的内容，还应该包括一些新的内容，即强调民族的危机感、紧迫感，激发学生的历史责任感。

（二）义务感、使命感

中华民族是富有爱国义务感、爱国使命感和优秀传统的民族。我们的民族讲究气节，讲究爱国主义的义务、责任、使命。"先天下之忧而忧，后天下之乐而乐"，我们祖先留下的爱国遗训字字千斤，始终激荡着中国人的心。国家有难，则舍身以赴；民族复兴，则发愤图强。有这样的精神，中华民族就一定能屹立于世界民族之林。当前，完成社会主义现代化改革的任务已成为中国人民的爱国义务和历史使命。祖国的社会主义事业和民族振兴取决于当代中国人特别是未成年人一代的精神状态和道德风貌，取决于爱国主义义务感、责任感、使命感能否在他们的心头再一次燃起。不仅需要未成年人自身的努力，更需要国家和社会的正确引导。

三、哈尔滨市未成年人爱国情感教育存在的主要问题

爱国情感教育必须从小培养，要经过很长一段时间才能形成。但是，当前哈尔滨市中小学对未成年人开展爱国情感教育时间上缺少连续性、内容上比较单一，注重形式上的说教，没有真正把爱国情感教育贯穿于教育、教学当中去。具体存在以下几方面的问题：第一、教育部门不够重视，各中小学校之间缺少统筹协调，爱国主义教育尚未形成系统、持久、规范的运作机制，未成年人爱国情感教育工作的机制有待进一步理顺，对其教育经费投入不足，用于中小学生爱国情感教育支出的项目太少，软硬件建设就成了无源之水，无本之木，也严重影响了未成年人爱国情感教育

工作的深入开展；第二、教育对象受到限制，内容相对狭窄，制约了爱国情感教育深入、广泛地进行，主旋律教育卓有成效，但与未成年人生活息息相关的教育薄弱。从未成年人的教育需求上看，最需要的教育内容是个人修养、自我保护常识和文明公约。不同年龄段的需求又各有侧重，小学生是交通法规教育，初中生是自我教育，高中生是法律常识。可以看出，这些内容都与未成年人的生活息息相关，是他们生存发展中急需指导的，而这些内容在学校教育中却是欠缺的。第三、教育手段、方法单一，缺乏吸引力和感染力，并缺少必要的基地和读物，一些有意义的节庆、仪式没有得到充分利用。第四、"学校、家庭、社会"三位一体的大教育观念有待深化。一是"思想道德教育是学校和家庭的事"的模糊意识仍占主导地位。二是重智轻德，认为"高分数就是高素质"的思想认识仍然大有市场。三是"重校内教育，轻社会教育"的片面认识依然存在。第五、家庭环境对爱国情感教育的影响。一些家长教育观念不够端正，一味地追求望子成龙；一些家长教育方法落后，"大棒加蜜糖"；一些家长自身素质不高，导致家庭教育环境不良。家长素质的参差不齐，直接影响了对孩子的爱国情感教育。所有这些，都需要在今后的工作中予以改进和解决。

四、哈尔滨市加强未成年人爱国情感教育的方法和途径

哈尔滨市的爱国情感教育要结合实际和未成年人的心理特点，采取行之有效的手段来开展，要想达到良好的效果首先应从增强爱国情感做起，以爱国主义教育为核心，以中华传统美德和革命传统教育为重点，引导广大未成年人认识中华民族的历史和传统，从小树立民族自尊心、自信心和自豪感。在加强课堂教学的同时，要大力开展多种形式的主题教育活动和社会实践活动，还要加强对未成年人的诚信教育。要对学生进行创造精神和创新能力的教育，要不断创新教育形式、方法、途径和手段。从爱国情感教育的方法和途径上来看，各年级教育的手段和方式上有所不同，例如，小学低年级的孩子，由爱父母、爱家乡、爱国旗国徽、学唱国歌等一些事情做起，重点在情感教育。中年级以后逐渐增加国情知识教育，爱国英雄人物的形象教育，革命传统教育等。在这里我就笼统地说一下我市加强未成年人爱国情感教育应采取的方法和途径。

(一) 各学科有机渗透爱国情感教育，并纳入中小学教育全过程，贯穿在学校教育教学的各个环节、各个方面

中小学德育课程和语文、历史等人文社会科学课程，要充分体现爱国情感教育的丰富内涵。数学、物理、化学、生物等理科课程应结合教学内容，由教师穿插一些优秀科学家的科学成就和怎么为国家做出贡献的内容。艺术（音乐、美术）课应包含经典民乐、民歌、民族戏剧欣赏和中国画、书法艺术欣赏的内容，体育课应适量增加中国武术等内容，通过这些内容的教育，使他们了解中华民族的优良传统文化，激发学生的爱国情感。

(二) 重视开展主题教育活动

各中小学校要根据实际情况，充分利用春节、清明节、中秋节等民族传统节日，"五一""五四""六一""七一""八一""十一"等重要节日，"七七事变""九一八事变""一二·九运动"等重要事件和重要人物纪念日，采取适当的手段和形式开展爱国情感教育。如：开展主题校（班）会、团（队）会，不定期的组织中小学生参观爱国主义教育基地，请革命先辈和各行业的英雄模范作报告、讲故事，组织学生观看爱国主义教育影片等。并通过晨会、课堂教学、课外活动等多种途径拓展爱国情感教育的内容，从而使爱国情感教育深入广泛地开展。

(三) 积极开展社会实践活动

定期组织中小学生参观爱国主义教育基地，瞻仰革命圣地和遗址，祭扫烈士墓，缅怀民族英雄、仁人志士、革命先烈，学习他们的高尚品德和感人事迹，进行革命传统教育；参观城市、农村以及能代表哈尔滨形象的优秀建筑，了解哈尔滨市改革开放的成就；组织开展征文、演讲、讲座、知识竞赛、社会调查等教育活动。充分发挥学生校外活动场所、社会实践基地的育人作用，并坚持"党报进校园"活动，使其成为爱国情感教育的一个重要阵地。

(四) 加强校园文化环境建设

坚持升降国旗制度，每周一以及重要节日、纪念日、大型集体活动必须举行庄严、隆重的升旗仪式，每天坚持升降国旗，每周举行国旗下讲话，全体中小学生都应会唱国歌。学校要结合实际，充分利用校园广播、

电视、校园网、板报和文化长廊等宣传阵地,大力宣传爱国情感教育;校园内张贴悬挂革命领袖和中华民族杰出人物画像,积极开展创建安全文明校园活动,营造弘扬和培育爱国情感的浓厚校园氛围。

五、哈尔滨市加强未成年人爱国情感教育的对策建议

(一)加强领导

各级领导和教育部门都要把爱国情感教育作为一项重要的工作来抓,要理顺爱国情感教育的工作机制;要增加资金投入,加强爱国情感教育的软硬件建设;要充分利用哈尔滨市爱国情感教育的资源开展此项工作;各中小学校是开展爱国情感教育的基地,要把爱国情感教育纳入整个教育体系当中去,要充分利用好这一资源,定期联合组织开展爱国情感教育活动,不断交流经验把爱国情感教育搞好,使其成为一项系统、持久、规范的运作机制。

(二)充分利用各种媒介进行宣传

在电视台、广播电台等新闻媒体上应该增加爱国情感教育的专题节目,促使家长和孩子一起收看、收听,在家长受教育的同时,还可以充当孩子的义务讲解员,使爱国情感教育达到更好的效果。家长是孩子的第一任老师,家长的一言一行对孩子都有很大的影响,因此,家长要随时注意自己言行,不能给孩子造成不良影响。家长出于某些原因,可能对国家、对社会有不当的看法甚至有些怨气,发表言论应注意场合、态度,免得在孩子心中留下不良的种子。另外有条件的家庭,应支持孩子或全家一起外出游览祖国的大好河山、名胜古迹,让美好的山水风物、历史文化积淀在孩子的心中,从而加深对祖国大好河山的印象。

(三)构建学校、社区、家庭"三位一体"未成年人爱国情感教育网络

加强和改进未成年人爱国情感教育,建立健全学校、社区、家庭"三位一体"未成年人爱国情感教育网络,对推进青少年爱国情感教育具有十分重要的作用。学校是对未成年人进行爱国情感教育的主渠道、主课堂,要把爱国情感教育贯穿于学校教育教学活动的全过程,并由学校向家庭辐射、向社会延伸。社区是对未成年人进行爱国情感教育的重要阵地,一头连着学校,一头连着家庭,要整合各种资源,精心搭建有利于未成年人健

康成长的活动平台，使学校教育、社会教育、家庭教育相互衔接。家长是孩子成长过程中的第一老师，要转变教育观念，掌握科学方法，着力培养孩子爱国情感的"第一环境"。

（四）注重爱国情感教育和革命传统教育的结合

哈尔滨市要通过发展红色旅游，寓教于乐，寓教于游，把爱国情感教育和革命传统教育结合起来，帮助广大未成年人重温党的革命斗争史。用事实证明中国共产党是中国工人阶级的先锋队，同时也是中国人民和中华民族的先锋队，是历史和人民选择了中国共产党、选择了社会主义道路，自觉地把老一辈革命家所开创的伟大事业继承下来，传播下去，发扬光大。要通过发展红色旅游，传播社会主义先进文化，对广大未成年人进行革命传统教育和中国特色社会主义理想信念教育。使未成年人认识到今天的幸福生活来之不易，珍惜拥有，开创未来。

Ⅳ 哈尔滨市加强未成年人社会主义核心价值观建设研究

党的十八大报告首次用 24 个字高度概括了社会主义核心价值体系的基本内容，即："倡导富强、民主、文明、和谐，倡导自由、平等、公正、法治，倡导爱国、敬业、诚信、友善，积极培育社会主义核心价值观。"这是我们党的重大理论创新，必将极大地推动未成年人社会主义核心价值观建设。为了解哈尔滨市未成年人社会主义核心价值观建设情况，了解和掌握哈尔滨市未成年人对社会主义核心价值观的认知，分析存在的问题，哈尔滨市社会科学院课题组对哈尔滨市未成年人社会主义核心价值观建设情况进行了一次摸底调查。通过调查，获得了第一手数据资料，为进一步加强未成年人社会主义核心价值观建设提供理论依据；抓好立德树人这个根本，为哈尔滨市 137.4 万未成年人的健康成长贡献力量。

一、问卷调查的基本情况

本次调查的内容主要涉及哈尔滨市未成年人对社会主义核心价值观的了解，对"中国梦和中国精神"的认知，对民族精神、时代精神和社会主义荣辱观的态度,对社会主义核心价值观进教材的认同以及一些现实问题等。本次调查从哈尔滨市市区初中和高中随机抽取6所学校(初中3所,高中3所),每所学校100名学生,共600名学生作为调查样本,回收有效问卷581份,回收率为96.8%。

(一)从年龄上看:主要是分布在12—18岁这个年龄段的未成年人,这个年龄段的未成年人思想活跃,辨别是非能力较强,能够很好地阅读和填写调查问卷。

(二)从性别上看:男女比例相差不大,男性264人,占45.4%;女性317人,占54.6%。男女比例相差不大,可以全面地了解未成年人社会主义核心价值观认知状况,不至于出现偏差。

(三)从形式上看:本次调查采取抽样调查的形式进行,每所学校随机选取100名学生作为调查对象,在主抓德育老师和班主任的监督下完成问卷填写。

(四)从态度上看:本次调查得到了调查学校老师以及调查对象的大力支持和积极配合,态度认真、诚恳。

(五)从质量上看:问卷填写的质量和回收率都很高,这为下一步统计分析创造了条件。

二、哈尔滨市未成年人社会主义核心价值观建设现状分析

未成年人对社会主义核心价值观的接受状况是衡量社会主义核心价值观是否真正转化为未成年人内心认同和自觉追求的重要依据,分析未成年人社会主义核心价值观建设的现状,有助于增强哈尔滨市未成年人社会主义核心价值观教育的针对性与实效性。

(一)哈尔滨市未成年人了解社会主义核心价值观的渠道比较宽泛

当问及"你是从哪些渠道了解社会主义核心价值观的"时,选"学校政治课"的有462人,所占比例为79.5%;选"党团活动"的有130人,所占比例为22.4%;选"新闻媒体网络"的有367人,所占比例为63.2%;选"听报告与讲座"的有91人,所占比例为15.7%;选"相关书籍"的有173人,所占比例为29.8%;选"其他途径"的有105人,所占比例为18.1%。虽然一些未成年人既选了这一项,又选了其他项,但了

解社会主义核心价值观的渠道比较宽泛的事实没有改变。

（二）哈尔滨市未成年人对社会主义核心价值观的内容比较了解

当问及"你认为社会主义核心价值观应当包含以下哪些内容时"，选"马克思主义指导思想"的有426人，所占比例为73.3%；选"中国特色社会主义共同理想"的有452人，所占比例为77.8%；选"社会主义荣辱观"的有409人，所占比例为70.4%；选"以爱国主义为核心的民族精神和以改革创新为核心的时代精神"的有491人，所占比例为84.5%。这四项加权平均为76.5%，说明哈尔滨市未成年人对社会主义核心价值观的内容还是比较了解的。当问及"你认为社会主义核心价值观是不是目前应该坚持与追求的"时，有437人回答"是"，所占比例为75.2%，说明哈尔滨市大部分未成年人对社会主义核心价值观还是比较认同的。

（三）哈尔滨市未成年人参与中国梦教育活动热情较高

新中国成立60多年、改革开放30多年来，我们的一个个梦想成为现实，圆了民族独立梦，圆了百年奥运梦，圆了航天航海梦。世界还将见证，一个更加美丽的中国梦将在我们手中梦想成真！这个美丽的中国梦需要一代又一代的年轻人努力奋斗。当问及"你认为实现中国梦必须弘扬中国精神这句话是否正确"时，有512人回答"正确"，所占比例为88.1%，这说明哈尔滨市绝大多数未成年人认为要想实现中国梦就必须弘扬中国精神，这种精神是凝心聚力的兴国之魂、强国之魂。当问及"你所在学校开展过以'我的中国梦'为主题的征文比赛吗"时，有424人回答"开展过"，所占比例为73.1%，说明哈尔滨市中小学校积极组织"我的中国梦"教育活动，学生参与的热情很高。

（四）哈尔滨市未成年人对民族精神和时代精神的各项提法比较认可

中国精神包含了以爱国主义为核心的民族精神和以改革创新为核心的时代精神两部分内容，问卷主要考察了哈尔滨市未成年人对民族精神和时代精神的认同感，当问及"你对以下民族精神和时代精神的说法同意吗"时，只有"认为在市场经济时代，雷锋精神已经过时了"这一项认可度不高以外，其他选项哈尔滨市未成年人还是比较认可的。

调查样本：对民族精神和时代精神的看法

内容	完全同意%	比较同意%	有些同意%	不太同意%	完全不同意%
"两弹一星"功勋们的无私奉献深深地打动了我	78.7	15.0	4.0	1.4	1.0
对载人航天的科学家们感到由衷的敬佩	86.6	10.2	2.2	0.2	0.9
我赞成"天下兴亡，匹夫有责"	83.5	10.8	3.8	1.2	0.7
我为中华民族自强不息的精神而感到骄傲	87.6	7.6	2.8	0.7	1.4
我认为祖国统一是中华民族的共同心愿	88.1	6.2	2.6	1.2	1.9
认为在市场经济时代，雷锋精神已经过时了	19.4	5.2	7.6	16.7	51.1
我喜欢做富有挑战性的工作	66.1	18.4	9.5	3.1	2.9
我常常尽最大努力与他人公平竞争	71.1	18.8	5.7	2.1	2.4
我常常为先烈们大无畏的革命精神所感动	75.6	13.3	8.1	0.9	2.2

（五）哈尔滨市未成年人对"八荣八耻"的各项提法比较认同

当问及"你如何看待'八荣八耻'社会主义荣辱观"时，回答"提得非常精彩，在当前的社会氛围下十分有必要"的有442人，所占比例为76.1%；当问及"你对以下'八荣八耻'的说法同意吗"时，只有"我认为在小康社会里谈艰苦朴素没有什么意义"这一项认同感不强以外，其他选项哈尔滨市未成年人还是比较认同的。

调查样本：对"八荣八耻"的看法

内容	完全同意%	比较同意%	有些同意%	不太同意%	完全不同意%
我认为为国争光的人是最值得尊敬的人	84.7	12.9	1.5	0.4	0.5
我最痛恨背叛亲人和朋友的人	82.6	11.9	3.1	1.0	1.4
我认为最卑鄙的人是不讲诚信的人	66.1	14.8	10.2	6.0	2.9
我认为在小康社会里谈艰苦朴素没有什么意义	25.6	6.9	5.5	24.1	37.9
学校组织义务劳动，我都会积极参加	71.6	17.7	6.9	2.2	1.5
我认为最可耻的行为莫过于背叛自己的祖国	84.2	11.0	2.1	1.2	1.5
我为自己能尽力帮助他人而感到高兴	83.5	11.9	2.6	0.7	1.4
我最痛恨忘恩负义的人	82.8	11.0	4.1	0.2	1.9
我讨厌不付出努力而坐享其成的人	81.1	10.7	3.1	2.1	3.1
我认为偶尔考试作弊没有什么大不了的	11.5	4.5	4.6	17.6	61.8
当祖国受外敌入侵时，我会毫不犹豫地应征入伍	69.2	15.0	10.0	3.3	2.6

三、哈尔滨市未成年人社会主义核心价值观建设存在的问题

从哈尔滨市未成年人社会主义核心价值观建设现状分析来看，大部分未成年人对社会主义核心价值观的各项提法还是比较认同的，但也存在宣传不到位、营造氛围不强和一些现实的问题，具体表现在：

（一）哈尔滨市针对未成年人宣传社会主义核心价值观不到位

开展社会主义核心价值观学习宣传活动对于全面落实科学发展观，推动各项工作，提升城市总体形象具有十分重大的意义。近些年来，哈尔滨市有关部门大力宣传了社会主义核心价值观，但针对未成年人的宣传还不到位，致使一些未成年人还不甚了解社会主义核心价值观的基本内容。从问卷调查结果来看，一部分未成年人认为宣传社会主义核心价值观不到位。当问及"你认为推行社会主义核心价值观的最大阻力是什么"时，有168人选择了"宣传教育不到位"，所占比例为34.6%；当问及"你认为中学生学习践行社会主义核心价值观主要应做的是"时，有204人没有选择"积极宣传引导"，所占比例为35.1%。这说明社会主义核心价值观还没有完全深入未成年人心中，这就需要有关部门加以引导。

（二）哈尔滨市营造学习社会主义核心价值观氛围不强

社会主义核心价值观为人们提供了一整套观察世界和判断事物的基本标准。它代表的是中国特色社会主义社会的主流价值，它提供了建设社会主义和谐社会所需要的文化认同和价值追求，它具有高度的凝聚力和感召力，是其他任何价值体系无法替代的。因此要营造未成年人学习社会主义核心价值观的很好氛围，筑牢未成年人的思想防线。但从问卷调查结果来看，一部分未成年人对哈尔滨市营造学习社会主义核心价值观的氛围不满意。当问及"你认为推行社会主义核心价值观的最大阻力是什么"时，选择"社会氛围影响"的有162人，所占比例为27.9%。这从某个侧面可以说明，哈尔滨市学习社会主义核心价值观氛围还不浓，特别是针对未成年人学习宣传社会主义核心价值观氛围还不强，致使一些未成年人还没有领会社会主义核心价值观的精神实质。

（三）哈尔滨市部分未成年人存在与社会主义核心价值观相悖的价值观

哈尔滨市未成年人面对着前所未有的改革开放环境，各种社会思潮涌

入,价值观的多元化,由于缺乏分辨是非的能力,往往良莠不分,容易产生种种片面性,不能正确认清现实社会的主流和支流,对一些涉及价值观的内容做出了错误的判断。当问及"认为在市场经济时代,雷锋精神已经过时了"时,有19.4%的人表示完全同意;有5.2%的人表示比较同意;有7.6%的人表示有些同意;有16.7%人表示不太同意;只有51.1%的人表示完全不同意。这种情况从某个侧面说明雷锋精神已被当下的未成年人淡忘了,学习雷锋变成了一种口号。当问及"我认为在小康社会里谈艰苦朴素没有什么意义"时,有25.6%的人表示完全同意;有6.9%的人表示比较同意;有5.5%的人表示有些同意;有24.1%人表示不太同意;只有37.9%的人表示完全不同意。这说明在生活富裕的情况下,一些未成年人忘记了艰苦朴素思想,这将会对其人生观和价值观造成一定影响。同时也与当代社会主义核心价值观背道而驰,应引起有关部门的高度重视。

(四)哈尔滨市部分未成年人不愿意将社会主义核心价值观融入课堂教学之中

哈尔滨市各学校的课堂教育发挥了未成年人价值观教育主渠道的功能和优势,抓住了立德树人这个根本,对教育的内容、目标、方法、途径等方面进行了改革创新,取得了明显效果。但从问卷调查结果来看,哈尔滨市部分未成年人不愿意将社会主义核心价值观融入到课堂教育之中,这是不争的事实。当问及"你认为哪些形式有助于将社会主义核心价值观融入到中学生生活中"时,有190人没有回答"课堂教育",所占比例为32.7%;当问及"做好中学生社会主义价值体系的宣传教育和践行可以采取哪些措施"时,有158人没有回答"加强课堂学习",所占比例为27.2%。说明一部分未成年人不愿意将社会主义核心价值观融入课堂教学之中,这对全面宣传社会主义核心价值观进校园,培育"四有"新人是非常不利的。

(五)哈尔滨市部分未成年人不愿意践行社会主义核心价值观

未成年人自觉践行社会主义核心价值观就是对社会主义核心价值观建设的贡献,目标就是培养正确的世界观、人生观、价值观,养成正确的立场、观点、方法,坚定实现社会主义现代化和中华民族伟大复兴的远大理想,确立符合时代和社会发展要求的思想道德观念和行为标准,形成正确的价值指向和价值标准，为将来走向社会、服务社会、健康成长打下坚实的价值基础。但从问卷调查结果来看，哈尔滨市部分未成年人不愿意践行社会主义核心价值观。当问及"你是否愿意学习践行社会主义核心价值观"时，有39人回答"不愿意"，所占比例为6.7%，有87人回答"说不清"，所占比例为15.0%；当问及"你认为中学生学习践行社会主义核心价值观主要应做的是"时，有184人没有选择"在日常生活中践行"，所占比例为31.7%。这说明哈尔滨市部分未成年人对社会主义核心价值观的理解还不深刻，在日常生活中不愿意践行社会主义核心价值观。

四、加强哈尔滨市未成年人社会主义核心价值观建设的对策建议

提升未成年人社会主义核心价值观的认知水平和践行能力，关键在于加强和改进未成年人社会主义核心价值观教育，因此，哈尔滨市有关部门必须提高对社会主义核心价值观教育重要性的认识，认真研究未成人价值观形成的规律，改进未成人社会主义核心价值观教育方法，从而增强社会主义核心价值观教育的针对性和实效性。

（一）加大宣传力度，营造学习社会主义核心价值观的良好氛围

加强社会主义核心价值观建设，首先要加大宣传力度，营造浓厚的舆论氛围，使其家喻户晓、人人皆知。未成年人作为未来社会主义建设者和接班人，加大对他们的宣传教育，显得尤为重要。一是宣传、新闻、文艺、出版等部门要坚持弘扬主旋律教育，利用一本好书、一次社会实践活动，甚至一部好的影视文学作品，加大宣传力度，加强他们对社会主义核心价值观的认同度。同时，宣传部门要注重在未成年人身边选择先进典型，依靠榜样的力量，增强教育的针对性。二是充分发挥现代传媒载体的教育功能。加强学校报刊、广播、电视、网络等媒体建设，合理利用影视、视频、博客、手机短信等形式，加大社会主义核心价值观的宣传教育力度，使社会主义核心价值观成为未成年人的行为准则，增强教育的时效性。

（二）着力培养价值观选择能力，促进未成年人形成正确的价值观

传统的价值观教育在多年的价值观教育实践中的缺点逐渐显现，主要表现为不能很好的培养学生价值辨析和选择能力。同时在多元思想文化并

存的社会环境背景下，各种媒介不断推动着未成人认知方式的转变，传统的、主流的思想意识及其教育的影响力日渐减弱。在这种情况下，着力提高未成年人的价值选择能力，以代替接受面面俱到的主流价值观教育，成为未成年人价值观教育的重要选择。因此，要积极进行思想政治课教学内容、教学方法、教学手段的改进，充分利用现代教学手段，紧密联系改革开放和社会主义现代化建设的实际，紧密联系未成年人思想实际，把传授知识与思想教育结合起来，把系统教学与专题教育结合起来，把理论武装与实践育人结合起来，使思想政治课教学做到围绕中心、抓住关键、注重实效，切实增强教学的直观性，提高吸引力和感染力，进而使他们牢固树立正确的世界观、人生观和价值观，成为合格的"四有"新人。

（三）寻找切入点，将社会主义核心价值观教育融入教学之中

有关部门要从培养中国特色社会主义事业合格建设者和可靠接班人的战略高度，将社会主义核心价值观教育纳入学校总体工作，确保思想政治课建设经费投入和学时保证。要抓好思想政治课教材建设，使教材更好地体现社会主义核心价值观的本质要求，突出思想政治课在社会主义核心价值观教育中的主导性。社会主义核心价值观作为先进的社会思想体系，其特有的抽象性、超前性，往往会使得它们与现实生活，特别是未成年人的精神世界存在一定的距离。这就需要研究未成年人特有的认知特点和接受机制，在价值观教育过程中，寻找能够化抽象为具体的现实途径，突出未成年人社会主义核心价值观教育的时代性和现实性。因此，在对未成年人进行社会主义核心价值观教育时，应寻求一种符合未成年人的认知特点和接受机制的途径，通过不同学科的教学渗透，达到社会主义核心价值观入脑、入心的目的。

（四）创新载体，开展行之有效的主题实践活动

各学校要结合本单位实际，积极探索，大胆创新，运用行之有效的活动方式和载体，丰富活动内容。要充分发挥现代新兴传媒的作用，利用微博、博客等新型网络媒体，增强教育引导的时代性，唱响网上主旋律；要充分发挥各级各类教育基地的重要职能，增强教育引导的有效性；要充分利用纪念馆、爱国主义教育基地、重要革命历史遗址等旅游文化资源，开展主题教育，增强教育引导的思想性。同时，要使社会主义核心价值观扎

根于未成年人思想深处,就必须有目的、有计划地开展多种主题实践活动,通过实践活动,让未成年人通过亲身体验和接触社会,从感性上增加对社会主义核心价值观的认识。要通过开展丰富多彩的主题实践活动,加深未成年人对社会主义核心价值观本质的理解,并努力践行社会主义核心价值观。

(五)创新工作机制,建立完善的社会主义核心价值观长效机制

加强未成年人社会主义核心价值观建设,必须建立健全既能立足当前、有效解决突出问题,又能着眼长远、保证工作不断推进的长效机制。要建立健全全员育人、全方位育人、全过程育人的长效机制,突出做好教书育人、管理育人、服务育人;要建立健全课堂教学主导、校园文化引导、社会实践向导的长效机制,推进社会主义核心价值观进课堂、进教材、进头脑、进网络,增强社会主义核心价值观的吸引力和感染力;要充分发挥共青团组织、学生组织的重要作用,形成党(团)委统一领导、党政群齐抓共管、有关部门各负其责的长效机制;同时要完善责任机制、队伍建设机制和考核评价机制,构建相应的政策体系,为加强未成年人社会主义核心价值观建设营造良好的环境和提供有力的保障。

V 哈尔滨市加强未成年人传统文化教育研究

传统文化是中华民族的宝贵资源,是维系中华民族的精神力量。大力弘扬传统文化特别是加强未成年人传统文化教育,对于增进民族凝聚力、增强民族自豪感具有十分重要的现实意义。党的十八届三中全会指出:"完善中华优秀传统文化教育,形成爱学习、爱劳动、爱祖国活动的有效形式和长效机制,增强学生社会责任感、创新精神、实践能力。"这为哈尔滨市加强未成年人传统文化教育指明了方向。为了解我市未成年人对传统文化的认知情况,分析存在的问题,哈尔滨市社会科学院课题组对我市未成年人传统文化教育情况进行了一次问卷调查。通过调查,获得了第一手数据资料,为进一步加强未成年人传统文化教育提供理论依据;抓好立德树人这个根本,为我市140多万未成年人的健康成长贡献力量。

一、优秀传统文化教育的现实意义

文化是一个民族的灵魂,优秀传统文化凝聚着中华民族自强不息的精神追求和历久弥新的精神财富,是发展社会主义先进文化的深厚基础,是建设中华民族共有精神家园的重要支撑。在未成年人中加强优秀传统文化教育,是改进未成年人思想道德建设工作的需要,是创建全国文明城市的需要,是推进学校德育工作的需要。

(一) 改进未成年人思想道德建设工作的需要

加强未成年人传统文化教育,是加强和改进未成年人思想道德建设工作的重要组成部分。当前,社会上一些领域道德失范、诚信缺失;一些社会成员人生观、价值观扭曲;一些不良社会现象一次次挑战着国人的道德底线。这些对全社会的道德风尚包括对未成年人的思想道德建设工作都产生了极为不好的影响。加强道德建设,提升道德水平,成为社会的共同期盼。中国传统文化内涵丰富,博大精深,是社会主义核心价值观的重要内容,是思想道德教育的宝贵资源。在未成年人中加强传统文化教育,有助于引导未成年人培育传统美德,净化未成年人心灵,夯实道德基石;有助于加强和改进未成年人思想道德建设工作。

(二) 创建全国文明城市的需要

加强未成年人传统文化教育,是创建全国文明城市的重要内容。几年来,哈尔滨市按照《全国未成年人思想道德建设工作测评体系》要求,积极组织未成年人开展学习、树立和践行雷锋精神、美德阳光建设先进典型的评选、"童心向党、优秀童谣传唱""党史知识进校园""优秀儿童剧进校园"和"'我的中国梦'主题教育活动"等系列活动。并借鉴先进地区经验做法,在中小学校开展"日行一善""洒扫应对"、美德少年星级评选、文明小博客、节日小报主题教育活动,培养了广大未成年人热爱祖国、文明礼貌、助人为乐的优良品德和高尚情操,为哈尔滨市创建全国文明城市打下了坚实的思想基础。

(三) 推进学校德育工作的需要

加强未成年人传统文化教育,是推进德育工作的重要手段。中国作为文明古国、礼仪之邦,祖先为我们留下了十分丰富的德育思想遗产,传统文化中所包含着的人类社会永恒的价值追求，对当代未成年人的教育有很强的针对性。优秀传统文化丰富了德育资源，对学校德育教育很有帮助。因此，哈尔滨市有关部门要充分利用传统文化所具有的内容上的丰富性、形式上的多样性，不断发展创新，在传统文化的继承与创新中不断增强德育工作的实效性。

二、问卷调查的基本情况

加强哈尔滨市未成年人优秀传统文化教育调查问卷主要涉及哈尔滨市未成年人对优秀传统文化基本内容的了解程度和关注度、对优秀传统文化的基本看法、加强优秀传统文化教育的方法以及一些现实的问题。本次调查从哈尔滨市市区高中随机抽取6所学校，每所学校100名学生，共600名学生作为调查样本。其中高一年级回收有效问卷389份，高二年级回收有效问卷106份，高三年级回收有效问卷104份，共回收有效问卷599份，回收率为99.8%。

从性别上看：调查样本男女比例相差不大，男性262人，占43.7%；女性337人，占56.3%。男女比例相差不大，可以全面地了解未成年人传统文化教育的情况，不至于出现偏差。

调查样本：男、女比例表

性别	人数	比例（%）
男	262	43.7
女	337	56.3

从年龄上看：调查样本主要分布在14—18岁这个年龄段的未成年人，16岁所占调查样本数的一半以上，这个年龄段的未成年人思想活跃，辨别是非能力较强，能够很好地阅读和填写调查问卷。

调查样本：年龄分布表

年龄	人数	比例（%）
14	6	1.0
15	61	10.2
16	330	55.1
17	112	18.7
18	90	15.0

从年级上看：调查样本主要集中在高一年级，这个年级的学生课业负担相对较轻，填写问卷不至于影响学习，况且高一学年介于初中和高中的过渡阶段，了解他们对传统文化教育的看法，对加强和改进我市未成年人思想道德建设工作是非常有帮助的。

调查样本：年级分布表

年级	人数	比例（%）
高一	389	64.9
高二	106	17.7
高三	104	17.4

三、优秀传统文化教育的现状

调查问卷统计数据显示，哈尔滨市未成年人对中国优秀传统文化了解的途径比较广泛；对中国优秀传统文化的内容比较了解；对中国优秀传统文化的作用认识比较清晰；对中国优秀传统文化的态度比较明确。具体分析如下：

（一）了解传统文化的途径比较广泛

当问及"你是通过什么途径了解中国传统文化的"时，选择"周围人群传播"的有152人，所占比例为25.4%；选择"长辈教授"的有159人，所占比例为26.5%；选择"学校学习"的有87人，所占比例为14.5%；选择"媒体的宣传"的有200人，所占比例为33.4%。这说明哈尔滨市未成年人了解优秀传统文化的途径还是比较广泛的，这对他们认识和掌握优秀传统文化是非常有帮助的。但同时我们也看到，在众多了解途径中"学校学习"所占比例相对较低，从一定程度上说明哈尔滨市有关部门对传统文化教育的重视程度不够。

调查样本：了解优秀传统文化途径

选项	人数	比例（%）
周围人群传播	152	25.4
长辈教授	159	26.5
学校学习	87	14.5
媒体的宣传	200	33.4

（二）对传统文化的内容比较了解

当问及"你平时都关注或了解过哪些传统文化"时，选择"传统文学"的有 316 人，所占比例为 52.8%；选择"传统节日"的有 422 人，所占比例为 70.5%；选择"传统中医"的有 122 人，所占比例为 20.4%；选择"中国戏曲"的有 75 人，所占比例为 12.5%；选择"中国建筑"的有 146 人，所占比例为 24.4%；选择"中华武术"的有 117 人，所占比例为 19.5%；选择"国画书法"的有 115 人，所占比例为 19.2%；选择"民间工艺"的有 184 人，所占比例为 30.7%；选择"民风民俗"的有 245 人，所占比例为 40.9%。虽然这些数据有交叉，但在一定程度上说明了哈尔滨市未成年人对中国传统文化所包含的内容还是比较了解的。

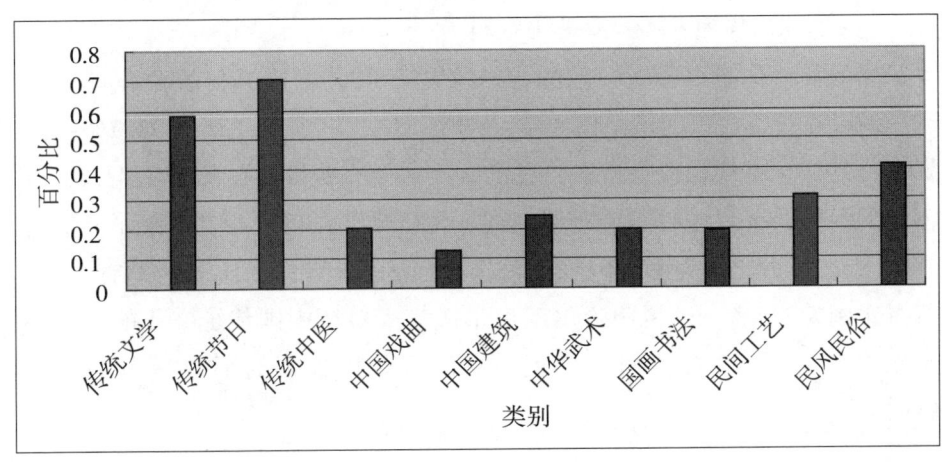

调查样本：了解优秀传统文化内容的比例

（三）对传统文化的作用认识比较清晰

当问及"你认为传统文化对于当下社会的作用"时，选择"很重要"的有 309 人，所占比例为 51.6%；选择"有一些作用"的有 257 人，所占比例为 42.9%，二者相加所占比例高达 94.5%；而选择"可有可无"和"有消极作用"的共有 30 人，所占比例为 5.0%。这说明哈尔滨市未成年人对中国传统文化的作用认识还是非常清晰的，同时也说明中国优秀传统文化在他们心中占有一定地位。

调查样本：对优秀传统文化作用的认识

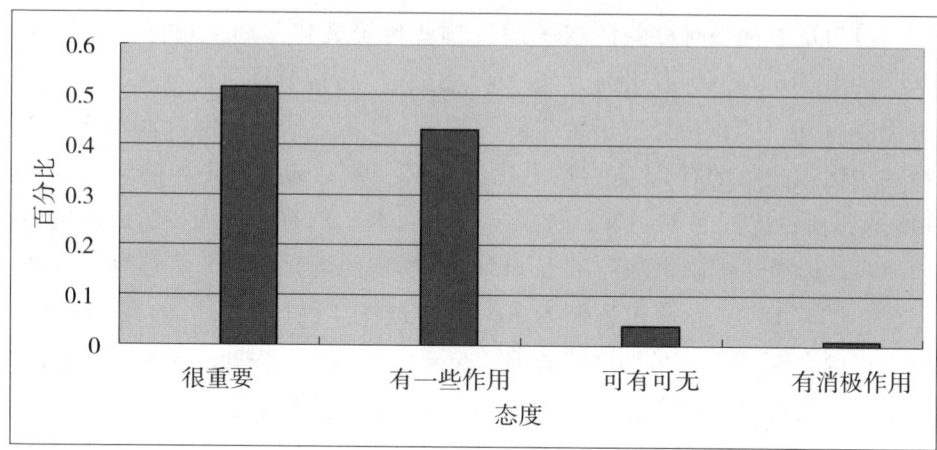

（四）对待传统文化的态度比较明确

当问及"你怎么看待中国的传统文化"时，选择"传统文化博大精深、源远流长，应以继承发扬为主"的有232人，所占比例为38.7%；选择"传统文化有糟粕也有精华，我们接受时要有所扬弃"的有334人，所占比例为55.8%；选择"在现今时代，传统文化显得过时了，保守了"的有21人，所占比例为3.5%；选择"不关心也没有什么认识"的有8人，所占比例为1.3%。这说明哈尔滨市未成年人对待中国传统文化的态度还是比较明确的，这对他们人生观、价值观和世界观的形成是有益而无害的。

调查样本：对待中国优秀传统文化的态度

选项	人数	比例（%）
传统文化博大精深、源远流长，应以继承发扬为主	232	38.7
传统文化有糟粕也有精华，我们接受时要有所扬弃	334	55.8
在现今时代，传统文化显得过时了，保守了	21	3.5
不关心也没有什么认识	8	1.3

四、传统文化教育面临的形势

通过问卷调查，我们发现哈尔滨市未成年人优秀传统文化教育面临的形势不容乐观，具体表现在：一是一些学校对优秀传统文化的教育不是很重视；二是部分未成年人对优秀传统文化的思想核心不是很了解；三是部分未成年人对优秀传统文化未来的看法不是很乐观；四是大部分未成年人对中国传统节日不是很喜欢；五是部分未成年人对"四书五经""国粹京剧""国画"等认识不是很深刻。具体表现在：

（一）对传统文化的教育不是很重视

当问及"你们学校有优秀传统文化教育课吗"时，选择"有"的只有111人，所占比例仅为18.5%；而选择"没有"和"不知道"的共有484人，所占比例为81.3%。当问及"你们学校开展弘扬传统文化、践行当代价值活动了吗？"时，选择"没有"和"不知道"的共有337人，所占比例为56.8%。当问及"你们对仁、义、礼、智、信、孝、忠等传统道德，你所接受的教育渠道是"时，只有121人选择了"学校教授"这一选项，所占比例仅为20.3%。这些数据可以从一定程度上说明，哈尔滨市一些学校对传统文化教育不是很重视。要想使优秀传统文化在当代未成年人心中扎根，各级各类、学校主渠道教育的作用不容忽视。

调查样本：对优秀传统文化的了解情况

内容	选项	人数	比例（%）
你们学校有优秀传统文化教育课吗	有	111	18.5
	没有	484	81.3
	不知道		
你们学校开展弘扬优秀传统文化、践行当代价值活动了吗	没有	337	56.8
	不知道		
你们对仁、义、礼、智、信、孝、忠等传统道德，你所接受的教育渠道是	学校教授	121	20.3

（二）对传统文化的思想核心不是很了解

当问及"对于中国传统文化的核心儒释道"（儒家、佛教、道家）的三大思想精神你了解吗"时，选择"知道并可以区分三者的观点"的有108人，所占比例为18.1%；选择"了解大致思想"的有293人，所占比例为48.9%；选择"不太清楚"的有124人，所占比例为20.9%；选择"基本不知道"的有72人，所占比例为12.1%。这些数据表明，哈尔滨市大部分未成年人对优秀传统文化的核心思想不是很了解，这就需要有关部门加大宣传力度，让优秀传统文化在未成年人心中生根发芽。

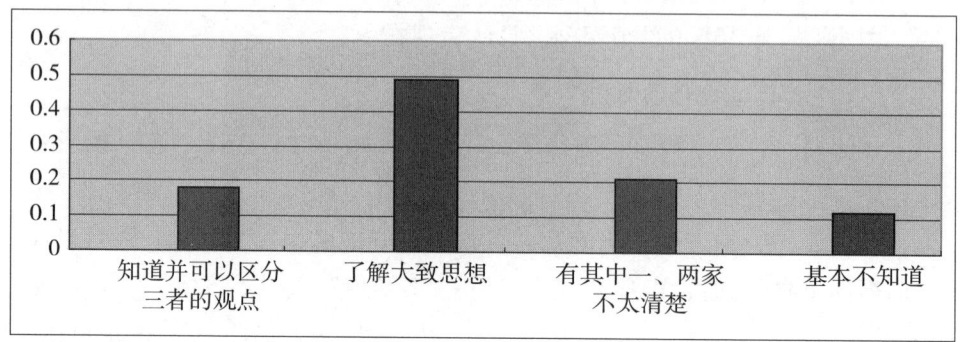

调查样本：对优秀传统文化思想核心了解程度

（三）对传统文化未来的看法不是很乐观

当问及"对传统文化的未来，你觉得"时，仅有78人选择"很乐观"，所占比例只有13.0%；选择"比较乐观"的有171人，所占比例为28.7%；选择"很难说"的有249人，所占比例为41.8%；选择"不乐观"的有72人，所占比例为12.1%；选择"很悲观"的25人，所占比例为4.2%。选择"很难说""不乐观"和"很悲观"的人数共有346人，所占比例为58.1%。这说明有一半以上的未成年人对优秀传统文化的未来看法不是很乐观，这应引起哈尔滨市有关部门的高度重视。

调查样本：对优秀传统文化未来的看法

选项	人数	比例（%）
很乐观	78	13.0
比较乐观	171	28.7
很难说	249	41.8
不乐观	72	12.1
很悲观	25	4.2

（四）对中国传统节日不是很喜欢

当问及"你更喜欢参加西方节日（如圣诞节）还是民族传统节日"时，选择"西方节日"的有405人，所占比例为68.1%；选择"传统节日"的有 190 人,所占比例为 31.9%,这说明我市未成年人对中国传统节日不是很喜欢。而问及"你觉得西方节日在中国流行起来的原因"时,选择"商家为促销商品而大力宣传"的有 84 人,所占比例为 14.1%;选择"年轻人对新鲜事物感到好奇"的有 306 人,所占比例为 51.3%;选择"西方节日的内涵和意义得到了大家的接受"的有 118 人,所占比例为 19.8%;选择"借西方节日弥补中国传统节日中没有的庆祝方式"的有 88 人,所占比例为 14.8%。从西方节日在中国流行起来原因选择比例来看,年轻人的"猎奇"心理是主要原因,这与西方文化近些年的渗透有直接关系,要想使传统文化立于不败之地,培养未成年人对优秀传统文化的兴趣至关重要。

调查样本:对中、西方节日的认知

内容	选项	人数	比例(%)
你更喜欢参加西方节日（如圣诞节）活动还是民族传统节日	西方节日	405	68.1
	传统节日	190	31.9
你觉得西方节日在中国流行起来的原因	商家为促销商品而大力宣传	84	14.1
	年轻人对新鲜事物感到好奇	306	51.3
	西方节日的内涵和意义得到了大家的接受	118	19.8
	借西方节日弥补中国传统节日中没有的庆祝方式	88	14.8

(五) 对"四书五经""京剧""国画"等认识不是很深刻

当问及"你认为在当今社会是否有必要学习四书五经等文化古籍"时,有 288 人选择了"没有必要",所占比例为 48.7%。当问及"你对国粹京剧的看法"时,选择"很喜欢"的只有 55 人,所占比例只有 9.2%;选择"一点都不喜欢"的有 217 人,所占比例为 36.5%;其他的人选择介于二者之间。当问及"与其他绘画相比,你怎么看待我们的国画"时,选择"可以从较专业的角度进行点评"的只有 60 人,所占比例为 10.1%;选择"只能感受到其中的美"的有 293 人,所占比例为 49.2%;选择"只能体会到部分书画的美"的有 198 人,所占比例为 33.3%;选择"完全没有鉴赏能力"的有 44 人,所占比例为 7.4%。这些数据表明,哈尔滨市未成年人对中国优秀传统文化的精髓不是很了解,认识也不是很深刻。

调查样本：对"四书五经""京剧""国画"的了解情况

内容	选项	人数	比例（％）
你认为在当今社会是否有必要学习四书五经等文化古籍	没有必要	288	48.7
你对国粹京剧的看法	很喜欢	55	9.2
	一点都不喜欢	217	36.5
与其他绘画相比，你怎么看待我们的国画	可以从较专业的角度进行点评	60	10.1
	只能感受到其中的美	293	49.2
	只能体会到部分书画的美	198	33.3
	完全没有鉴赏能力	44	7.4

五、创新模式，提升优秀传统文化教育水平

未成年人作为社会上最富有朝气、创造性和生命力的群体，对其进行优秀传统文化教育不仅关系到他们人生观、价值观的树立和良好道德品德的形成，而且关系到国家的兴亡和民族的振兴。为此，哈尔滨市有关部门应努力探索未成年人优秀传统文化教育新模式，力促哈尔滨市未成年人优秀传统文化教育再上新台阶。

（一）加强领导，提高未成年人思想道德水平

弘扬优秀传统文化，加强未成年人思想道德建设工作是一个系统工程，需要全社会的共同关心、支持和参与。为此，哈尔滨市应在市委、市政府的统一领导下，广泛发动各级宣传、教育等部门，共同投入到弘扬优秀传统文化，加强未成年人思想道德建设工作上来。建立"党委统一领导、党政群齐抓共管、文明委组织协调、有关部门各负其责、全社会积极参与"的领导体制和工作机制。同时有关部门要进一步采取有效措施，把优秀传统文化教育与未成年人思想道德建设工作有机地结合起来，努力提高他们的思想道德水平。

（二）加大宣传，形成良好的社会氛围

哈尔滨市有关部门要把优秀传统文化的宣传与社会主义核心价值观教育结合起来，采取多种形式，利用电视、互联网等各种传播媒介，引起全社会对优秀传统文化的关注和重视，形成良好的社会氛围。要组织创作、

编辑、出版一批适合未成年人的读物和视听产品，以他们喜闻乐见的艺术形式，充分展示优秀传统文化的魅力，以通俗明了的方式，引导、熏陶、感染广大未成年人。同时建议哈尔滨市有关部门组织专家加强软件开发，研制一些形式多样、通俗易懂、有利于弘扬优秀传统文化和提高未成年人道德素质的软件，让优秀传统文化得以发扬光大。

（三）加强引导，发挥学校主渠道作用

哈尔滨市有关部门应有序编写传统文化教育校本教材。校本教材的开发是优秀传统文化教育中的重要环节，内容应体现民族精神、哲学思想、伦理道德、理想信仰、是非观念、行为习惯等传统文化精髓和价值。此外，学校要将优秀传统文化教育与思想品德、语文、历史、地理等课程进行必要整合，进行有效的尝试。在具体教育过程中，要充分发挥各学科中蕴含的传统文化因素，通过学科渗透、专题讲座、文化橱窗、班级园地等形式，引领学生自主地去体味，要通过教育，让未成年人在成长中逐渐体会优秀传统文化的魅力。同时学校还可根据自己的需要让京剧、黄梅戏和中国古典器乐等内容进入校园，丰富学生的课外生活。

（四）挖掘资源，开展主题教育实践活动

春节、重阳、中秋、端午、清明等中国传统节日以及"七一""八一"和"十一"党的节日，都蕴藏着传统教育资源。因此，哈尔滨市有关部门应充分利用这些节日开展纪念活动，引导未成年人了解中华民族的民族风情和传统美德，感受传统文化的独特魅力，调动未成年人的积极性，培养他们对祖国、对生活的热爱。同时通过参观革命教育基地、历史博物馆、文化古迹、烈士陵园和名人故居等内涵丰富、形式多样的主题教育实践活动，让学生亲身感受爱国氛围，寻找传统文化存在的价值，强化未成年人对优秀传统文化的认知。

（五）提升兴趣，加深传统文化印象

当代的未成年人对西方节日非常"崇拜"，而对中国的传统节日兴趣不大，是因为他们对优秀传统文化的了解欠缺太多，而学校、家庭和社会又给他们补充得太少，使得他们身上缺少中国优秀传统文化的根基。因此，哈尔滨市有关部门要将优秀传统文化的教育，渗透到日常的教育教学中去，用中国优秀传统文化浸染和熏陶他们，让他们了解中国优秀传统文化中关于仁、义、礼、智、信、孝、忠等方面的经典词句,了解中国优秀传统文化中所蕴含的正确的人生观、价值观,从而对他们的道德规范、行为习惯产生积极影响。同时增设业余兴趣班,培养未成年人的优秀传统文化兴趣,定期举办一些诸如优秀传统文化方面的讲座、戏曲欣赏、中华礼仪等活动,加深未成年人对优秀传统文化的印象。

(六)注重实效,发挥家庭在传统文化教育中的作用

哈尔滨市有关部门要重视家庭教育在优秀传统文化教育中的作用,使其成为学校在传统文化教育中的辅助力量。首先要明确家庭教育的侧重点。知识教育对未成年人的"成才"至关重要,但是"成人"则是他们"成才"的基础。家庭教育可以将传统道德、伦理、处事之法教育给自己的孩子,用优秀传统文化中经典的道德观、价值观规范他们的日常行为,在潜移默化中影响未成年人的道德观念、品格品性的形成。其次要加强对家长的教育。如果家长们品行和优秀传统文化素养不高,那么家庭教育的效果自然不会好,因此,采取有效手段加强对家长的教育至关重要。第三要将教育融入家庭生活。家庭教育本身就没有学校教育容易让学生产生逆反的心理。因此,在日常的生活中,家长要通过言传身教,使自己的孩子感受优秀传统文化的力量。

参 考 文 献

[1]《关于进一步加强和改进未成年人思想道德建设的若干意见》，2004年。

[2] 季诚钧：《试论隐性德育课程》，载《课程·教材·教法》，1997年第2期。

[3] 周光礼：《校园物质文化景观的教育学断想——兼谈隐性课程的实现》，载《教育理论与实践》，1999年第1期。

[4] 列宁：《列宁全集》（第20卷），北京：人民出版社1958年版，第255页。

[5] 毛礼锐：《中国教育史简编》，北京：教育出版社1981年版，第386页。

[6] 孟韵：《校园文化氛围与素质教育》，载《思想理论教育》，1999年第2期。

[7] 马卡连柯：《马卡连柯教育文集》（上卷），北京：人民教育出版社，1985年版，第28页。

[8] 高文兵：《从优秀传统文化中汲取实现中国梦的精神力量》，载《人民日报》，2013年7月22日。

[9] 贺淑曼：《让孩子赢在网络时代》，北京：东方出版中心2006年版。

[10] 孙召路：《论传媒对青少年的负面影响及防治措施》，载《青少年研究》2000年第4期。

[11] 陆士桢：《未成年人思想道德建设的反思和改革》，载《当代青年研究》2008年第11期。

[12] 楚丽霞：互联网对青少年道德人格形成趋势的影响——来自天津社会科学院的调查［J］，道德与文明，2004年02期。

[13] 欧巧云：思想政治教育中大学生逆反心理的成因与防范［J］，湖南省社会主义学院学报，2007年02期。

[14] 刘景伟：浅谈中学德育与青少年思想道德建设［D］，辽宁师范大学，2005年。

[15] 范战江：未成年人道德教育示范问题研究［D］，湖南师范大学，2006年。

[16] 谢拥军：现行中小学德育实效性低下的原因分析及对策研究［D］，江西师范大学，2006年。

[17] 吕健：对当前未成年人思想道德教育困境及出路的研究［D］，天津大学，2005年。